U0540015

人間佛教當代問題探討

生死關懷

星雲大師 著

生生不息

星雲大師略傳

星雲大師，中國江蘇江都人，生於一九二七年。幼年家貧，輟學，父母因忙於家務，隨外祖母長居多時，後盧溝橋中日戰起，父應於一九三八年間因戰火罹難，偕母尋父，有緣於南京棲霞山禮志開上人披剃，實際祖庭為江蘇宜興大覺寺。一九四七年焦山佛學院畢業，期間歷經宗下、教下、律下等叢林完整的佛門教育。之後應聘為白塔國民小學校長、《怒濤月刊》主編、南京華藏寺住持等。

一九四九年至台，擔任「台灣佛教講習會」教務主任及主編《人生雜誌》。

一九五三年任宜蘭念佛會導師；一九五九年於台北創辦佛教文化服務處；一九六四年建設高雄壽山寺，創辦壽山佛學院；一九六七年於高雄開創佛光山，樹立「以文化弘揚佛法，以教育培養人才，以慈善福利社會，以共修淨化人心」之宗旨，致力推動「人間佛教」，並融古匯今，手訂規章制度，印行《佛光山清規》，將佛教帶往現代化的新里程碑。

大師出家八十餘年，於全球創建三百餘所寺院，如美國西來寺、澳洲南天寺、非洲南華寺、巴西如來寺、歐洲法華禪寺等，均為當地第一大寺。此外，並創辦十六所佛教學院、二十七所美術館、圖書館、出版社、書局、五十三部「雲水書坊」行動圖書館、五十餘所中華學校，暨智光商工、普門中學、均頭中小學、均一中小學和多所幼兒園等。以及先後創辦美國西來大學、台灣南華大學、佛光大學、澳洲南天大學及菲律賓光明大學等。二〇〇六年，西來大學正式成為美國大學西區聯盟（WASC）會員，為美國首座由中國人創辦並獲得該項榮譽之大學；二〇一〇年澳洲南天大學通過政府高等教育品質與標準署（TEQSA）認證。二〇一五年，五校整合成為第一個跨國又跨洲的國際性「佛光山系統大學」。

一九七〇年起，相繼成立育幼院、佛光精舍、慈悲基金會，設立仁愛之家、雲水醫院、佛光診所、雲水護智車，協助高雄縣政府開辦老人公寓，並於大陸捐獻佛光中、小學和佛光醫院數十所，並於全球捐贈輪椅、組合屋，從事急難救助，育幼養老，扶弱濟貧。

一九七六年《佛光學報》創刊，翌年成立「佛光大藏經編修委員會」，重新整理並加標點分段，編纂《佛光大藏經》近千冊暨編印《佛光大辭典》。一九八八年成立「佛光山文教基金會」，舉辦學術會議、出版學術論文集、期刊等；一九九七年出版《中國佛教經典寶藏精選白話版》一三二冊、《佛光大辭典》光碟版，設立「佛光衛星電視台」（後更名為「人間衛視」），並於台中協辦「全國廣播電台」。二〇〇〇年《人間福報》創刊，成為第一份由佛教界發行的日報。

二〇〇一年發行二十餘年的《普門雜誌》轉型為《普門學報》論文雙月刊（二〇一六年復刊更名為《人間佛教學報・藝文》）；同時期，收錄海峽兩岸有關佛學的碩、博士論文及世界各地漢文論文，輯成《法藏文庫・中國佛教學術論典》共一一〇冊。二〇一三年，出版《世界佛教美術圖說大辭典》二十巨冊，二〇一四年出版《佛光大辭典》增訂版十大冊、《獻給旅行者365日——中華文化佛教寶典》，以及《金玉滿堂》人間佛教教材。

大師著作等身，撰有《釋迦牟尼佛傳》、《佛教叢書》、《往事百語》、《佛光教科書》、《佛光祈願文》、《六祖壇經講話》、《迷悟之間》、《人間萬事》、《人間佛教系列》、《當代人心思潮》、《人間佛教論文集》、《人間佛教當代問題座談會》、《人間佛教語錄》、《僧事百講》、《百年佛緣》、《貧僧有話要說》、《人間佛教佛陀本懷》等，總計四千多萬言，並譯成英、德、法、日、韓、西、葡等二十餘種語言，流通世界各地。二〇一七年五月發表《星雲大師全集》，共三六五冊；《全集》增訂版於二〇二三年出版，總計三九五冊，收錄畢生重要著作。

大師教化弘廣，有來自世界各地跟隨出家之弟子二千餘人，全球信眾達數百萬，傳法法子百餘人，遍及大陸各省市特區以及海內外如日本、韓國、新加坡、澳洲等地，如韓國頂宇法師、南京佛教協會會長隆相法師、保定佛教協會會長真廣法師、錦州佛教協會會長道極法師、中國佛教協會常務理事道堅法師等。一九九二年於美國洛杉磯正式成立國際佛光會，被推為世界總會總會長；至今於五大洲一百七十餘個國家地區成立協會，成為全球華人最大的社團，實踐「佛光普照三千界，法水長流五大洲」的理想。

佛光會先後在世界各大名都，如：洛杉磯、多倫多、雪梨、巴黎、香港、東京等地召開世界會員大會，與會代表五千人以上；二〇〇三年，通過聯合國審查肯定，正式成為「聯合國非政府組織」（NGO）會員。歷年來，大師提出「歡喜與融和、同體與共生、尊重與包容、平等與和平、圓滿與自在、自然與生命、公是與公非、發心與發展、自覺與行佛、化世與益人、菩薩與義工、環保與心保、幸福與安樂、信仰與未來、共識與開放」等主題演說，倡導「地球人」思想，成為當代人心思潮所向及普世共同追求的價值。

由於大師在文化、教育及關懷全人類之具體事蹟，一九七八年起先後榮膺世界各大學頒贈榮譽博士學位，有美國東方大學、西來大學、泰國摩訶朱拉隆功大學、智利聖多瑪斯大學、韓國東國大學、泰國瑪古德大學、澳洲格里菲斯大學、台北輔仁大學、美國惠提爾大學、高雄中山大學、香港大學、韓國金剛大學、澳門大學、嘉義中正大學、韓國威德大學、屏東大學、香港中文大學等。近年來，並獲大陸各大學頒予名譽教授，如南京大學、北京大學、廈門大學、南昌大學、揚州大學、山東大學、武漢大學、人民大學、上海同濟大學、湖南大學、上海師範大學、浙江大學、上海交通大學及東北財經大學等。同時，多次獲得內政部、外交部、教育部頒贈壹等獎章；二〇〇〇年獲總統頒贈「國家公益獎」，二〇〇二年獲得「十大傑出教育事業家獎」，二〇〇五年榮獲「總統文化獎菩提獎」等，肯定大師對國家、社會及佛教的貢獻。

大師在國際間亦獲獎無數，如：一九九五年獲全印度佛教大會頒發「佛寶獎」；二〇〇〇年在第二十一屆世界佛教徒友誼會上，泰國總理乃川先生親自頒發「佛教最佳貢獻獎」；二〇〇六年獲香港鳳凰衛視頒贈「安定身心獎」，以及世界華文作家協會頒予「終身成就獎」暨「永久榮譽會長」、美國共和黨亞裔總部代表布希總統頒贈「傑出成就獎」；二〇〇七年獲西澳 Bayswater 市政府頒贈「貢獻獎」；二〇一〇年獲得首屆「中華文化人物」終身成就獎；二〇一三年獲頒「中華之光——

影響世界華人終身成就獎」以及「二〇一三華人企業領袖終身成就獎」。

大師悲願宏深，締造無數佛教盛事。一九八八年十一月，被譽為北美洲第一大寺的西來寺落成，並傳授「萬佛三壇大戒」，為西方國家首度傳授三壇大戒。同時主辦「世界佛教徒友誼會第十六屆大會」，海峽兩岸代表同時參加，為兩岸佛教首開交流創舉。一九八九年應中國佛教協會之邀，率「弘法探親團」赴大陸，並與國家主席楊尚昆、政協主席李先念於北京人民大會堂會晤，開啟兩岸佛教交流盛事。

一九九八年二月，大師遠赴印度菩提迦耶傳授國際三壇大戒，恢復南傳佛教失傳千餘年的比丘尼戒法，同時舉行多次在家五戒、菩薩戒會。同年四月，率團從印度恭迎佛牙舍利蒞台供奉。二〇〇四年十一月至澳洲南天寺傳授國際三壇大戒，亦為澳洲佛教史上首度傳授三壇大戒，成為當地佛教盛事。

大師一生積極推動國定佛誕節的設立，一九九九年經立法院通過，將農曆四月八日訂為國定紀念日，並於二〇〇〇年慶祝佛教東傳中國二千年首度國定佛誕節。二〇〇一年十月親赴紐約「九一一事件」地點灑淨，為罹難者祝禱；同年十二月，受邀至總統府以「我們未來努力的方向」發表演說。二〇〇二年元月與大陸達成佛指舍利蒞台協議，以「星雲簽頭，聯合迎請，共同供奉，絕對安全」為原則，組成

「台灣佛教界恭迎佛指舍利委員會」，至西安法門寺迎請舍利到台灣供奉三十七日，計五百萬人瞻禮。

二〇〇三年七月，大師應邀至廈門南普陀寺參加「海峽兩岸暨港澳佛教界為降伏『非典』國泰民安世界和平祈福大法會」；同年十一月，應邀參加「鑑真大師東渡成功一二五〇年紀念大會」；隨後應中國藝術研究院宗教藝術研究中心之邀，率領佛光山梵唄讚頌團至北京、上海演出；二〇〇四年二月，兩岸佛教共同組成「中華佛教音樂展演團」，至台、港、澳、美、加等地巡迴弘法。

二〇〇六年三月，至享有「千年學府」之譽的湖南長沙嶽麓書院講說，同年四月，以八大發起人之一的身分，應邀出席於杭州舉辦之首屆「世界佛教論壇」並發表主題演說。二〇〇九年，國際佛光會與中國佛教協會、中華文化交流協會、香港佛教聯合會主辦「第二屆世界佛教論壇」，並於無錫開幕，台北閉幕，寫下兩岸四地宗教交流新頁。二〇一二年九月，應「世界經濟論壇」之邀，出席「第六屆夏季達沃斯論壇」，主講「信仰的價值」，為該論壇創辦以來，首位發表專題演說之佛教領袖。

二〇〇八年起，悉數捐出各地版稅、一筆字所得，由弟子分別於台灣、大陸、澳洲等地，成立教育文化公益基金，舉辦各種教育、文化等贈獎、公益項目。二〇一〇年起，應邀於北京之中國美術館及中國國家博物館舉行「星雲大師一筆字書法展」，為首位在該館展出書法作品的出家人，後陸續於海南、天津、內蒙古、山西太原、廣東、雲南、廈門、鎮江、上海、大連、山東、浙江、廣西、貴州等美術館或博物館（院）展出。

二〇一一年十二月，大師指導建設的佛陀紀念館開館落成，翌年即獲「國家建築金獎——文化教育類金獅獎」；開館第三年（二〇一四）獲得國際博物館協會（ICOM）認證，成為該會最年輕的正式會員；同年，全球最大旅遊網站TripAdvisor評為「二〇一四年大獎得主」，頒發「優等」證書。自開館以來以各項藝術展覽、教育推廣、兩岸文化交流、地宮收藏時代文物、永久為社會大眾持續做公益服務等項目受國際肯定。

為推動世界和平交流往來，歷年來，大師曾與各國領袖會面，如：泰皇蒲美蓬、印度總理尼赫魯、菲律賓總統馬嘉柏皋、多明尼克總統塞紐瑞、美國副總統高爾，以及馬來西亞三任首相馬哈地、阿都拉・巴達威和納吉等。此外，大師先後並與各宗教領袖交換意見，如：世界佛教徒友誼會會長泰國公主蓬・碧司邁・迪斯庫爾，天主教教宗若望保祿二世（約翰保羅）、本篤十六世等晤談。

二〇〇四年，大師應聘擔任「中華文化復興運動總會」宗教委員會主任委員，與基督教、天主教、一貫道、道教、伊斯蘭教等領袖，共同出席「和平音樂祈福大會」，促進宗教交流，實際發揮宗教淨化社會人心之功用。也先後與瑞典諾貝爾文學獎審查人馬悅然教授、漢學家羅多弼教授、哈佛大學傅高義教授、諾貝爾文學獎得獎人莫言先生等人進行人文交流座談。二〇一三年，與大陸三任國家領導人習近平、胡錦濤及江澤民見面，寫下佛教歷史新頁。

近年，大師於大陸宜興復興祖庭大覺寺，並捐建中國書院博物館、揚州鑑真圖書館、南京大學佛光樓，成立揚州講壇、星雲文化教育公益基金會等，積極推動文化教育，期能促進兩岸和諧，帶動世界和平。

二〇二三年二月五日（農曆正月十五日），大師捨報示寂。綜觀大師一生的寫照，正如他自己所撰之詩偈：「心懷度眾慈悲願，身似法海不繫舟；問我一生何所求，平安幸福照五洲。」其悲願宏深，以眾為我，一生弘揚人間佛教，說萬事，啟迷悟，且致力於佛教之制度化、現代化與國際化，於佛教之正向發展，厥功至偉，實一代之高僧，千萬人之良師也。

目次

編輯緣起

大師近年來，弘法五大洲於各地，

針對不同領域的社會人士所作的講演、座談，結集成冊，

提供大眾參酌，從中讀出解決現實人生之道。

《人間佛教當代問題座談會》，將大師近年來，弘法五大洲於各地，針對不同領域的社會人士所作的講演、座談，結集成冊，提供大眾參酌，從中讀出解決現實人生之道。

佛教，是以人為本的宗教，佛陀的說法，皆為針對人的現實困境與心靈需求提出建設性的見解，並給予療癒為目的；繼而啟發人之善言、善心、善行。

《人間佛教當代問題座談會》計有五冊、三大主題，內容略述如下：

主題一：社會議題探討

收錄大師八篇文章。對環保、對經濟、以及自殺的防治與女性問題等，大師都提出解決之道。佛教是面向人間，面向人群的，社會議題的探討必然是佛教所納入與關懷的。因此，針對「經濟問題」，大師提出：經濟既是民主的命脈之所繫，一個國家要厚植國力就要發展經濟，因為經濟充裕，國防自然有力量，教育自然會提升，社會生產力自然增加，人民生活自然豐足安定，社會亂象也將因之消除。

在「女性問題」裡，大師鼓勵女性們要肯定自我，因為女性的智慧、能力並不亞於男性，女性猶如觀世音菩薩，以慈悲來莊嚴世間。可以參與政治、教育、文化、慈善、社會等各種公眾事務，積極擴大服務的機會與層面。

此外，對於自殺、戰爭與和平等全球關懷的議題，大師的觀點：依佛教的包容思想，人們想要擁有世間上的一切，不需要用戰爭來取得，只要大家互相尊重就能擁有。再者，每個人的生命都不是自己的，生命是天地間共生共有的，每個人只有資格把自己奉獻為大眾，只有盡力讓生命活出意義與價值，但沒有摧殘生命的自由。

大師具有「與時俱進」的現代傳教宏觀，於美國西來大學，以網際網路的方式，令「法音宣流」，為加拿大滿地可、溫哥華、美國紐約、聖路易、奧斯汀、休士頓、舊金山、佛立門、聖地牙哥、台灣等十個地區的學生講授「佛教對環保問題的看法」。大師強調：真正的環保，除了珍惜大地資源，更應做好個人身心的環保，如：拒絕思想汙染、垃圾知識、語言暴力，從淨化身口意開始，自我覺醒，才能達到心靈環保，建立一個現實生活的「淨土」。

主題二：族群倫理探討

有八篇大師精采的論述。大師提出對族群、對宗教之間，對人生、對家庭、對青少年教育，乃至對殺生以及生命教育的看法。族群問題，自古至今無不影響著各個國家及民族間的分與合。要想化干戈為玉帛，最需要的就是要有「同體共生」、「尊重包容」的國際觀，接受同體共生的「地球人」的思想。

佛陀主張「各族入佛，同為佛子」、「四姓出家，同為釋種」，是佛陀具慈悲融和的性格使然。縱觀佛教史上，從未有過戰爭或衝突，乃是佛教包容異己的寬大心量。此單元，對化解族群及各宗教間的敵意、階級性別的歧視、人權平等的重視，大師都提出一些致力和平的看法。

族群問題或政治人權等等，唯有遵循大師倡導的「尊重與融和」才能消除對立，也唯有尊重才能和平，唯有包容才能互助，以佛法的慈悲觀，對世界的和諧發展造成正面的助益。

族群的起點在個人，個人的形成在家庭、在學校。有鑑於此，大師與青年、教師、博碩士等等，以座談會的方式，暢談佛教對「青少年教育」、「家庭問題」、「生命教育」、「應用管理」等看法，希望社會大眾一起來重視「教育」，肯定健全「家庭」，所謂齊家、治國、平天下，家庭倫理的健全，是國家發展的根本，也是世界和平的基石。教育的意義在啟發心智，完成人格。

佛光山以文教開始，開山至今辦有大慈育幼院、叢林學院、普門中學、宜蘭人文國小、均頭中小學、南華大學、佛光大學、西來大學、人間大學等。佛教是青年的宗教，是朝氣蓬勃的宗教，不是暮氣沉沉的宗教，是故，佛光山致力於各項教育的推動。

主題三：生死關懷探討

對於生死問題的探討與解決，是古今人等皆想揭開的謎團。此類議題亦有八篇文章，大師從佛陀的言論為出發，提出個人體驗與看法。從安樂死、臨終關懷、身心疾病等，大師為我們指出一條「希望之路」。如：到成功大學醫學院講演，發表佛教對「器官捐贈」及「臨終關懷」的見解與作法；面臨「身心疾病」如何治療的問題，需以佛法的慈悲喜捨作為治療心病的良藥。再者，應新加坡國立大學醫學院邀請，與多所大學的各科系學生座談。依大家所提出安樂死、墮胎、殺生等問題，從佛教、醫學、法律、人情等觀點，大師一一提出解說及因應之道。

為化解多數人對「生死」的恐懼，大師在美國西來大學透過遠距教學，與全球各地的學員座談。提出：生死本一如，就像白天和黑夜自然的輪轉，人往生後，家人要能為他念佛，並隨喜量力為他行善積蓄功德，才是正面的幫助親友解除面臨死亡的恐懼。

死亡如換衣、如搬家、如出獄、如秋天的葉落。對死亡有正確的認知，我們才能跨越生死的籓籬，悠遊人間，自在無礙。大師提出「死亡是新的開始」，像每天早上升起的太陽，讓人們摒除死亡是絕望的陳舊觀念。從對死亡的關懷，大師也從現實生活的層面去探討，民間信仰的價值、素食問題及對修行問題的看法等等。

大師對「民間信仰」亦給予肯定，認為民間的關公、媽祖及有忠孝節義情操的神明等，祂們讓民眾相信善惡報應，對社會的和諧有所助益。老婆婆虔誠的禮拜，雖不懂高深的哲理，但信念堅貞、信念之純潔高尚，卻是值得讚賞的。信仰當然以「正信」最好，還未正信時，「迷信」至少比「不信」好，因為，迷信的人，還有個善惡因果的言行規範。

皈依後，一定要吃素嗎？一般人將素食與信仰佛教畫上等號，其實素食是一種生活習慣而已，皈依是終生信奉佛教，不一定要吃素，心中有佛，擁有慈悲心才是最重要。大師提出素食只是生活的習慣，不能與信仰畫上絕對的等號。

對於修行，大師提出簡要的說明：修行即為修正行為，不一定要到深山裡去苦思冥想，修行也不一定要眼觀鼻、鼻觀心地自我獨修；甚至修行也不只是誦經、持咒、念佛、參禪。如果天天誦經拜佛，卻是滿心的貪瞋愚痴、自私執著；不如法的修行，如何會有如法的結果？

修行，固然需要；修心，更為重要。行正心不正，有外無內，這就叫做修行不修心，如此不能解決根本問題。

編輯此書的緣起，希望以佛法的觀點來探討並解決社會亂象及當代所面臨的各種複雜問題；同時促使更多人一探社會與人心問題的究竟，明白佛陀的智慧是跨越時空，佛法具有時代性的，即使社會迅速變遷，問題千變萬化，只要人間遠離不了「生老病死」的困惑，佛陀猶如心靈良醫，而佛法則是調和我們身心疾病的良藥。

編按：此書於《星雲大師全集》中，原名《人間佛教當代問題座談會》，共計五冊。今依三大主題重新編輯成三冊，並更名為《人間佛教當代問題探討》。

即使社會迅速變遷，佛法仍是心靈的良藥。

佛教對「身心疾病」的看法

時間：二〇〇三年六月十九日
　　　晚間七時至九時三十分
地點：佛光山雲居樓六樓
記錄：滿義法師
對象：人間佛教讀書會第三梯次培訓課程
　　　學員一六八人

隨著時代進步、科技發達，豐厚的物質生活為現代人類帶來某些層面的福祉，但儘管時代再進步，科技再發達，卻始終無法解決人生的根本問題。

人生的兩個重大問題，一是生，一是死。生的時候就要面臨老病的人生大問題，這是目前醫學界及社會學家們正在努力研究與突破的課題。乃至宗教界如天主教、基督教等，它們的教義對此一直提不出究竟的解決之道。甚至就以佛教而言，如果仍用戒律來探討人生，也有諸多的不合時宜，也是難以應付新時代所滋生的種種問題。

所幸佛法的義理歷久彌新，是亙古今而不變的，對當代的問題，如身心疾病乃至生死問題，從佛教的觀點來看，還是能夠提出合理的解答與解決辦法。因為佛陀本來就是大醫王，是人類的救主；佛法本來就是阿伽陀藥，是治療心病的藥方；出家人本來就是醫師，是眾生的守護者。所以佛法僧三寶一直被比喻為醫王、醫藥、醫生，透過佛法來治療現代人的身心疾病，才是根本有效的藥方。

六月十九日晚間，佛光山開山星雲大師應「人間佛教讀書會」的學員之請，舉行一場「人間佛教座談會」，針對「身心疾病」如何治療的問題，為現代人的身心之病把脈，並且提供了許多治病的法寶。以下就是當天座談會的如實紀錄：

一、人吃五穀雜糧維生，色身難免會生病。請問大師，以佛教的觀點來看，除了醫藥以外，如何治療身體上的疾病？

答：古德說：「修行人應帶三分病，才知道要發道心。」基本上，會信仰佛教的人，大都各有其因緣。例如：有的人因為生活遭逢困難、挫折，想要找個依靠，因此信仰佛教；有的人在極度失意、悲傷、沮喪時，因為一句佛法，心頭曙光乍現，從此虔心向道；有的人對人生的問題感到迷惑不解，想從信仰上尋求答案，因而學佛；有的則是因疾病而感受人生無常、體會人生是苦，因此契入佛法。所以，色身有病並非絕對不好，病也是入道的因緣，有病才知道要發道心，有病才知道凡事要及時成辦；疾病固然給人的身體帶來負面的影響，但也有其積極的人生意義。

說到生病，其實四大五蘊假合之身，孰能無病？生老病死本是人生必經的過程，誰能免除？因此關於如何治療疾病，首先要建立正確的觀念，要懂得預防，與病保持距離，萬一生病了，也要能「與病為友」。尤其對生命的意義要有一些了悟，能對生死無所掛懷，才能坦然面對疾病，而不是心生排斥、恐懼、憂愁，如此心的動念，只會加重身體的病情。

談到身體上的疾病，可以說種類繁多，例如光是眼耳鼻舌身就有眼科、耳鼻喉科、牙科、皮膚科，以及心臟科與肝脾肺胃等內科。此外還有婦產科、小兒科、精神科、神經科、泌尿科、家醫科、腦科、內分泌科、新陳代謝科、腫瘤血液科、骨科、整型外科、復健科、免疫過敏風濕科，甚至具有傳染性的各種急性、慢性病等。

在《佛說最上意陀羅尼經》也提到：「所謂瘻病、風病、痰吐之病、眼目病、頭痛病、腹痛病，乃至痔瘺病……或患瘡癬，或患疥癩諸惡疾病，遍閻浮提，令諸眾生受極苦惱。」

身體有病，當然需要聽從正派醫護人員的指導，採用適當的醫療方法，例如藥物治療、飲食治療、物理治療、心理治療，甚至民俗治療、音樂治療等。也有的病，只要多休息，時間就是最好的治療劑。像感冒這種小病，很多醫生都說感冒是治不好的，因為感冒的種類有一百種之多，哪裡能夠對症下藥？所以醫方只是一種安慰，如果自己懂得，感冒了，多休息、多喝水、少出門，這就是治療。

有時我們身體上根本沒有病，但因自己疑心「我有病」而成了疑心病，我本身也有過類似的情形。在我二十歲左右，有一位老師說：「人常因疑心而成病，例如肺病。」我聽了這句話以後，心裡一直掛念著，之後有好長一段時間都籠罩在肺病的陰影下。當然，我自己也懂得調理、排遣，心裡也在想：「我身體這麼好，怎麼可能會有肺病呢？」不過多少還是受到那句話的影響。

後來到了台灣，住在中壢。有一天，有個人告訴我，番茄可以治肺病。當時番茄價錢並不很貴，於是買了一大籮筐的番茄，吃過以後，我心裡想，這麼多的番茄應該可以把肺病治好了吧！從此我就再也沒有想過肺病這個問題。

所以，身體上的疾病有時候是自己疑心製造出來的，所謂「心病還須心藥醫」，身體上的疾病，有時只要靠自己堅強的信念、樂觀的心情、適當的運動、飲食的調和，自然不藥而癒。

此外，「預防重於治療」，能夠增強自己的免疫力，才是最佳的保健之道。根據研究，人體上大約百分之九十的疾病，都與免疫系統失調有關；免疫系統就如一支訓練有素的精銳部隊，捍衛人體的健康，它能保護身體免於病毒的侵襲，還能清除代謝後的廢物，並且修補受損的器官、組織。

免疫力，淺顯一點說，就是一種抗體，能抵抗外物的侵入。在一般正常人的體內，均有許多好菌，可以抗殺不好的病菌，這就是抗體。例如有的人著了涼，很容易感冒；但是有足夠抗體的人，小小風寒對他引不起作用。甚至有一些傳染病，如肺病、肝病、瘧疾等，如果缺乏抗體，就容易受到感染；假如自體的抵抗力夠，則不會輕易被傳染。

一般醫院裡，醫生都會使用各種藥物來增加人體的免疫力，甚至有些還會指導你種種的保健方法。例如充足的睡眠、每天運動三十分鐘、按摩身體、開懷大笑、放鬆心情、攝取各種維生素等，都可以增加人體的免疫力。哈佛大學醫學院的教授會議更明確指出，有宗教信仰的教友，身體普遍比沒有宗教信仰的人來得健康。因此，生病重要的是觀念治療、心理治療；觀念正確、心理健康，是治療疾病的重要因素。

說到疾病，病與苦總是分不開的。有的人你問他：「生病怕不怕？」「不怕！」「死怕不怕？」「死也不怕！」其實死如同搬家，死如同換衣，死如同新陳代謝，死如同油盡燈乾，死如同睡覺，死也不是什麼可怕的事情。佛教徒相信生命是不死的，生命只是輪迴，就像春夏秋冬，四季輪換，生了要死，死了要生，死並沒有什麼可怕，可怕的是痛，痛很難受，如果病了不痛，病也不是嚴重的事。

不過，「有病方知身是苦」，「英雄只怕病來磨」，英雄只要一有病，就會變

每天運動30分鐘可以增加人體的免疫力

成狗熊，健康的時候不知道健康的寶貴，等有病了，就覺得苦。但是有時害了病，如果把病治療好，反而增加免疫力。所以，經過病的挫折，對於健康還是有幫助的。

生病最忌病急亂投醫，有的人一聽到自己有病，就驚慌失措，到處亂找偏方。在台灣，有一個奇怪的現象，就是一有病了，個個都是醫生：「喔！你應該吃什麼藥！」「哎呀，這個病應該怎麼樣治療才對！」七嘴八舌，有的人自己沒有主張，聽這個人的話，就去看這個醫生；信那個人所說，就去看那個醫生。也有的人生病諱疾忌醫，不好意思看醫生、害怕看醫生。

其實也不要把生病看得很可怕，記得有一次我們幾個同道去看一個罹患肺病的人，有人說肺病會傳染，但是有一位護理人員告訴我們，接觸一點傳染源，才能增加身體的免疫力；完全與病菌隔離，自己就沒有免疫力了！像前不久的SARS流行，就讓大家驚慌失措。其實，病就像「魔」，你愈是怕它，它就更加兇狠，更加厲害。

因此，面對各種疾病，希望大家要有一個想法，就是自己要做自己的醫生。所謂「兵來將擋，水來土掩」，身體有病，我們不必驚慌，有病當然要找醫生治療，但最重要的是自我治療，自己做自己的醫師。自己心理健全，就可以克服困難；自己的毅力堅定，就可以克服一切的病苦。能夠從心不苦做到身不苦，那麼疾病於我又何懼之有！

二、人除了身體上的病痛之外，心理上也會有貪、瞋、計較的心病，現在想請問大師，不知道有沒有心理諮商的方法，可以解決、去除我們的心病？

答：《大般若經》說：「身病有四，謂風、熱、痰及諸雜病；心病亦四，謂貪、瞋、痴及慢等病。」說實在的，身體的病好治療，心病才麻煩。不過，身體是我們的，我們要認識它；心也是我們的，我們也要認識自己的心。能夠認識自己的身心，無論身病也好、心病也好，自然比較容易治療。

前面講「心病還須心藥醫」，心理的病要用心理的藥治療。我們心理的疾病諸如焦慮、恐慌、緊張、憂鬱、嫉妒、迷失、妄想、幻覺、思想偏激、顛倒錯亂、懈怠、懶惰、孤僻等。

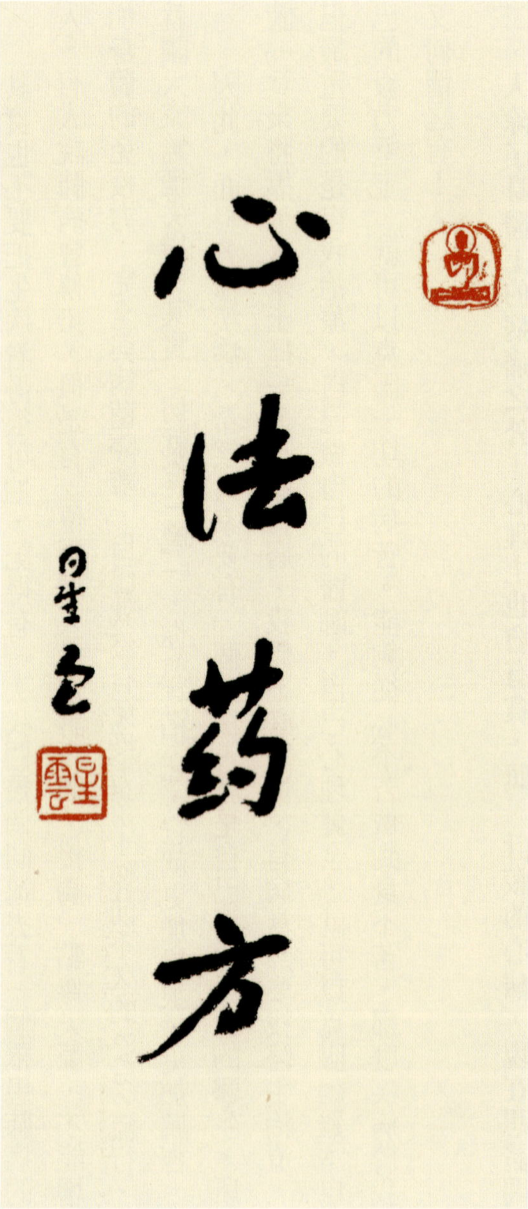

星雲大師書法——心法藥方

疾病也像魔鬼一樣，在我們身體裡有很多的魔子魔孫，平時盤據在心裡，隨時伺機擾亂我們。依佛教講，八萬四千煩惱就是八萬四千種的病，而統領這些心理毛病的第一兵團就是「貪欲」，第二兵團是「瞋恚」，第三兵團是「愚痴」，第四兵團是「我慢」，第五兵團是「疑忌」，第六兵團是「邪見」。貪、瞋、痴、慢、疑、邪見，在唯識百法裡屬於六大根本煩惱。

其實，我們心裡的煩惱魔軍很多，但是真正說起來，全部的統帥只有一個，就是我們自己，叫做「我執」。我的執著統理了貪、瞋、痴、慢、疑等魔軍。平常當我們心理健全、觀念正確、思想正當，心中充滿著慈悲智慧的時候，當然就能「降伏其心」，如《宗鏡錄》說：「駕一智箭，破眾魔軍；揮一慧刀，斬群疑網。」不過只要我們一不小心，疏於防範，就像《佛遺教經》說，心如盜賊、惡馬、狂象，只要稍一縱容，心中的盜賊、匪徒就會起來造反。

追究這許多魔兵造反的原因，都是由於知見不正確，都是因為無明。例如：你疑心猜忌，它就有機可趁；你做人傲慢、偏激、執著、自私、相信謠言、喜歡聽是非、沒有主見、不能自我肯定，就會被人牽著鼻子走，當然這些魔王、魔軍就會起來造反了。

如何治療我們的心病？只有「勤修戒定慧，息滅貪瞋痴」。貪瞋痴「三毒」是戕害我們身心最大的敵人，我把它們做了一個比喻：

心理的貪病好比是身體的胃病，害胃病是因貪吃飲食的緣故。

心理的瞋病好比是身體的肺病，肺病能爛壞人體內部，和瞋心能壞事一樣。

心理的痴病好比是身體的精神病，精神病是自己理智不能作主，言行失常，痴病正是做錯事的一個根源。

貪瞋痴三者，分開來說，人都有自私的心理，一切都為自己著想，看到好的東西就希望歸為己有，甚至只要自己好，別人的死活存亡都跟自己無關，因此「貪心」之病自然生起。如果我們能像蠟燭一樣，犧牲自己，照亮別人；能像朝露一樣，雖然瞬間滅亡，還是用微弱的力量去滋潤萬物生長；能像太陽的光熱一樣，無私無我的照拂大地。能夠如此歡喜的「捨」己為人，把幸福、快樂布施給人，自然就能治癒貪心之病了。

人生的另一個心病就是「瞋」。人患瞋病，是因為修養不夠，只要不愛的逆境當前，瞋心一起，朋友可以變成仇人，夫妻也會變為冤家。一念瞋心起，一切變得可憎可恨，恨不得一拳粉碎世界。但是如《中阿含經》說：「若以諍止諍，至竟不見止；唯忍能止諍，是法可尊貴。」瞋心不能解決問題，如果此時懂得「忍」，懂得世間一切都是自他平等一如，無你我之別，無好壞之分，有此忍的修養，瞋病就不容易生起了。

人生的第三個重大心病，就是「痴」。人患痴病，是因為迷而不覺；由於愚痴無明，所以加重貪瞋的毛病。甚至人的煩惱，人的生死輪迴，都淵源於「痴」。痴會增長邪見，邪見會造作一切罪業，會招致地獄、餓鬼、畜生的苦報。如果有一點覺悟的心，知道自己有一個大智覺海，就不會讓愚痴的黑風無端掀起驚濤駭浪了。

所以，對治貪瞋痴之病，要「以捨治貪」、「以忍治瞋」、「以覺治痴」。另外，對治心病還有五個重要的法寶，就是「五停心觀」。《新華嚴經論》說：「善治諸病者，世間四大不和病，以湯藥治；如煩惱病，以五停心觀、十波羅蜜治。」

五停心觀是對治心中煩惱魔障的五種觀想法門。分別是：

㈠以不淨觀對治貪欲：眾生以穢為淨，看到花美就貪愛，看到俊男美女就心動，因此產生種種的執著、煩惱。不淨觀就是教我們觀想自他身體都是骯髒、不淨的，比方，萬紫千紅的鮮花很可愛，你要想到花長在泥土裡，上面有很多病蟲，有很多細菌，這樣你對花就不會執著了；你覺得那個人長得好漂亮、好美麗，但是如果了解這副臭皮囊是由因緣和合，只是一具帶肉的骷髏，是不清淨的，能如此觀想，自然貪愛、染汙的心就能去除了。

㈡以慈悲觀對治瞋恚：

有的人經常無端發怒生氣，惱亂他人；有的人看到別人行善，他不歡喜，看到他人行惡，他生瞋恨；有的人說，這個人我不喜歡，這個地方我不喜歡，這個時候我不喜歡；有的人總認為自己才是對的，別人所說都是錯的，因此常與人爭論，於是生起瞋恚。

慈悲觀又稱慈心觀、慈愍觀，可以對治瞋恚心。佛教以慈悲為懷，這是一句人人耳熟能詳的口頭禪。慈悲的定義就是拔眾生苦，給眾生快樂。一切佛法如果離開慈悲，是為魔法。慈悲就是佛性，慈悲就是智慧。慈悲是心存正念的服務濟人，慈悲是無我無私的利益眾生。慈悲是淨化的愛，是不求回報的布施奉獻。假如你有慈悲心，何必執著於自己喜歡不喜歡呢？慈悲不是佛教徒的專利，是一切眾生共有的財富，人間有了慈悲，生命就會充滿無限的意義。中國有句話說：「仁者無敵。」套用佛教的話說，就是慈悲沒有對手，慈悲可以克服一切的艱難。慈悲是身體力行的道德，不是用來衡量別人的尺度。真正的慈悲不一定是和顏悅色的讚美與鼓勵，有時以金剛之力來降魔，更是難行能行的大慈大悲。

㈢以因緣觀對治愚痴：有一種人，認為我與萬事萬物都是實有的，或認為是實無的，這是執著邊見的愚痴；有一種人，認為人死了什麼都沒有，這是執著斷滅的愚痴；有一種人，認為人死了還是會投胎做人，這是執著人生恆常的愚痴；有一種人，認為修行是要極端地吃苦，不吃不睡，這是執著苦行的愚痴；有一種人，認為修行是要積極的縱樂，這是執著樂行的愚痴。

愚痴可以因緣觀來破除，愚痴是由於不明白真理。什麼是真理，就是因緣。佛教的三世十二因緣，說明過去世、現在世、未來世是相續之理；世間任何東西都不是單獨存在的，是靠著很多的因緣，例如一間房屋，是由鋼筋、水泥、木材、工人、建築師等等的條件和合而成；一粒米，是由種子、土壤、陽光、水分、農夫的灌溉耕種等因緣而成。由此因緣觀想，宇宙大眾都是我的因緣，都在成就我，都是幫助我的好因好緣，因此我們應該心存感恩，要待大家好，如此懂得因緣法，就會知道眾緣和合的奧妙，就能化愚痴為智慧了。

㈣以念佛觀對治業障：有一些人因為過去世身口意的造作，招感很多的業報，因此一生諸多不順。例如：想要賺錢，卻被人倒閉；想要行善，卻被人毀謗；出外常遭受意外，做人做事乃至修行，常給人怨怪等。用念佛觀可以對治業障，念佛觀是教我們念佛觀想佛的法身空寂無為，用來對治境界逼迫的業障；觀想佛的報身功德巍巍，用來對治我人經常心生惡念的業障；觀想佛的相好光明的應身，用來對治我人容易昏沉闇睡的業障。

㈤**以數息觀對治散亂**：我們的心念，一會兒停在美國大女兒身上，一會兒到了上海大兒子家裡；一會兒住在天堂，一會兒墮入地獄；甚至時而心生善念，時而心萌惡念。可謂妄想紛飛。以數息觀可以對治散亂心，數息觀又叫「安那般那念」，是以數算自己的出入息，讓散亂的心能定住在一境。

此外，佛教的「禪淨雙修」，禪定能統一自己，不讓心念散亂，不讓魔軍得逞；念佛能淨化心靈，念佛念得專心一致，也能降伏妄想、雜念的病魔，不致擾亂我們。

佛教還有很多法門，像拜佛，拜佛必定要發願，有願就有力量抵抗魔軍；佛教講發心，發慈悲心、慚愧心、菩提心，發心的力量奇大無比。再如提得起、放得下，以及智慧、慈悲、明理等，都是無上的妙藥，都可以治療我們的心病。

現在社會上的心理諮詢，可以說都遠不及佛教的這許多妙法。尤其心病最主要就是從「我」而來，《般若心經》說：「照見五蘊皆空，度一切苦厄。」把「我」空了，就可以去除心中的顛倒妄想。

拜佛必定要發願，有願就有力量抵抗魔軍。

不過，一般說「我執」容易去除，但還有「法執」，佛法所謂的「修行」，就是和八萬四千煩惱魔軍戰鬥，稍有不慎就被煩惱打倒了。因此，身心的疾病，一定要靠提高自己的力量，就如剛才講的智慧、慈悲、明理等等來對治。一個練武的人，要有十八般武藝，學佛的人也要能統理一些正規軍，也就是佛法的六度、四攝、八正道等等，有配備才能打倒魔軍，心理才會健康。

總之，要治心病，非靠自己努力不可。就像醫生開藥方給病人，但不能勉強病人吃藥，若病人不吃藥，病永遠也不會好。同樣的，佛法雖然能醫治心病，但是你不依佛法的指示去做，你的病永遠也不能痊癒。學佛，就是學習佛法，依佛陀的教示去實踐，不只要完全相信，重要的是要確實去實行，否則就如「說食數寶」，自己不能受用，佛法再好，又有何用！

三、遇到情緒不穩、心情起伏不定，動不動就容易生氣、衝動，克制不了自己情緒的人，請問大師，要如何幫助他改善這種情況呢？

答：情緒不穩，彷彿只有三條腿的桌子，缺了一隻腳，支撐力量不夠，基礎不好，當然就不穩了。

人也是一樣，當心智不健全，情緒不穩，就會感到世間一切都不公平，因而對人生產生諸多不滿，或是心生沮喪、憤恨，乃至嫉妒別人等。從這許多不滿、不平、不正的心理，就會造成情緒不正常，於

佛教的法門能降伏妄念、雜念的病魔。

是暴力、乖張、不講理，言行就會有偏差。

情緒不穩，大部分都是自我不能控制，對外境不善處理。常聽一些人說：「我沒有辦法，我要發脾氣！」「我控制不了，我要打人！」因為控制不了，因此常常生起貪心、瞋心，於是情緒失控，自然是非不分，事理不明了，這都是由於自己的心智不成熟、心智不健全，自己喜怒無常、是非不分、善惡顛倒，因此任性乖僻。歷代暴虐無道的帝王將領，大致說來都是不能管理自己的情緒，結果導致國破家亡、身敗名裂。

情緒失控的人，自己沒有辦法，當然要找別人幫忙！找誰來幫忙呢？拜佛，佛祖會幫忙你。念佛，佛陀會加持你。你要打人，要發脾氣，你當下記得念佛，可能一句佛號就能息下瞋心，自然就不會打人了。

要想控制自己的情緒，平時就要多讀書，多讀書就會明理；做人明理，對人尊重，則「敬人者人恆敬之」，這是自然的道理。或者抄經、禪坐、繪畫、梵唄，乃至自我反省、知道慚愧、懂得苦惱、經常感動等，自然心地柔和，而不會情緒起伏不定。反之，經常怨天尤人，一直怪人，當然就會情緒失控，就會生起無明煩惱了。

《大般涅槃經》云：「若與煩惱諸結俱者，名為無明。」學佛的人如果控制不了自己的情緒，經常與無明相應，這是很難為情的事，所謂「自我之不治」，又如何去治理別人呢？所以我們要檢視自己本身究竟有一些什麼毛病？是生理的？是心理的？是思想上的？是見解上的？還是情緒上的毛病？你總要有一套方法來對治它，如果一直要靠別人幫忙，能有好因好緣，能遇到善知識指導你，當然最好，可是這樣的好因緣哪裡可能一直都跟隨著我們呢？所以，自己要做自己的善知識，自己要解決自己的問題。

俗語說：「解鈴還須繫鈴人。」情緒是自己的，還是要靠自己解決。自己覺得很懶惰，就要勤勞；自己覺得委靡不振，就要打起精神。要用感恩、知足、慚愧、反省、樂觀、明理、感動、發心來對治。甚至平時就要養成不怪人，而要責怪自己的念頭，要懂得「改心、換性、回頭、轉身」。人生重要的，就是要懂得一轉，轉迷為悟、轉弱為強、轉暗為明、轉痴為智；懂得轉化，人生就會有不一樣的境界。

總之，做人做事不要有情緒，情緒乃無明業風。《觀音義疏》說：「業風吹壞五戒十善船舫，墮三途鬼國及愛見境中。」故要「以戒定慈悲，救惡業風」。否則當無明業風一起，大海就會波濤洶湧，人間就會黯淡無光，人性就會雲遮日蔽，真理就會歪曲不正，所謂情緒之為害，實在不為不大呀！

四、請問大師：人有了煩惱的時候怎麼辦？例如有的人為了一句話、一個人或是一件事而苦惱，甚至因為沒有錢、沒有人緣而煩惱。當煩惱來了，應該怎麼辦呢？

答：一般人，聽到別人講一句自己不歡喜聽的話，他就煩惱；看到別人做一件自己不高興的事，他就生氣。其實這就是上當了。別人的一句話，我就生氣；別人的一個動作，我就吃不下飯；別人的一個眼神，我就睡不著覺。如此輕易就讓別人影響、左右，自己也太沒有定力，太沒有力量了。

現代人大都犯了沒有力量的毛病，太禁不起別人的一句話。如果是好的東西，它必定能禁得起。像台灣的木材進口到美國，美國不要，因為在美國的乾燥氣候下，木頭很快就會裂開，所以不合格，就會被人拒絕。

佛光山當初建西來寺的時候，所用的琉璃瓦也都要經過測驗，能受得了幾千度高熱的壓力，才能採用。我認為煩惱也是一種壓力，我們在煩惱之前，如果完全禁不起，就太可憐了，永遠得不到平安，得不到安身之處。

《俱舍論記》云：「煩惱障重，以煩惱能引業障，業障復能引異熟障，如是皆以煩惱為本。」煩惱來了，你要面對它、化解它，如果你躲到房間裡，還是會煩惱。煩惱是躲不了的，只有去除它，更高明一點，能轉煩惱為菩提，才能得勝。

煩惱就叫「無明」；不明白道理，就會產生無明煩惱。煩惱來了，就像壞人來了，我所結交的良朋善友都會離開；煩惱來了，就像颱風過境，山崩地裂，讓我的心情不能平靜。

煩惱從哪裡來？有時是受外境引發而來，例如聽不慣別人的話、看不慣別人的作風；另有一種是來自內心的煩惱，例如疑惑、嫉妒、心量狹小等。所謂「天下本無事，庸人自擾之」，這都是自己找來的煩惱。

有的人說話，說錯了，被人家怪，當然要煩惱；有的人做錯了事，被人怪罪，他也不開心。不過如果能夠轉念一想，這是在「學習」，也就不會煩惱了。

我們常常因人煩惱、因事煩惱、因語言煩惱。我們自己要有力量轉化煩惱，要轉煩惱為菩提。人會有煩惱，大部分都是愚痴、無明；無明就是不明白、就是愚闇。

煩惱來了，要靠自己化解，別人的勸說、鼓勵，都是一時的，煩惱的病因不去除，就不會有好結果。

如何對治煩惱？以下提供幾點看法：

㈠和人相處，不要比較、不要計較。煩惱大部分都是從比較、計較而來的，我不比較、不計較，自然就少煩惱。

㈡人家比我好，我祝福他。過去我曾講過，你起大樓，我沒有錢買房子，沒有關係，我可以在你的屋簷下躲個雨，對我還是有利益；你買電視機，我沒有，也不要緊，你坐著看，我可以在後面站著看一下；你建大廟，我只是個小廟，沒有關係！我以後掛單，總可以到你那裡吃一餐飯吧！世間有很多事你要想得開、看得開，不要嫉妒，自然就不會有煩惱。

㈢凡事不強求、不執著，不一定要求別人非要做到怎麼樣，也不要事事要求別人依著自己的方法去做。人本來就各有各的個性、各有各的自由，如果別人不合自己之意就生氣，煩惱就會趁著你心智脆弱、愚昧、無明的時候入侵。

㈣平時自己要有很多正當的興趣、正當的工作、正當的習慣，這些都可以抵擋萬千的邪魔外道。更重要的是，要發心工作，讓自己忙起來，自然沒有時間煩惱。平時多結交善知識，不跟煩惱人來往，因為藉酒澆愁愁更愁，跟煩惱人來往，只有跟著一起煩惱。

㈤要常常自我反省：「我不行、我不好。」《成佛之道》說：「恥有所不知，恥有所不能，恥有所不淨，迴入於大乘。」如果只想到自己很好，經常自己原諒自己，總認為：「我就是這樣的看法、我本來就是這樣嘛！」如此就不能改進自己，煩惱就無法去除了。

㈥待人親切，奉行做好事、

說好話、存好心的「三好運動」，就能少煩惱。因為你做好事、說好話、存好心，別人就會讚美你、尊敬你，當然就沒有煩惱了。

此外，有了煩惱必定是自己的錯誤，要勇敢面對，要認錯改錯；就像有病的人，要承認自己有病。不肯承認有病，別人怎麼替你治療呢？宗教的用途就是解除我們的無明、減少我們的煩惱，但是佛法縱然再多、再好，如果我們一點也沒有學到，就像一個人沒有練功，即使有再好的刀、槍、劍、戟，自己也不能運用，如此不但不能降伏敵人，反而被對方給制伏了。因此，

奉行三好，就能少煩惱。

要用正心、正念做人處事，有了正心就能降伏一切煩惱魔障。尤其「佛法無量義，一以淨為本」，要懂得自我淨化，有了清淨的心，煩惱自然無由生起了。

五、人，不管男女老少，都有所「怕」，例如怕死、怕黑、怕鬼、怕人、怕生、怕痛、怕病、怕老等，請問大師有什麼方法可以克服害怕的心理？

答：人因為對未知的事物不了解，就會產生害怕的心理；就如我們害怕黑暗，因為黑暗我們看不到！如果凡事了然於心，自然就不會害怕了。我們平常總會對不熟悉的環境產生害怕，一有風吹草動，就覺得有鬼。過去在我小的時候，每次自己一個人走路，常常覺得後面好像跟著一個鬼，這時我就想走快一點，一走快，覺得鬼走得更快！我的家又那麼遠，這個鬼一直跟在我的後面，怎麼辦呢？那時自己還很小，也還沒有出家，就停下來回頭看，沒有鬼嘛！於是，那個時候我就懂得訓練自己，我知道根本沒有鬼！我何必怕呢！

我想，人會害怕的原因，就是不明真相，所謂：「一朝被蛇咬，十年怕草繩。」一旦被蛇咬了，連繩子的影子都怕。

有些人膽小、怯弱，叫他上台講演，他說：「我不敢！」要他去會客，又說：

「我不敢！」無論做什麼事都推說：「我不敢！」為什麼不敢，就是因為怯弱！這是一種毛病。我們一定要勇敢面對一切事，因為「要得會，人前累」！

現在台北有一種訓練，叫做「丟醜訓練」。醜媳婦總要見公婆，就是要禁得起在人前丟臉，才會堅強。例如買個電器類的東西，要知道好壞，要禁得起關關弄弄。

人為什麼會怕？比如：怕失去愛情、怕失去金錢、怕失去權勢、怕失去地位、怕失去榮耀。已經擁有的，害怕失去。也有很多人怕老鼠，可是老鼠是怕人的啊！你怎麼怕老鼠呢？真是顛倒！怕蟑螂，蟑螂應該是看到人就要趕快躲起來的，你怎麼怕蟑螂？這是莫名其妙的怕！

人也怕災難，怕颱風、怕地震、怕土石流等等自然界的災害；怕被搶、怕壞人、怕土匪。但是怕也沒用啊！躲避也不是辦法。知道颱風要來，就要加強門窗的防護；土石流來了，就躲到安全的地方；甚至地震來了，你也要有防震的常識啊！

基本上，木板的房子不容易倒塌，即使地震來了，它有彈性，會隨著搖擺。住在高樓，愈高搖得愈厲害，即使逃跑，也來不及！所以不必慌張。你要有防備地震的方法，比如躲在桌子下面或柱子旁邊，還是有空間能夠給我們安全。人若是一味的慌張失措，反而不能躲避災難。

其實，外來的災難再大，都有防範的措施，人最怕的是「迷信」，迷信很可怕。過去有個電影明星叫林雁，他在美國買了一棟很漂亮的房子，雖然他也皈依過三寶，不過他迷信風水，就找來一個地理師，地理師告訴他，房子裡面有三個鬼！他是單身女性，一個人獨自住在一棟房子裡，每天到了晚上，想到自己是跟三個鬼住在一起，害怕之餘乾脆將房子賣了。後來又換了一棟，他想這一次再請地理師看一下，應該沒有問題了。地理師又說，這裡面陰氣很重！她心裡更加害怕，不能安心，最後只有用槍自我了斷生命。

實際上鬼有鬼的去處，我也不是說沒有地理風水，所謂：「人有人理，天有天理，情有情理，道有道理，地有地理。」但是地理不是從方位上來看的，例如同一條街上，門面朝東的商店，幾家賺錢，幾家失敗，你說哪裡有方向？其實做生意賺不賺錢，是要看產品的好壞，要看經營者的管理，要做市場調查，而不是看地理風水，所以凡事都有它的因果！

迷信很可怕，我們對治恐懼，就是要有智慧、要有常識。我們認識颱風，就不會害怕颱風；我們認識地震，就不會害怕地震；我們認識鬼有鬼的世界，畜生有畜生的世界，大家各有各的世界，不相妨礙。

其實，鬼是不會隨便侵犯人的，人不要自己找麻煩，不要鬼迷心竅！不要惹鬼上門！本來沒有的事情，因為自己迷信，自己找個鬼來。像台灣有人養小鬼，到最後往往會惹出很多的麻煩來，因此不要迷信，要有智慧。

有一個優婆先那比丘被毒蛇咬傷，雖然毒性發作，眼看著就要氣絕，但是他一點也不害怕，一點也不掛念，他說：「我是觀空的，毒蛇能咬我的身體，牠能咬空嗎？」能與虛空同體，就不怕了，不怕反而可以躲避很多災難。

一個人有慈悲，慈悲就沒有敵人，慈悲的人到處行得通；有智慧，能明白一切，就不會害怕；勇敢、自信、正念，懂得轉移注意力，就不會害怕。有時候我們走夜路，要依靠燈；一個人膽小，可以多找幾個人作伴。對外境的害怕容易解決，而內心的懼怕是從怯弱、無知而來，要自我訓練。

我從小就常常自我訓練膽量。對日抗戰時期，我曾在死人堆裡面睡過覺；在槍林彈雨裡來去的經驗，我也有過。初來台灣，住在台北善導寺的功德堂，因為最下層沒有人供骨灰，我就弄個空間睡覺。回憶起民國四十年（一九五一），花蓮大地震，全省也天搖地動，善導寺的骨灰龕都被震得斜了過來，我就跟骨灰說：「你們可不要掉下來，會打到我啊！」當時我的注意力就是骨灰龕不要打到我，完全沒有想到別的事情，因此不覺得害怕。

過去我曾看過很多狐鬼的書，狐鬼很善良，都是報恩的，你對他好，他就會加倍保護你。有時我也在想，假如我有一個鬼朋友，那也很好，當然我希望佛菩薩來，不過鬼來也不要緊，有這個心理預備，真的遇見鬼了，因為心理有準備，自然不覺得害怕。

我覺得鬼並不可怕，倒是人比鬼更可怕。在《二十五史》的《晉書》裡有個故事說，南陽有一個人叫宋定伯，有一天夜晚趕路時，在荒野中不巧遇見了鬼，他壯起膽子問道：

「喂！你是誰呀？怎麼走路一蹦一跳的？」

「我是鬼啊！咦！你又是誰呀？」

宋定伯一聽，糟糕！今天怎麼活見鬼了，如果坦白告訴對方自己是人，會不會遭遇不測？一個轉念，騙他一下：

「我也是鬼呀！」

「喔！你也是鬼呀！那你要到哪裡去呢？」

「我要到京城去呀！」

鬼一聽非常高興，就對宋定伯說：

「好極了！我也剛巧要到京城去，咱們正好結伴同行。」

宋定伯無奈，只好硬起頭皮和鬼一前一後地走著。一人一鬼走著走著，走了一段路之後，都覺得有一點疲倦了，鬼提議說：

「路途遙遠，這樣子走法實在太辛苦了，不如我們輪流相背著走，既可趕路，又可休息，你看好不好？」

「好呀！」

「那我先來背你。」鬼說完，就把宋定伯往身上一背。

「哎呀！怎麼這樣重啊！」

「因為我是個剛死的鬼，所以比較重嘛！」

宋定伯聽鬼一問，趕忙撒個謊說：

鬼信以為真，一人一鬼繼續走著，走到了一條江水滔滔的河邊，鬼指著河說：

「現在我們只好游泳過去啦！」

說完縱身一躍，「呼」地一聲，好像雲霧飛揚一般，輕飄飄無聲無息地就游到了對岸，轉身看到宋定伯在水中費力地划動雙臂，發出「噗通！噗通！」的巨響，慢慢地游過來。鬼著急地趕到岸邊，氣急敗壞地說：

「喂！你怎麼游得這麼響呀？給人聽到會嚇壞他們的。奇怪！你的聲音為什麼會這麼大？」

宋定伯看到鬼在疑心，趕快搬出人的技倆說：

「我剛死，還沒有學會游泳啊！」

上岸之後，又啟程趕路，宋定伯心中暗想：今天真霉運，碰見了鬼，總要想個法子擺脫他才好，於是裝出一臉謙虛求教的誠懇樣子，說：

「喂！老兄，我剛剛才死不久，對於我們鬼的情形都不大明了，你經驗多，請告訴我，我們鬼道的眾生最害怕什麼？」

「我們鬼最害怕人類的唾沫，萬一有人對我們吐痰，我們就一點辦法也沒有了。」鬼很誠意地回答他。

這時天際漸漸現出魚肚白，天色快要破曉了，一夜的疲累，眼看著也快到京城了。宋定伯趁著鬼沒有注意的時候，突然乘其不備，往鬼的身上吐了一口濃濃的痰沫，只見鬼痛苦地扭著身子在地上翻滾打轉，轉著轉著，鬼不見了，變成了一頭馴服的小山羊。宋定伯於是把這頭羊牽入城裡，賣了一千錢。

鬼其實並不可怕，有時候人比鬼更可怕，不過膽小怕鬼的人，還是很多。如果真的害怕，心生智慧，自然就不怕了，不然就要靠外力的幫忙。但是人還是要靠自己，平時多結緣，有了善因善緣，即使半夜遇到鬼了，也會有好人來幫忙的。

六、人大都有很多不良的習氣，像酗酒、賭博、好財、貪色、惡言相向、喜歡談論是非八卦等，請問大師，有了惡習要如何去除？

答：平常我們講「煩惱易斷，習氣難改」；也有人說「江山易改，本性難移」，指的就是人的習氣不容易更改。

在佛法來講，重的過失是煩惱，輕的過失叫習氣。其實，人難免有煩惱、有習氣，甚至「羅漢斷三界結盡，而習氣未除」（《大般涅槃經集解》）。所以即使證悟的大阿羅漢，有的也喜歡照鏡子。因為他過去做過幾百世的女人，習慣了，因此即使出家了，還是習慣要照鏡子，這就是過去的習氣使然！

佛陀十大弟子之一的大迦葉「聞歌起舞」，這是習氣；憍梵波提尊者經常習慣呶嘴，就像牛吃草時一樣，因為憍梵波提過去世做牛，牛就是要反芻，所以時間久了就成為習慣，這也是習氣！

菩薩留惑潤生，留一分無明、一點習氣，好讓眾生親近。

有的人講演，習慣低頭不看人，這是習氣；有的人看人眼光兇狠，讓人覺得好可怕，這是習氣；有的人好吃什麼東西、好買什麼東西，這都是習氣。

在佛門裡每個修道者，擁有的東西愈少愈好，所謂：「衣單兩斤半，隨身十八物。」一個人東西愈少，欲望就愈少；東西愈多，所帶給我們的煩惱也就愈多。

然而，現代人的東西太多了；擁有、貪多是壞習慣。不過這也難怪，有人說「大過不犯，小過不斷」，小過就是習氣。乃至大菩薩，雖然已經到達等覺位，為何不成佛？因為他「留惑潤生」，他要留一分無明，留一點習氣，好讓眾生親近他。為了救度眾生，菩薩願意放棄個人的成就，但成佛必須把所有煩惱、習氣都斷除。

至於如何才能對治惡習？首先要靠自我觀照，要看自己的心，看自己的毛病。然而，一般人的眼睛都是用來看別人，常常指責別人這個不對、那個不好。其實《大乘要語》說「習氣不離心」，所以我們應該要看的是自己的心，自己的毛病！

當然，有的人酗酒、吸毒，要靠醫藥的幫忙，但也要自己肯下定決心斷除。其他如賭博、惡口等，也要靠自己有心革除。所謂：「友直、友諒、友多聞。」有人說我可以找好朋友來規勸、教誡；自己找好朋友來做管理員，要知道，靠別人來規勸我、幫助我還是有限的，自省自覺才是革除惡習的重要方法。

有一個總經理喜歡罵人，雖然他知道，發脾氣會讓員工離心離德，自己也有心想改，但就是改不了。終於他下定決心，用一個牌子寫「戒瞋恚」當座右銘，提醒自己不要發脾氣，一副決心要改的樣子。有一天，他聽到公司的同事在談論：「我們總經理就是這個脾氣不好！」他一聽，火冒三丈，當下拿起「戒瞋恚」的牌子往那人身上丟去，說：「我早就改脾氣了，你為何還要說我的脾氣不好。」

人往往不知道自己，這是最大的惡習。人常常要求別人十分，要求自己零分，都是「嚴以律人，寬以待己」，日久自然成為習慣，這就是習氣。

如何改習氣呢？我想除了勇敢認錯、決心改過，還要有大智慧、大忍力。忍，有生忍、法忍、無生法忍。如我在《佛光菜根譚》所說：「消得一分習氣，便得一分光明；除得十分煩惱，便得少分菩提。」我們有了無生法忍的智慧，自然能消除業障、去除惡習。就如明鏡蒙塵，要經常拂拭；銅鐵生鏽，要勤加上油。又如衣服髒了，要用清潔劑洗滌；地毯髒了，就用吸塵器除汙。

革除惡習如果只想依賴別人的幫忙，這是改不了的；一定要靠自己的恆心、毅力，要時時自我砥礪，就等於「真金要靠洪爐鍊，白玉還須妙手磨」，只要自己肯下決心，不斷的自我鞭策，久而久之，習氣就能慢慢消除。

七、家中有智障兒、精神病患、植物人或失憶症的病人，家人應該如何坦然面對，共度難關？

答：現在社會的科技文明十分進步，但人間的苦難並沒有因此而減少，反而社會愈進步，苦難愈多，例如智障、殘障、植物人、精神病、失憶症、玻璃人等等。如果家中有這樣一個殘障的人，帶給全家人的負擔、掛礙、不方便，真是無以復加！

但是，世間很多事，是福是禍也不一定，所謂：「塞翁失馬，焉知非福。」據我所知，有的家庭因為有殘障兒而因禍得福的人也很多。例如，瑞士華人聯合會會長何振威先生，一家十幾口能從越南移民到瑞士，是由於家中有一名智障的小孩，因此獲得優先移民瑞士的資格。瑞士對殘障人士很保護，每個月政府提供三千美元的資助，因此全家十幾口得以過活。我到瑞士去的時候，他說這個小孩真是家裡的寶貝，是全家人的救命恩人。像這類的故事很多。

另外，也有父母生養健康的兒女，千辛萬苦送他們到外國去留學，讀了碩士、博士後，就在外國不肯回來，父母乏人照顧，所幸家裡還有一個殘障的兒子，於是靠著他的因緣獲得政府補助，得以讓父母養老，後來這對父母說：「我有一個殘障的兒子，這是我的福氣。」

所以，有殘障的家人，到底是福是禍，不可以一概而論。尤其，有的人因為家有植物人或智障兒，更容易激發菩薩愛人的慈悲心。像香港的楊女士，他生養了一個殘障兒，讓他看到人生的苦，因此選擇行菩薩道，發心布施，利益眾生。

對於世間上的好與不好、幸與不幸，都不是絕對的，重要的是如《法華經》中常不輕菩薩說：「我不敢輕視汝等，汝等皆當作佛。」甚至《大方等大集經》說，菩薩也有百八因緣著痛。所以對於家裡有殘障的親人，更應該發揮愛心，不可以嫌棄，這都是因緣；能用佛法的角度來看待，知道這一切都是給我們有機會來行慈悲，讓我們有機會接受考驗，就會歡喜接受、勇敢面對。

有一次我在台北佛光緣美術館，遇到兩位沒有手，卻非常有名的畫家兄弟楊正華、楊正隆，希望我跟他們照相。像這種「殘而不廢」的人很多，只要家人用愛心去愛他們，通常都會有非常優秀的表現。

我在南華大學主持畢業典禮時，有位生來就沒有手的小男生李志強，與正常人一樣讀書，現在已經獲得碩士學位，而且是個電腦軟體程式設計的專家，他靠一雙腳，自己洗衣服、吃飯，都不需要別人幫忙，甚至穿針引線、打電腦的速度，都比一般正常人要快。

我也看過大陸上一些殘障的人士，他們殘而不廢，殘而更加堅強。另外，台灣現在有很多殘障人士，也經常在媒體中發言，都得到很高的尊重和成就。所以，天生我才必有用，在教育、愛心呵護之下，殘障人士只要努力，還是能有所作為。

「月亮不一定要圓滿，殘缺也是一種美麗；人生不一定要擁有，享有也是一種福氣。殘缺生命，也能彩繪成美麗的詩偈。」我們要歌頌殘缺之美，要承認殘缺的另一番成就。甚至世間的得與失，本來就不是絕對的，例如瞎子雖然眼睛看不到，但是他的耳朵往往特別聰敏；啞巴不會講話，但是頭腦特別清楚。人類的潛能，雖然要靠五體四肢來幫助發揮，但是如果有了殘缺，卻能「人殘心不殘」，心智健全，這樣的人生還是能發揮一番作為的！

八、如果染上了傳染性疾病，如SARS、愛滋病、性病、肝病、肺癆、瘧疾、皮膚病、天花，甚至小小感冒等，要如何護理，以避免傳染他人？

答：不幸染患傳染病，最重要的就是發揮公德心與守法的精神。台灣前不久SARS防疫戰，最大的問題就是人民缺乏守法的精神。例如防治傳染病的第一個重要工作，就是實施隔離，但是有人不肯接受隔離，帶著病菌到處傳播，這就是台灣失敗的地方。

大家不守法、不遵守隔離政策，有病不肯隔離，於人於己都是有害無益；養成守法守禮的精神，這是自愛，也是對他人的尊重。像戴口罩，不是只有防備自己受到感染，也是尊重別人，這是一種禮貌。再如使用公共物品，自己有了傳染病，就不能跟別人共用，這是一種公共的道德，也是守法的精神，這種觀念要建立。

在目前的傳染病當中，愛滋病最令人聞之色變。根據統計，台灣去年就有二千多人死於愛滋病，這次SARS的傳染也死了八十幾人。傳染病有時候是接觸傳染，有時候是空氣傳染，有時候是透過血液、唾液傳染。不過這一次SARS的傳染，對台灣也帶來了正面的教育功能，例如大家勤於洗手，懂得保持環境的清潔，也懂得自愛與尊重別人。

尤其SARS防疫期間，在實施隔離的政策下，不少人在家讀書，無形中帶動社會讀書風氣。例如佛光山的人間佛教讀書會，一下子便增加了許多的讀書會，提供大家讀書、增長智慧的機會，增加人民的知識、內涵。

談到社會的傳染病，其實哪個時刻、哪個地方沒有呢？在歷史上，包括希臘、羅馬帝國的衰微，都跟傳染病有關；中國的明朝所以亡國，也不是兵力的問題，雖說明朝跟其他朝代一樣，到了末年因為奸臣弄權，導致政治腐敗，更重要的是後來傳染病肆虐，人民死於傳染病者不計其數，致使無人打仗，一個國家就這樣滅亡了。所以傳染病的肆虐，實在很可怕。

其實，我們的社會，除了病菌的傳染、毒素的傳染之外，思想的傳染、知見的傳染、謠言的傳染，更是可怕。染上傳染病，應該遵守公共的道德、遵守社會的法律，不去危害別人。可是我們的社會有一種怪現象，有很多人生了重病，心有不甘，便故意用各種方法將病傳染給別人。他認為一個人死了太寂寞，要多幾個人陪他一起走，像這種不正常的心理，就是沒有道德心。

根據《撰集百緣經》說，佛陀在過去世時，因「修行慈悲，和合湯藥，用施眾生，以是之故，得無病報」。所以，我們欲得社會健全、個人無病，除了遵守公共的法律、公共的秩序外，尤其要宣導、重視公共的道德；培養守法、守紀、守德的觀念，尤其要發揮慈悲愛人之心，這是我們不容忽視的課題。

九、佛教常說「業障病」，因業障而生病，要怎麼樣才能消除業障呢？

答：經云：「業不重不生娑婆。」人到世間上來，除非是菩薩乘願而來，否則一般凡夫莫不是隨業而來，所以業不重就不會來世間做人了！

我們每一個人生來就與業障連結，業是我們生命流轉、循環的一種連帶關係，從業障的人生所引發的病，當然就是「業障病」了。

佛教所以稱「業障病」，就是無以名之的病；同樣的，經常產生無明煩惱的人，就是業障人。另外，原本不該發生的事，卻偏偏發生了，是為業障事；看起來不應該死，卻還是死了，令人不能理解，都是業障。

有的人久病不癒，為什麼？就是業障。兩個人一起生活，一個人很健康，一個人總是生病，到底是什麼原因？就是業障！前不久有一個人從幾十尺的樓上跳下來，壓死一個路人；跳樓的人沒死，路人卻死了，這就是業障！

過去在多次的飛機失事中，有的人本來應該坐這架失事飛機，因為路上塞車，趕不上班機；有的人因為受朋友邀約，臨時改變主意，因而躲過一劫。但是也有人本來不該坐這架失事飛機的，卻臨時有了座位，因此趕上而做了替死鬼；甚至有的人沒事在家裡坐著，卻有大卡車闖進來撞死他。這都是業障！

業有共業與別業，共業又有「共中共」與「共中不共」的業。有的人本來得了不治之症，應該是要死的，可是不久卻病癒了；也有的人只是患了小小的傷風、感冒，因為治療不當而死亡，佛經稱為「橫死」，這也是業障。

其實，除了業障病以外，還有很多的業障。例如：窮是業障，沒有人緣，也是業障；生命沒有歡喜，人生缺少助緣，這都是業障。有的人本來飛黃騰達，可是有

懺悔、行善、修福，可以消業。

朝一日，業障現前，一切都曇花一現。

業，就是行為的造作。《大寶積經》說：「假使經百劫，所作業不亡；因緣會遇時，果報還自受。」雖然今日的境遇與過去世的因緣有關，但如果今生懺悔、行善、修福，也可以消業。例如佛經記載「沙彌救蟻」的故事，小沙彌的壽命本來應該早早夭折，但因為他救了螞蟻，有了護生的功德，不但壽盡未死，而且得享高壽。像這一類護生而延壽的事例，佛經與現實生活裡，時有所聞。

另外，《大乘起信論裂網疏》說：「懺悔能滅業障，勸請能滅魔障，隨喜滅嫉妒障，回向能滅著二邊障，發願能滅多退忘障。」所以，業障還是可以經由懺悔而消除。

消業就等於衣服髒了，要用肥皂粉洗刷；身體髒了，要用沐浴乳洗滌，甚至每天要用牙膏刷牙、漱口。同樣的，你要消業，也要有工具，要有武器！也就是要發願、行善、積德、培福、結緣，才能消業！如果不知懺悔、行善，只是祈求業障消除，就如《阿含經》的譬喻說，把一塊石頭放在水裡，它自然會沉到水裡去，不會因為祈求神明，希望石頭浮出水面就真的能夠浮起！把油倒進水裡，油必然會浮在水面上，即使你向神明祈求，希望油不要浮起來，油也不會沉到水裡去，這是很自然的事，因為這就是因果。

所謂「有光明就能去除黑暗，有佛法就能求得平安」，所以在這一次SARS事件中，佛光山封山一個月，我們不光是祈福消災，我們更願代眾生懺悔，為大家祈願；就等於一面除草，一面播種，能從積極面去行善培福，一旦善的業緣成熟，自然就能業障消除，福慧增長了。

一〇、天生有了殘缺，乃至身材矮胖、長相醜陋，甚至聰明才智、學經資歷、家世背景等條件，處處不如人。這種人應該如何從自我的觀念中獲得心力的成長？

答：人無十全十美，有很多年輕男女常因太矮或太胖而自卑。其實太矮、太胖也不是不好，天塌下來有高個子去頂。矮一點的人做衣服，布料可以少一點，甚至醜一點也無所謂，出家人醜僧俊道，有很多人也為美麗而悲哀，美麗不見得就絕對的好。「自古紅顏多薄命」，因為美麗而被人潑硫酸，甚至被殺害、被強暴，都是因為長得太美了。妙賢比丘尼也曾因美麗而苦惱，所以人長得矮一點、胖一點、醜一點，才安全啊！

有時學經歷不如人，這也不是不好，我常有個感覺，有人要高學歷，高到最後

「高處不勝寒」，讀到博士學位，最後沒有人緣，把前途都給讀完了。

台灣有一段時期，很多人求職不以大學文憑，而拿出高中、初中的學歷，因為高學歷反而找不到工作，高中、初中畢業的人，反而容易找到工作。因為大學畢業的人都要求坐辦公桌，要求高薪資，天底下哪裡有那麼多好工作等著你呢？所以一個人只要肯從基層做起，不要求高的待遇，反而增加自己的優勢。

一個人就算自己殘缺不全，就算條件不如人，雖然外在的資源不夠，但是你能接受事實，並且發揮逆向思考，發揮自己潛在的專長，例如我的才智不如你，但是我比你慈悲、比你發心、比你親切、比你有人緣，我可以改變現狀，創造新的機緣。甚至我人醜，你們都

有缺陷不要緊，只要心理健全，在智慧、發心功德、修行面前，大家都平等。

不跟我講話，也沒有關係，我可以有很多的時間讀書，藉此充實內涵。

殘缺也是美！在《人間福報》的「迷悟之間」，我曾發表一篇〈缺陷美〉，提到愛迪生耳朵聾了，他反而能發明電燈，帶給人類光明；海倫凱勒是一個十不全的女士，他卻能成為世界的偉人。

花蓮原住民蔡耀星，雖然雙臂殘廢，卻連續勇奪三屆的游泳冠軍，人稱「無臂蛙王」；罹患類風濕症的劉俠女士，雖然手腳不靈活，卻長年寫作不斷，成為著名的作家。

俗話說：「人比人氣死人！」我想，人有缺陷不要緊，只要心理健全，在智慧的前面，大家是平等的；在發心功德的前面，大家也是平等的；在修行的道路上，大家都是平等的。如果我們都能以平等心來奮鬥，用智慧來贏得人緣，用信心來自我肯定，相信必能活出自我，活出希望，活出自己的未來。

二一、有的人眼光短淺、心胸狹隘，在心理上看不到更大、更好、更美，看不見歡喜、彩色、光明。對於這種心理的愚闇，如何點亮心靈的燈光？

答：國際佛光會每年都會舉辦「禪淨共修獻燈祈福法會」，不過那是點有形的燈，重要的是要點亮自己心靈的燈光。一個人、一本書、一所學校、一個道場，都可以成為照亮心靈的明燈！

《觀心論》說：「燈者，覺正心覺也；以智慧明了，喻之為燈。是故一切求解脫者，常以身為燈台，心為燈盞，信為燈炷，增諸戒行以為添油。」

一個人能點亮自己心靈的燈光，不但可以看到世間的萬象，還可以和他們建立關係；心靈的燈光亮了，不但可以看清人我的關係，還可以建立自他之間更好的因緣。

心靈的燈光是什麼？智慧的燈、慈悲的燈、善美的燈、明理的燈、道德的燈、慚愧的燈。你要點亮哪一種燈呢？

一個人有學問，他就像一盞明燈，學子就會向他集中而來；一個人有道德，他就是一盞聖賢的明燈，求道者自然會慕名而來；一個人有能力，又肯助人，他就像一盞明燈，日久自然會近悅遠來；一個有慈悲心的人，他就是一盞明燈，很多人都會心無掛礙的向他投靠。

一個人，既然可以像明燈一樣，我們自問：我可以做家庭中的明燈嗎？我可以成為社區裡的明燈嗎？我可以點亮社會上的明燈嗎？我可以是照亮全人類的明燈嗎？

燈，代表光明；燈，給人安全之感；燈，是黑暗的明星。愈是陰暗的地方，愈

燈，代表光明。愈是陰暗的地方，愈需要燈光的照明。

需要燈光的照明。航海者，因為燈塔的指引，得以知道方向；飛機夜間飛航，也要靠燈光的指引，才能安全降落。佛前的一盞明燈，給予迷闇的眾生增加無比的力量。

高山叢林，為什麼鳥獸聚集？高山叢林就像是鳥獸的明燈，可以作為牠們的依靠；江河海洋就像是魚蝦的明燈，使牠們可以獲得安全的庇護。

燈，不要別人替我們點，要我們自己去點！我們自己的心靈就是手電筒，我儲蓄能源，隨時都可以點亮心燈。

所以，《觀心論》說：「智慧明達，喻燈火常然，如是真如正覺燈明，破一切無明痴暗。能以此法轉相開悟，即是一燈燃百千燈。」

燈，給了我們光明，光明的可貴，讓我們看得到前途。但是，人往往因為內心沒有光明，因此無明煩惱；因為無明煩惱，而障蔽了智慧之光。所以人生沒有希望、沒有未來、沒有歡喜、沒有色彩，這都是身心的毛病。

講到身心的毛病，十分之一、二是靠外緣，靠別人幫忙，十分之七、八，則要靠自己自立自強。《地藏經》說：我們誦經的功德，亡者只能得到七分之一，七分之六是誦經的人所得，所以一切還是要靠自己比較重要，要別人來幫忙，已經是差人一等了。因此，唯有我們自己點亮心靈的燈光，才能照亮前途，才能活出希望。

一二、自私執著是人的劣根性，有的人因自私自利，凡事只想自己不管他人，甚至固執己見、貪瞋、愚痴、嫉妒、傲慢、無慚、無愧等習氣，常常導致人際關係不協調，應該如何改善？

答：人生的煩惱有千萬種，身體上有老病死的煩惱，心理上有貪瞋痴的煩惱，其中最難處理的根本煩惱就是「我執」。我執就是八萬四千煩惱的統帥；因為執「我」，所以我疑、我嫉、我見，煩惱不已。

《大方廣三戒經》云：「以執著故，為意所害；謂可意法、不可意法，若為所害；則為所欺。所謂地獄、餓鬼、畜生，及與人天諸所害者，皆由著故，為其所害。」

有些人落水要命，上岸要錢，這是因為執著

人生的煩惱有千萬種，最難處理的根本煩惱就是「我執」。

自己的生命比金錢重要；有些人在名利之前罔顧仁義，這是因為他執著名利比仁義重要。

不好的習慣，不容易改進，因為執著；不當的言行，不容易糾正，也是因為執著。在生活中一些認知上的執著、思想上的執著、觀念上的執著，如果是有事有理者還好；有時候執著一些非法的言論思想、執著一些非法的邪知邪見，則叫人難以相處包容了。

一般人都要求別人要做菩薩、要對人慈悲、要寬宏大量。但自己卻不願付出，自己自私、執著、無明，缺陷很多。

其實世間上無論什麼事，都是一分耕耘一分收穫，即使你是釋迦牟尼佛，也要苦行六年之後，才能在菩提樹下開悟；如果你是耶穌，也要被釘上十字架，代眾生受苦難，才能贏得尊敬。你要做菩薩，就說觀世音吧！也要救苦救難，而不是等著別人來救你；你要做地藏王菩薩，也要發願：「我不入地獄，誰入地獄。」所以想要有所收成，就必須播種。

現代很多年輕人，年輕氣盛，常常自我執著、自私自利，不懂得待人處事的道理，走到任何地方，常常不服氣主管領導，常跟同事抗爭，因此人際關係不和諧。

待人好，才有和諧的人際關係。

怎麼樣才能和諧人際關係？我今年七十七歲，最近悟到一句話，就是「待人好」。這是今年四月我到日本本栖寺時，有一位徒眾問我怎麼樣跟大家相處，怎麼樣立身處世？我說：「要待人好！」只要你待人好，人家就會待你好，這是不變的真理；你想要人家怎麼待你，你就先要如此待人。現在的人最大的毛病，就是要人家待我們好，卻不想如何待人好，甚至待人苛薄，這就是不明因果。

待人好就是待自己好，甚至比待自己好更為重要。待人好不是虛偽做作，也不是臨時起意，待人好的性格，要在平時養成。

所謂「敬人者，人恆敬之」，你希望別人待你好嗎？那你就應該以希望別人待你好之心，轉而待人好，如此自然就會無往不利了。

和善待人，為人服務的性格，平時就要養成。

佛教對「修行問題」的看法

時間：二〇〇一年十一月二十七日
　　晚間七時至九時
地點：香港理工大學李嘉誠樓
記錄：滿義法師　粵語翻譯：覺梵法師
對象：香港理工大學校長潘宗光、
　　香港大學副校長李焯芬、智度會學員

二〇〇一年十一月二十三日，星雲大師在香港一年一度的「佛學講座」於紅磡香港體育館連續舉行三天。講座圓滿後，大師又應香港理工大學校長潘宗光先生之邀請，於十一月二十七日晚間七時，到該校的李嘉誠樓與智度會的學員舉行座談。

智度會是由潘宗光校長所發起，成員包括該校的學者教授及工商界的菁英，大家有志一同研習佛法，因此定期聚會。當他們得知星雲大師蒞港講演，特別把握機會，邀請大師開示。大師透過座談方式，與聽眾之間上下交流，許多嚴肅、難懂的話題，如「往生淨土」、「業報輪迴」、「不二法門」、「居家修行」等，經過大師幽默智慧的舉喻說譬，一下變得輕鬆有趣。全場就在你問我回答、我說你會意之下，不時傳出掌聲與笑聲，前後歷時兩個鐘頭，欲罷不能。以下是當天的問答紀錄。

一、請問大師，信仰人間佛教的人，對淨土有什麼看法？

答：佛教在中國，有大乘八宗。當中，重視修行的有禪宗、淨土宗、密宗和律宗四個宗派；偏重學理的也有四個宗派，即華嚴宗、天台宗、唯識宗、三論宗。

人間佛教沒有宗派，人間佛教就是佛陀本來的教示；佛陀本來的教化就是人間佛教。佛陀當初說法四十九年，他不是對鬼神傳教，也沒有對畜生、地獄說法，完全是針對人間而說；對人所說的佛法，當然叫做「人間佛教」。

一般說淨土，不管極樂淨土、華嚴淨土、彌勒淨土，乃至各宗各派所主張的淨土，都是佛陀所說。不過現在如果反問大家一個問題，佛陀現在究竟到哪個世界，或者哪個淨土去了呢？阿彌陀佛有住在極樂淨土嗎？到底他現在在哪裡呢？你們會說：他當然在淨土裡！

其實，淨土不一定只有阿彌陀佛才有淨土，每一個人的心如果是清淨的，每一個人都有淨土。只是在佛教裡講「淨土」，在基督教則講「天堂」。

也許有人會比較，天堂和淨土有什麼不同？甚至在淨土當中，也有華嚴淨土、琉璃淨土、極樂淨土、唯心淨土、兜率淨土、自性清淨的淨土、五乘共法的淨土、大乘不共的淨土，以及有餘涅槃的淨土、無餘涅槃的淨土，乃至人間淨土等，在這麼多的淨土當中，哪個最殊勝？

所謂「佛佛道同」，在很多的經典裡，如《藥師經》說：若有人稱念東方藥師琉璃光如來的名號，一樣可以往生極樂淨土。這個道理就如同在香港大學念書，可以到香港的政府單位任職，在中文大學、理工大學讀書，一樣也可以進入政府單位做事。所以佛教徒不必一定要計較這個淨土、那個淨土，只要你修行的功夫到達一定的程度，你要往生哪個淨土，就可以到哪個淨土去。

佛佛道同

也常有人問：「淨土和地獄究竟在哪裡？」當然，淨土在淨土的地方，地獄在地獄的地方，這是第一種說法。第二種，所謂淨土、天堂、地獄、畜生，都在人間裡。如果我們到市場去買菜，看到那些雞鴨魚肉，穿腸破肚，勾的、掛的、倒吊的，那不就是地獄裡的刀山劍樹、油鍋地獄嗎？反之，住在豪宅華屋裡的人，享受物質上的冷氣、冰箱等等的富樂，那不就像是在天堂淨土一樣嗎？所以，地獄、淨土在人間就可以看得到。

其實，要知道淨土、地獄在哪裡？第三種說法是：就在我們的心裡。我們每個人的心，一天當中，時而天堂，時而地獄。例如，早上起床，心裡面無憂無慮，到公園去運動、慢跑、享受新鮮空氣，這不就是人間天堂嗎？但是，回到家裡，往飯桌上一坐，「有什麼好吃的嗎」？生起貪欲的心，那就是餓鬼的心。假如吃的東西不合口味，筷子一摜，碗一推，生氣了；瞋恨心，那不就是地獄嗎？有時還要罵人、打人；愚痴，這不就像畜生的行為嗎？所以，在我們日常生活當中，心裡時而天堂，時而地獄、餓鬼、畜生。可以說，一天二六時中，天堂、地獄不曉得來回多少次。

甚至天台宗主張「一念三千」，十法界都在我們的一心之中。

總之，我們的心生起了一念的清淨心、慈悲心、喜捨心，那就是淨土；如果你貪瞋、惡毒、邪見，那就是地獄。如此說來，我們不是每天都在善惡、是非、好壞當中來來去去嗎？所以「人間佛教」是包括佛陀所說的一切教法，凡是佛陀的教法都是「人間佛教」。套用佛陀的話來說：離開了人間，離開了眾生，哪裡還有什麼佛道可求呢？

人間佛教也不是哪一個人創造的，既不是六祖惠能大師，也不是太虛大師，基本上應該把人間佛教回歸到佛陀的本懷去。人間佛教很能適應現代人的根機，因為過去所弘揚的佛法，有偏差，多數的人都是宣揚出家的佛教，例如叫人要看破世間、要放下一切，又說「夫妻不是冤家不聚頭」、「兒女都是討債鬼」、「黃金是毒蛇」等等。這種論調對出家人來說可以，但是對在家人而言，如果這一切統統不可以擁有，那不是不要生活、不要過日子了嗎？離開了妻子、兒女，離開了金錢、名利、富樂，這樣的人生活著有什麼意思呢？

所以，所謂「人間佛教」，就是要我們從對佛陀的信仰和崇拜，從對佛菩薩或對神明的依賴，進而關懷社會眾生。人間佛教應該從關懷人間做起，現在如果不推行人間佛教，不從事有利人間的事業，每天光是念佛，每個人到了佛堂裡，只是拜佛、念佛，你們肯嗎？所以佛教不能只重視念佛、拜佛，否則會失去度眾的功能。

佛教旨在普度眾生，普度眾生首先要順應眾生的根機與需要。例如，你不喜歡念佛，那就禪坐；你不習慣禪坐，可以拜佛；你不要拜佛，也沒有關係，你來吃素菜；你說素菜我也吃不習慣，沒關係，我們可以談禪論道，講說佛法，甚至也可以來唱梵唄、聽音樂；乃至你不信佛也沒有關係，你可以行佛，替佛教動員社會大眾一起來行佛做善事。

所以，現在所提倡的人間佛教，是依大家的根機需要而設，是多元化、多功能的；隨你適合哪一種法門，就順應你。能夠實踐佛陀「觀機逗教」的佛教，就是人間佛教，就能建設人間淨土。

二、信仰佛教的人相信有輪迴的存在，可以投胎轉世，所以要精進修行，才能投生善道，免得將來淪落三惡道。請問大師：如果不信佛教的人，他們有沒有輪迴？如何證明輪迴的存在？

答：相信輪迴，對自己比較有利；不相信輪迴，就表示我們沒有未來，這是很可悲的事。我們現在所以甘願辛苦，就是因為相信生命有輪迴，所以對未來懷抱希望。

輪迴就是「因果」的循環，「因」會成為「果」，「果」又成為「因」，因果循環，就是輪迴。就如時辰鐘從一走到十二，它不會停擺，而會再從一開始，一直走，走到十二，如此周而復始，就叫做「輪迴」。

一般的宗教，講到人生，若問：人從哪裡來？回答都是直線的——從這裡到那裡，都是有始有終的。佛教講因果輪迴，它是圓形的，是無始無終的。例如，人有生老病死，死了也不必怕，死了又會再生；生了也不要太歡喜，生了還會死去！

一粒種子，把它埋到泥土裡，遇因緣就會開花結果，這就是「因緣果報」。所以，我們現在講因果，講輪迴，這當中「緣」很重要。也就是說，不管我們做了什麼，得到了什麼，這當中還會受到「緣」的影響，這就是「因、緣、果」的關係。

人為什麼要喝水？因為口渴。口渴，喝了水以後會有什麼結果呢？喝水就不再口渴了，這就是因果輪迴。

宇宙之間，不管你信不信輪迴，它都存在；因果輪迴，是一個必然而真實的現象，這個現象合乎真理。真理，就是要有普遍性、必然性、平等性。例如，輪迴，並非男人有輪迴，女人就沒有輪迴；不管男女老少、貧富貴賤，大家都在輪迴之中；不管你有錢沒錢、有地位沒地位，大家都要輪迴，所以它有普遍性、平等性、必然性，這就是真理。

「種瓜得瓜，種豆得豆」，這是因果輪迴的思想。世界有成住壞空的輪轉，時間有春夏秋冬的更替，人生有生老病死的階段，這一切都是輪迴。人吃了青菜五穀，排泄成為肥料；肥料再滋潤草木，又供人所需。人餵食豬羊，豬羊又供人食用，彼此輪迴。水被太陽蒸發為蒸氣，遇冷凝結致雨；花果枯萎成為種子，經過播種又再開花結果。一江春水向東流，流到哪裡去呢？還是有再回來的時刻。

輪迴是圓的，輪迴是希望。輪迴可以有好的未來，可是也有不幸的降臨，例如現在的政黨輪替，家族的興亡，在在都說明了現世的輪迴。

一江春水向東流，還是有再回來的時刻。

世間上所謂「成者為王，敗者為寇」，都是各有前因莫羨人。富貴不過三代，帝王朝代很少超過千年的；所謂「眼看他人死，我心急如焚；不是傷他人，看看輪到我。」因為輪迴，知道有因果；因為輪迴，可以看出無常。

火車的車輪輾轉不停，這是向前；輪船的輪機，不但向前，還可以左右。吾人因為起惑、造業、受苦；「惑業苦」的框框一直緊緊的束縛人生。在這生死輪迴中流轉，雖不畏於滅亡，但終難免有輪迴之苦！

有一首四句偈說：「欲知前世因，今生受者是；欲知未來果，今生做者是。」這就是輪迴的最好說明。

三、請大師開示，何謂「不二法門」？

答：「不二法門」是出自《維摩經》，是維摩居士和許多菩薩、羅漢們論道的公案。

在《維摩詰所說經‧入不二法門品》記載，有一天，維摩居士示疾，文殊菩薩率領諸大菩薩前往探病。雙方幾番對答後，突然話鋒一轉，維摩詰問道：「諸位！菩薩是怎樣進入不二法門的？依照各人所知，各自述說吧！」

一時有三十一位菩薩，先後各就所見，一一回答這個問題。最後沒有人再發言了，維摩詰於是問文殊菩薩：「文殊師利！菩薩是怎樣進入不二法門的？」

文殊菩薩回答：「照我的見解，於一切法無言無說，無示無識，離諸問答，這才是入不二法門。」意思是說，一實妙道，不可以用推理、比較、歸納、演繹等方法去揣度探尋，必須直觀體驗，向內發掘，能夠這樣實踐，才能夠進入不二法門。

文殊菩薩說後，反問維摩詰說：「現在換我來請問你，菩薩是怎樣進入不二法門的？」此時維摩詰默然無對，眾皆愕然，唯獨文殊菩薩智慧超人，懂得此中奧祕，乃讚歎地向大家說道：「善哉！善哉！乃至無有語言文字，是真入不二法門。」

意思是說，不二法門離言絕相，如何用語言表達？如果可用語言文字表達出來的，就不是真的不二法門了。所以維摩詰的「默然」，意味著無上妙道不可以言說，不可以文詮，超越這些有形的障礙，直探本源，這才是菩薩的入不二法門。

在現實生活裡，我們如何實踐「不二法門」？所謂「不二」，生和死是二個嗎？從不二法門來看，生死是一個；生了必定要死，死了還會再生，生死是一體不二的。有和無是二個嗎？其實有、無也是一個。一個茶杯，裝了一杯水，這是有，大家看得到；但是大家所看到的茶杯是假相。茶杯是紙漿做的，紙漿取自木材，木材來自大樹，大樹要集合宇宙間的陽光、空氣、水份、泥土

能夠理事圓融，才是真正的「不二」。

等因緣才能成長。所以，宇宙之間其實只有一個，叫做「緣起」——有因緣才能生起，沒有因緣，連世界都沒有。因緣，就是真理，就是不二。

我們看到大海裡的水，一遇到颱風就起波浪；水和波浪看似二個，實際上是一個，水是波浪，波浪即是水。耳環、手鐲、項鍊、金錶，都是黃金所做的，黃金本體是一，但是做成各種飾物，就有各種不同的假相。

張小姐、李小妹、王先生、趙女士……在不二法門中，只有一個心，沒有那麼多分別。我愛你，願意為你而死；我恨你，希望你即刻就死。愛和恨是因為我們的分別心而造成巨大的偏差，但是在真理裡，無愛無恨，法界平等，都是一樣，這就是不二法門。

中國文化講究禮義廉恥，重視精神本體的價值，香港理工大學接受西方的思潮，發展物理、化工等應用科學。其實體和用要結合，體用是一而不二，不是分開的。乃至世間、出世間也是不二，煩惱和涅槃也是不二，有和無也是不二。有的未嘗有，無也不是無，所謂「空中生妙有」，要「無」才能「有」，要「空」才能「有」。例如房子不空，就不能住人；虛空不空，如何容納森羅萬象？所以，要從「空」裡面才能顯現勝義的「有」，我們要把「空」、「有」的兩頭截斷，把它歸於中道，中道就是一真法界，這才是真正的真理。

何謂「不二法門」？維摩詰的「一默一聲雷」就是不二法門。所謂「不二」，是佛法上的出世法，佛法講「煩惱即菩提」，理上是不二的。例如，原本酸澀的鳳梨、柿子，經過和風的吹拂，陽光的照耀，就能成熟而變成滋味甜美的水果，可見酸即是甜，甜離不開酸。所以「煩惱即菩提」，這是出世法。

出世法看世間，是從理上來解悟，但是在還沒有覺悟的時候，不可以在理上廢事。我們可以用理來解事，可以因事而明理，能夠「理事圓融」，那才是真正的「不二」。吾人若能將「不二法門」的哲學應用在生活上，自能「人我一如」、「自他不二」！

四、有時聽聞佛法，覺得道理非常好，但在日常生活中，遇到境界的時候，卻派不上用場，請教大師，怎麼辦才好？

答：佛教講「說時似悟，對境生迷」。有時候自己想要這樣、想要那樣，但是境界一來，就無法自主。所以修行就是要慢慢的增加自己的力量，要能說得到、做得到。

修行是人生很重要的一件事情。衣服破了，要修補一下；家具壞了，要修理一下；頭髮亂了，要修整一下；指甲長了，要修剪一下。不管日用、儀容，都需要修理、修補、修飾、修正。乃至鍋碗壞了，也要修鍋補碗；鞋襪壞了，也要修鞋補襪；人的行為有了偏差、過失的時候，更需要修行。

修行，就是修正行為。修行不一定要到深山裡去苦思冥想，修行也不一定要眼觀鼻、鼻觀心地自我獨修；甚至修行也不只是誦經、持咒、念佛、參禪。如果天天誦經拜佛，卻是滿心的貪瞋愚痴、自私執著；不如法的修行，如何會有如法的結果。

修行，固然需要；修心，更為重要。行正心不正，有外無內，這就叫做修行不修心，如此不能解決根本問題。修行，也能修心，內外一如，所謂「誠於中，形於外」，則必能凡事皆辦，凡修必成。

不管修行或修心，應該從生活裡確實來修。食衣住行、行住坐臥之間，乃至做人處事、交友往來、舉心動念、晨昏日夜，都可以修行。例如：穿著衣服，莊嚴整齊固然需要，但是即使破舊敗壞，只要清潔淡雅，也無不好，這就是穿衣的修行。飲食三餐，美味可口，人之所欲；所謂粗茶淡飯，也覺得別有滋味，這就是飲食的修行。居住房屋，深宅大院，固然很好；簡陋小屋，也如天堂，這就是居住的修行。出門有汽車代步，快速敏捷；無車無船，也能安步當車，這就是行走的修行。

做事勤勞負責，求全求成；做人誠實正直，求真求圓，都是修行。凡是交往，情真意切；凡是接物，至誠懇切，就是生活中的修行。其他諸如經商的人，將本求利，貨真價實，老少無欺；當官的人，為民服務，守信守法，就是生活中的修行。

過去禪門大德們，搬柴運水、典座行堂、種植山林、牧牛墾荒，甚至米坊篩米、修鞋補衣等，都是生活中的修行。

所謂修行，就是先要把人做好。做人如果尖酸刻薄、無信無義、無道無德、慳貪吝嗇、陰謀算計；心性品德上的缺點不去除，正如碗盤未洗，骯髒垢穢，如此怎麼能用來盛裝美味的佳肴供人受食呢？

所謂「人成即佛成」，生活中的修行，就是要讓自己做人無虧於天理、無負於人道。如一般人講，做人要誠實、信用，要孝順父母，要忠於朋友；能說到做到，培養自己的力量，慢慢就可以「心能轉境」，自然就能發揮力量。

我們平時老是重視外在的力量，如胡適之說：被人牽著鼻子走。假如我們能慢慢訓練自己的心，心中的所思、所想，你肯定它、主宰它，而不要「心隨境轉」，讓心裡的力量強大起來，不隨外境動搖，那就有力量了。

五、有人說，養豬本來就是要提供給人吃的，所以殺豬其實是幫助牠早日投胎轉世。請問大師，這種說法合理嗎？

答：這種說法不合乎佛法，我們不能認定豬生來就是要給人吃，因此就能任意殺生；就如老虎也會吃人，難道我們會同意人本來就是要給老虎吃的說法嗎？

過去人好吃牛肉，現在有了狂牛症；過去人好吃豬肉，現在有了口蹄疫；過去人好吃雞鴨，現在有了禽流感。這何嘗不可以說，動物是在用自己的生命，來保護自己的生存呢？

長期以來，人類肆無忌憚地破壞地球的生態環境，現在大自然不是也在對人類逐一反撲嗎？例如沙塵暴、臭氧層破洞、溫室效應，乃至地震、洪水、土石流等，難道人類對這一切威脅到我們生存的警訊，還不能有所自覺嗎？難道人類為了生存，還能理所當然地對宇宙的動植物加以殘害嗎？

所以，傷害生命的行為，都不能視為是合理而應該的事。佛教提倡不殺生，不殺生是一種慈悲；不殺生而護生，進而倡導生權平等，這是最合乎現代舉世所關心的生態保育，也是最積極的重視環保。

誰道群生性命微？一般骨肉一般皮；勸君莫打枝頭鳥，子在巢中望母歸。

佛教對生命的尊重關懷，從一些偈語可以得到印證。諸如：「我肉眾生肉，名殊體不殊；元同一種性，只是別形軀；苦惱從他受，肥甘為我須；莫教閻老斷，自揣看何如？」「誰道群生性命微？一般骨肉一般皮；勸君莫打枝頭鳥，子在巢中望母歸」等。

不殺生就是不侵犯他人的生命。儒家有謂：「見其生，不忍見其死；聞其聲，不忍食其肉，是以君子遠庖廚。」古人的「為鼠常留飯，憐蛾不點燈」，這都是對生命的珍惜愛護。

根據佛教《六度集經》記載，佛陀在過去世為鹿王時，曾代替母鹿捨身，感動國王制定動物保護區，禁止獵殺。佛滅度後不久，阿育王廣植樹林，庇陰眾生，更設立動物醫院，規定宮廷御廚不得殺生等，凡此都是佛教對於護生的最好示範。今人若能設立動物之家，讓動物養老、醫療等，都是積極的護生行動。

現代素食風氣興盛，素食不僅有益健康，而且可以長養慈悲心。慈悲心就是不忍眾生苦之心；平時我們在日常生活中，偶一不小心割傷或燙傷手指，即感痛楚，然而有些人卻為了一己口腹之欲，殺雞拔毛，宰豬殺牛，活魚生吃等。在此之時，可曾體會牠們垂死之痛？所謂「一指納沸湯，渾身驚欲裂；一針刺己肉，遍體如刀割；魚死向人哀，雞死臨刀泣；哀泣各分明，聽者自不識。」

豢養寵物也是現代人的時尚，然而所謂：「人在牢獄，終日愁欷；鳥在樊籠，終日悲啼；聆此哀音，淒入心脾；何如放捨，任彼高飛。」把鳥雀關在牢籠裡，形同囚犯，如此虐待動物，亦不合護生之道。因此，不虐待動物也是護生，例如：不倒提雞鴨、不鞭笞牛馬、不彈射鳥雀、不垂釣魚蝦等。只是現代的社會，釣魚、釣蝦場到處林立，有的人雖然「醉翁之意不在酒」，純粹以垂釣為樂，但是儘管釣上來之後又再放生，當下卻已對魚蝦造成傷害；如此誘殺弱小，把痛苦加諸在其他生命之上，何樂之有？

其實，不殺生之外，還應積極地護生。護生最大的意義就是放人一條生路；給人方便、給人救濟、給人離苦，給人善因好緣，助成別人的好事等，就是放生。放生、護生，才是對生命的尊重，也才有自我生命的尊嚴。

六、請問大師，「人間佛教」相信有靈魂存在這回事嗎？

答：人當然有靈魂的存在，一個人的生存，除了肉體之外，就是要靠內在的精神力當支柱，精神就是一般俗稱的「靈魂」。不過佛教不名之曰「靈魂」，而稱為第八識。其實，人的生命層次還可以更高，第八識再往上，還有如來藏，甚至還講到佛性。所以，對第八識的心識慧解，只是日常生活上的一些聰明才智；心靈之上，還有一個真我的本體，這才是真正生命的主體。所以佛教不講究靈魂，靈魂是最膚淺的說法，佛教講究真心。

其實，不只是佛教，就以道教來說，認為「天人合一」，人死了，精神不滅，這就是有靈魂。有些人曾經聽過、看過，或者感受過死去的親人半夜回家的情形。像這類的經驗，我想許多人都有，但這不是普遍的。你聽到了，我沒有聽到，你跟我講，我就說：「哪裡有這樣的事？」這就會變成一種爭論。但這是個人的體會，個人的經驗，你聽到了，必定會相信確有其事，而且很執著。

關於靈魂的研究，現在東西方都在熱烈地探討，相信未來必然會有真相大白的一天。不過，不管有沒有靈魂，我們寧可信其有。有，還有一個未來、還有一個希望、還有一個精神世界；你說沒有，那就表示人死後什麼都沒有，也就沒有希望、沒有未來，這太可怕了。所以佛教講：「寧可起有見如妙高山，不可起空見如芥子許。」

佛教講靈魂，但是不要迷信，如孔老夫子說：「不語怪力亂神。」其實佛教本來就不講「怪力亂神」，真正迷信的，是一般社會人士。佛教對於一些難解的現象，有時候解釋它、承認它，但不是崇拜它，像靈魂的有和無，就不是去崇拜它。有無靈魂，就等於有一個茶杯、有一張桌子、有一棟房子，有沒有對我不是那麼重要，沒有太密切的關係。

不過話又說回來，我們要承認世間，要承認它而不要破壞它。例如，一般社會人士的居家生活，離不開金錢、物質，所以人間佛教不認為「金錢是毒蛇」，反而鼓勵信眾要從事正業來發財致富，也就是贊成信徒擁有淨財，因為有了淨財，才能行善做好事。佛教也不排斥正當的情愛生活，不但希望夫妻要相親相愛，並願天下有情人皆成眷屬。所以，人間佛教希望每個人都能奉行三好運動，要「做好事、說好話、存好心」，讓心中充滿真善美，繼而把自己的心量擴大起來，不要嫉妒，不要怨恨，自然而然就能心包太虛，就能與宇宙同在。

雖然有人說「靈魂不滅，精神不死」，這是對人生的探討，但還是不夠究竟；求其究竟，應該「真常唯心」、「涅槃寂靜」，也就是要把第八識轉為大圓鏡智，那才是我們的本來面目。

認識第八識，並不是從知識上就能容易了解的，第八識的大圓鏡智，必須靠修持、體驗，才能證得。假如吾人能將「八識」轉成「四智」：轉前五識為「成所作智」，轉第六識為「妙觀察智」，轉第七識為「平等性智」，轉第八識為「大圓鏡智」，那時候，吾人不但擁有靈魂，而且佛性都能現前，還怕人生不圓滿嗎？

七、如果打死一隻蚊子，是為了不要讓牠再去叮咬別人，基於這樣的出發點就可以打死蚊子嗎？請問大師，您的看法如何？

答：有人說，殺豬將來變豬，殺雞將來變雞，我殺人將來就能投胎做人。其實這樣的理論是不合乎因果，是一種可怕的邪見，因果的內容絕不是如此的刻板。你把飯吃到肚子裡，排泄出來的還會是米飯嗎？學生犯了錯，老師處罰他面壁，甚至罰站、罰跪，難道講因果，學生也可以罰老師面壁，要老師罰站、罰跪嗎？

動物裡有一種螟蛉子，牠與蝴蝶有因緣關係，但不一定就是蝴蝶。一畝田地裡，同時播下的種子，長出來的禾苗，也有高矮不同。所以，「因緣果報」的關係，從「因」到「果」，其中「緣」的關係輕重，不能不注意。

剛才你說，打死蚊子是為了不要讓牠再去咬別人；牠去咬別人，別人一滴血就能維持牠的生命，而你為了一滴血卻要了牠的命，如此說來，是讓牠維持生命好呢？還是為了免去別人少一滴血就去打死一隻蚊子好呢？二者之間如何算法？我想最好還是不要多管閒事。

話說有一群人大清早在河邊等渡船，準備要到對岸辦事。船夫來了，把渡船從沙灘上推到河裡去，結果沙堆裡有很多小魚、小蝦、小螃蟹，都被船壓死了。

等候乘船的人很多，但由於船小人多，因此留下一些人等著下一班船過河。留下的人當中有一位秀才及一位禪師，當在等船的時候，秀才問禪師：「和尚！和尚！你看到了嗎？剛才船夫把船推下水的時候，壓死了好多的小螃蟹、小魚、小蝦，請您說說看，這到底是乘客的罪過呢？還是船夫的罪過？」

這一個問題坦白說並不容易回答，因為如果說是船夫的罪過，船夫是為了要渡人到對岸去，他並沒有想要殺生；如果說是乘客的罪過，他們是為了過河，也沒有想要殺生。可是明明船下確實是壓死了那麼多條生命，這究竟是誰的罪過呢？

禪師的回答很妙，他說：「是秀才你的罪過。」

秀才一聽很生氣：「怎麼會是我的罪過呢？我又不是船夫，我也沒有坐船，怎麼會是我的罪過呢？」

禪師說：「因為你多管閒事。」

禪師的說法很有道理，這個世間常常是本來沒有事，但就因為有一些人多管閒事，因此惹出許多的是非來。很多時候，只要我們不要多心，就什麼事也沒有，但是我們常常把很自然的事，想得太多，畫蛇添足，因此研究得太深，反而不正常。例如，佛經說「佛觀一缽水，八萬四千蟲」，是否我們就不要喝水了呢？這是不對的，因為我是喝水，並沒有想到水裡面有八萬四千蟲。

有人感冒打針，一針下去，多少細胞、微生物都會沒命，你怎麼忍心呢？其實不是，我們打針時，並沒有想到會殺死病菌，只想到我要健康。以人為本的佛教，人的健康很重要；以心為重的佛教，心淨國土淨。因此，縱有殺生的行為，但沒有殺生的念頭，此與瞋心而殺，果報是迥然不同的。

人死後舉行火葬，火葬的時候，火柴、身體裡面都有很多的寄生蟲，一把火把牠們都燒死了，是否犯了殺生戒呢？沒有，因為我的出發點只是為了不願看到屍體腐爛，我的目的是火葬，是舉行葬禮，不是為了燒死這許多寄生蟲。我沒有殺心，這是很重要的，我的心中沒有殺生的念頭，縱使有殺生之行，就像法律上，即使過失殺人，罪過也會輕一些。所以，有時候心的造業，心所表現的力量是很重要的；沒有心念的發動，縱使行為上有罪，也會減輕。

八、我多次聆聽大師講說人間佛教，現在祖國大陸開放了，有許多人也希望聆聽大師的佛法，不知大師什麼時候也能到大陸去講經說法？

答：這個問題恐怕要中共的領導階層對宗教重視才行，因為大陸最高領導人的一句話，就能決定事情的成與否；成也一句話，不成也一句話。不過，我雖然很久沒有到大陸，但是我知道大陸的人民都對我很好，未來只要有佛緣，就有希望。

不過，既然有人關心這個問題，我也在想，自從中共成立政府以來，至今已有五十多年歷史，現在的政治已經穩定，經濟不但開放，而且急速成長，人民的生活也改善了，在國際間的地位更是倍受重視。只是，要建設一個富強安樂的國家，除了政治的安定，經濟的富樂以外，其他如社會秩序的維繫、道德人心的提升，都是不可或缺的要素，宗教在這些方面，都能扮演重要的角色。

宗教的重要，如孫中山先生說：「佛教乃救世之仁，佛學是哲學之母，佛法可以補法律之不足。法律防患於已然，佛法防患於未然。」佛教本身具有教化社會的功能，佛教的教義如「因緣果報」、「三世輪迴」、「五戒十善」、「慈悲喜捨」等，都在輔助社會的秩序，發揮「以正驅邪」、「以悟去迷」的功效，對治療社會病態具有正面的影響力，這份影響力將帶給社會國家一股無形的內在穩定力量。

我曾經到泰國的金三角、熱水塘去弘法救濟，當地有一群因受戰爭之害而流離失所的中國人，他們跟我說：「我們可以沒有飯吃，但不能沒有信仰，精神上的貧乏、空虛，比飢餓更難忍受。」

所以，未來十幾億人口的中國大陸，如有佛法來輔國安民，幫助教化，這比有形的財富更為重要。希望中共領導人能重視宗教，能用佛教作為淨化社會人心的良方，這是非常重要的。

九、有的人說，生病是殺業的果報。現在有很多人用氣功治病，但是從因果法來看，以氣功等方法治病，對果報而言，是延遲的，是化解的，還是等到下輩子再去受？請問大師，這應該如何解釋？

答：人有了生命，有了身體，當然就會有病苦。有的人活到七、八十歲，身體還很健康；有的人二、三十歲就衰弱不堪，這當中當然是有因緣果報的關係。

不過，運用氣功把病治好了，這也合乎因果報應的原理，因為這正說明，人生雖然難免會有一些苦難，但是苦難也有化解的方法。所以一個人生病了，如果服用藥物，把病治好了，這也是說明行為的業報是有方法消除的。

關於消業的原理，我舉個譬喻來說，一把鹽，放在茶杯裡，水會很鹹；如果將一把鹽放在一盆水裡，不但不鹹，而且味道會更好。所以，一面有業障，一面也有我的願力；水的

宗教在維繫社會秩序、提升道德人心，都扮演重要角色。

多少，就如我的慈悲心大或小。我有功德，我的功德能把業障減少。

再舉一個例子，我有一塊田，田裡的種子長了禾苗，草也跟著成長（草就是惡業），那該怎麼辦呢？必須慢慢把草拔除。但是「斬草不除根，春風吹又生」，雜草拔了又生，永遠也拔不完。沒有關係，等到禾苗長大以後，下面縱有一些雜草存在，已經不妨礙禾苗的生長了。

這也就是說，我們過去所造的業，要一下子就消除竟盡，並不容易，但是只要我的功德禾苗長大了，何必在乎下面的一些罪業之草呢？

所以，有了業障不必怕，只要

多行善事，好好的積德培福，還是有辦法消業。只是，人很多時候積了功德，又把功德給漏了，就如茶杯破了洞，水都流走了，功德也不存在了。

為什麼功德會漏了呢？漏，就是煩惱、情緒、惡念、貪瞋愚痴。也就是當我們在做功德的時候，忽然為了一些令自己不滿意的小事，就口出惡言、心存惡念，如此縱有布施，功德也會大大減少。因此，每個人對於身口意三業，要時時謹慎，莫令造業，否則讓功德漏了，不是很可惜嗎？

剛才說到身體有病，也不一定只有用氣功來治療，有的人用藥物治療，有的人用物理治療、化學治療，或是心理治療、飲食治療，甚至水療法、熱療法、蒸氣療法等，只要能對症下藥，所謂「方便有多門」，一些的病痛有這麼多方法可以治療，又有何不可呢？所以，如果透過氣功等各種方法來治病，這也是合乎因緣果報的原理，只要方法正當，不必做過多的聯想。

一〇、請問大師，想在家中自己修行，有什麼簡易的修行法門可行？

答：居家修行，可依自己的時間、環境等時空因緣而訂定簡易、相應的修行法。例如，喜歡打坐的人，早上醒來，不要急著下床，可以在床上靜坐五分鐘。或

有業障不必怕，只要多行善事，好好的積德培福，還是有辦法消業。

者晚上臨睡前，不要忙著躺下來，也可以在床上靜坐五分鐘。五分鐘做什麼呢？最好什麼都不想；有時坐著坐著，又再打瞌睡，那也沒有關係。有的人說，什麼都不想，很難；那就把念頭集中，專注觀想，想光明、想佛祖、想好事。

如果你覺得坐在床上，靜靜的，沒有動作不好，那就念一卷《般若心經》，或是念一遍〈大悲咒〉，二、三分鐘，很容易。或者如果你躺在床上睡不著，也可以來個「十口氣念佛」，也就是連聲稱念「南無阿彌陀佛」或「阿彌陀佛」，念十口氣。隨各人一口氣的極度稱念，不限制佛號的次數多少，以及念佛的聲音高低緩急，隨自己的氣息而念。如此連續稱念十口氣，叫做十念法，目的在藉氣息調伏內心的散亂。

最近我為了讓在家信徒容易修行，撰寫了一百篇的《佛光祈願文》，前幾天我在紅磡香港體育館講演的時候，每天都念一篇《佛光祈願文》，每篇大概念四、五分鐘。你們可以在早上或晚間，為一百種不同行業的人祈願祝福，你的慈悲心散播到他們的行業裡，跟他們結緣，也是一種修行，這是在家庭裡自我修行最好的辦法。

此外，家中如果有佛堂，早上一炷香，禮佛三拜，或者問個訊，或者獻一朵花，都可以。但重要的是，要持之以恆，每天即使再忙，也不能缺課，這表示心中有佛。當你養成習慣以後，自己就會覺得時時與佛同在，時時心中有佛，久而久之，就會產生很大的信心與力量，這就是修行。

二、病人在醫院治療，各種藥物、儀器都無法幫他完全康復，只有增加痛苦；但不醫治，就會死亡。請問大師，在這種情況下，醫生應該如何做才是慈悲？

答：在病人無法被救活，又覺得何能見死不救的情況下，最好是順乎自然。我看過醫院裡有許多病人，實在是無法活下去了，仍使用氧氣筒、打針、輸血等種種的方法，想要讓他活命，實際上是增加他的痛苦。

其實死亡是很自然的事，沒有什麼大不了；因為生命是死不了的，死的是軀體，等於移民一樣。一般中國人的觀念，好死不如歹活，就是寧可痛苦一生，也不要死，這是錯誤的觀念。

現在在台灣，如南華大學首創「生死學研究所」，目前台灣對於生死的研究很熱門，甚至我們的學生志願到殯儀館為亡者服務；由研究生來為亡者服務，今後必能提升死亡的品質，讓死亡不再讓人感到那麼可怕。

有人問，不信宗教的人會死，信仰宗教的人一樣也會死，那麼為什麼要信仰宗教呢？要知道，一個有宗教信仰的人，他有信仰宗教的情操，有信仰宗教的修行，就能增加自己面對生死的智慧與力量，他能認識生死是很自然的事。例如，死亡就如回家，所謂「視死如歸」，不是很安然，很快樂嗎？所以，自古以來種種的修行法門，如果應用得巧妙，不但生活沒有憂悲苦惱，而且面臨死亡，也能無憂無懼。因此，剛才談到居家修行，能夠應用得習慣，自然有百益而無一弊。

總之，老病衰殘是自然的現象，死亡有時如油盡燈乾，所以不必為死亡害怕。生死是一如的，生也未嘗生，死也未嘗死，就如佛陀，也是「有緣佛出世，無緣佛入滅」，一切都要看緣分。因此，凡事不必強求，順乎自然最好。

一二、怎樣才算是正信的佛教徒，請大師開示。

答：皈依三寶是成為正信佛教徒的第一課，一個學佛的人，如果沒有經過皈依三寶的儀式，即使上香禮拜，也只不過是一個對佛教尊重而有興趣的人，不能算是真正的佛教徒；就好比一個學生，如果不曾辦理註冊手續，永遠只是一個旁聽生罷了。皈依三寶以後，就表示自己從此信奉佛教，成為三寶佛法僧的弟子，不再信仰其他宗教，所以皈依三寶是確定信仰目標的表示。

為什麼我們要皈依「三寶」呢？簡單的說，三寶是冥冥闇夜裡的燈燭，是滔滔苦海內的舟航，是燄燄火宅中的雨澤。「皈依」三寶，是「皈投」、「依靠」佛法僧的意思。

世間上，小孩子需要依靠父母，生命才得安全；老人需要依靠拐杖，走路才能安穩；航海的人需要依靠指南針，船隻才能平安返航；黑夜中需要依靠明燈，行人才能看清方向。三寶就像我們的父母，當一個小孩被人欺侮時，雖然父母不在身邊，但是只要他叫一聲「媽媽」，別人就不敢再欺負他了，因為他有母親。同樣的，

皈依三寶是成為正信佛教徒的第一課

世間上邪魔外道、壞人壞事很多，有了三寶作為依靠，生命就有了安全的依怙。

三寶又像指南針，可以引導我們在茫茫的人海中航向平安的避風港。每個人到了晚上都知道要回家；皈依三寶、常念三寶的功德，可以讓我們仰仗三寶功德的加被，藉此寶筏，出生死流，勇渡苦海，回歸真實的自我，回到自己真正的本來之家。所以皈依三寶可以讓我們現世找到安身立命之處，讓我們未來有家可歸！

皈依三寶成為一個正信佛教徒以後，還要有修行的信仰生活，有修行才有體驗，有信仰才有力量。

說到信仰、皈依，事實上，佛陀並

不要我們信仰、皈依；我們所以信仰佛教、皈依三寶，重要的是要肯定自己、找到自己，因為人人有佛性。所以，佛法裡有一句偉大的名言：「自依止、法依止，莫異依止。」就是要我們皈依自己、找到自己，而不要皈依其他，不要被人牽著鼻子走。

佛教徒皈依佛、法、僧三寶：皈依佛，佛如光明，有了光明，就能驅走黑暗，帶來希望；皈依法，法如淨水，有了淨水，可以滋潤大地，生長萬物；皈依僧，僧如福田，有了福田，可以給人播種，廣植福德。

不過，一般佛教徒皈依以後，平常並不去親近善知識聽經聞法，只是祈求佛祖保祐，他就只有皈依「佛寶」；有些知識分子，只研究佛法，不拜佛也不敬僧，他就只有皈依「法寶」；有的人學佛只看哪個法師跟他投緣，他就去親近，既不聽經，也不拜佛，他也是只有皈依「僧伽」一寶。嚴格說來，這些都不是真正的「三寶」弟子；真正的三寶弟子，皈依以後，應該禮佛、聞法、敬僧，尤其要有正知正見，要深信因果，要能「諸惡莫作，眾善奉行」，如此才能獲得佛法的受用，才能得到信仰的利益。

總之，佛教講人人有佛性，佛教徒可以什麼都不信，但不能不信因果；可以什麼都沒有，但不能沒有慈悲。所以，信了佛教以後，可以讓我們的心靈擴大，可以讓我們的生命昇華，可以讓我們懂得廣結善緣、慈悲友愛。學佛修行，皈依三寶，成為正信的佛教徒，可以獲得無上的利益、功德，這是不容置疑的。

皈依三寶後，要能「諸惡莫作，眾善奉行」，才能獲得佛法的受用，得到信仰的利益。

佛教對「喪葬習俗」的看法

時間：二〇〇六年三月三日
　　晚間七時至九時三十分
地點：美國西來大學
記錄：滿義法師　英文翻譯：妙光法師
對象：西來大學校長、副校長、教務長，
　　以及遠距教學位在世界各地幾十個
　　地區的學員近千人。

人生有兩個大問題需要解決，一個是「生」，一個是「死」；人生也有兩個大謎團需要解答，一個是「生從何來」，一個是「死往何去」。

「生死」是每個人都必須面對的人生課題，但是多數人「生」的時候不知生命所為何來？生命的意義、價值何在？每天只是渾渾噩噩的過日子，甚至憂悲煩惱、痛苦不堪的活著；到了「死」的一刻，不但臨命終人本身對死後的世界茫然無知而感恐懼害怕，就是在世的親人眷屬，也要面臨眾說紛紜的各種喪葬習俗而手足無措，真是「生固不易，死也艱難」。

為了化解世人「生死兩難」的窘境，二〇〇六年三月三日，星雲大師在美國西來大學主持遠距教學中，特別以「佛教對喪葬習俗的看法」為題，針對一般人對生與死的迷思，以及民間對喪葬禮儀的迷信，給予大眾正確的觀念與認識。

大師有感於「世間有很多風俗與迷信，而人本來就有很多的執著，若再被綑綁於迷信神權之中，則不得自由」。因此針對：人死後八小時之內不宜搬動遺體嗎？客死他鄉者，遺體不能返回家中嗎？燒「往生錢」、「房子」、「電器用品」給亡者有用嗎？乃至家人往生後，親屬應該為亡者做些什麼事，才是最有益於亡者等「喪葬習俗」問題，一一解惑釋疑。

另外，大師特別從佛教的觀點，提出對生死的看法。大師表示：「生死是一體的、自然的、無分別的；生死如燃薪、如換衣、如搬家、如出獄，吾人對生死應該要認知，但不要太介意。」大師尤其強調：「人生最重要的是，別人給我們因緣，我們也要給別人因緣，所以人生的意義應該是服務、奉獻、結緣。」

誠如大師所說，佛教旨在幫助人們解決生與死的問題；佛法能指導我們超越生死，達到不生不死、解脫自在的涅槃境界，而這正是佛法的尊貴之處。以下是當天的座談紀實。

一、凡人皆「好生惡死」，認為「生之可喜，死之可悲」，請問大師，佛教如何看待「生」與「死」？

答：生、死是人生兩大課題，所謂「生死事大」；生死也是人生必經的過程，當人出生之時，就注定了死是必然的結果，所以「有生必然有死」。

一般人總把「生」與「死」看成是兩回事，事實上生與死是一體的兩面，生是死的延續，死是生的轉換，生死如影隨形，生了要死，死了還會再生；生生死死，死死生生，生也未曾生，死也未曾死，生死只是一種循環現象，就如時辰鐘，從一走到十二，還會回到原點，繼續再往前走，所以生死是環形的，「生命」就在生死中輪迴不已。

生死循環，本來是再自然不過的事，但是古老的觀念裡，總認為「生之可喜，死則可悲」。當人出生之時，弄璋弄瓦，皆在慶賀之內；一旦撒手人寰，即呼天喊地，萬分的感傷悲泣。其實在一個佛教的悟道者看來，生的時候應該就要知道生命終究會有死亡的一天。

有一戶人家老年得子，欣喜萬分，正在家裡高興慶祝的時候，門口來了一個和尚，對著眾人放聲大哭。主人很不高興，說道：「出家人，你要化緣我可以給你錢，幹嘛在我們家門口哭哭啼啼？你不知道我們正為生了個兒子在慶祝嗎？」禪師回答說：「我不是來化緣的，我是來哭你們家多了一個死人。」

人生，生了就會死，死了又會再生，「生死一如」，生死猶如一張紙，只隔一面而已。當人活著的時候，都有一個身體，一旦壽終命盡，物質的身體會朽壞，但是真正的生命，佛教稱為「阿賴耶識」，或叫「如來藏」、「真如佛性」，也就是世俗所謂的「靈魂」，會隨著業力輪迴轉生，不管驢胎馬腹，五趣六道，生命的形體有別，生命的本體永遠不變。就如金子做成耳環、項鍊、戒指等，相狀雖然不同，但金子的本質都是一樣。

人的身體，又如木柴；木柴燒火，一根接著一根，縱然木柴不同，但是生命之火仍會延續不斷。人的生命也如杯水，茶杯跌壞了不可復原，但是水流到桌上、地下，可以用抹布擦拭，重新裝回茶杯裡；茶杯雖然不能復原，但生命之水卻一滴也不會少。因此，真正的生命是不死的，死亡朽壞的只是身體，我們的真如自性、法身慧命沒有生死。

人因為有一個身體，所以有老病死，有痛苦。有時候我們聽到有人說「生不如死」，可見生不一定快樂，死也不一定痛苦。甚至佛經說「三界如牢獄」，意思是說我們來到人間，就如住進牢獄一般；到了死亡的時刻，就好比刑期滿了，何嘗不是一種解脫！

人之死亡，又如住久了的房子，一旦朽壞，就要拆除重建，才有新屋可住；當新居落成之時，所謂「喬遷之喜」，應該可喜，不是可悲！只不過佛教雖然以「喬遷之喜」來形容生死，說明房子舊了必須搬一個新居，衣服破了應該換一件新衣，身壞命終也會賦予另一個新的軀殼。但是對一個尚未悟道解脫的凡夫眾生而言，生死確是人生最大的煩惱，也是輪迴的根本，「生、死」加上「老、病」，在人生

「八苦」之中即占了一半，所以學佛最終的目的，就是要「了生脫死」，不再受生死輪迴之苦。

佛教其實就是一門「生死學」，佛教非常正視生死問題，例如觀世音菩薩「救苦救難」，就是解決生的問題；阿彌陀佛「接引往生」，就是解決死的問題。佛教對生死的看法，如宗泐禪師說：「人之生滅，如海一漚，漚生漚滅，復歸於水。」道楷禪師示寂時更說得好：「吾年七十六，世緣今已足，生不愛天堂，死不怕地獄，撒手橫身三界外，騰騰任運何拘束？」佛法教我們要認識生死，就是要我們改變消極的看法，透過修持，以正確的態度面對生死，處理生死，乃至解脫生死，如此才能真正擁有幸福的人生。

因此，對於生死問題，我們應該認識它，但不要太介意。如我在《佛光菜根譚》說：「死，是生的開始；生，是死的準備。生也未嘗生，死也未嘗死。生，是緣生故有；死，是緣滅故無。無生也無死，無死也無生。」人生世緣已了，隨著自然而去；重重無盡的未來，也會隨著因緣而來。如果我們能把生死看成「如如不二」、「生死一如」，那就是深諳生死之智慧了！

二、生與死既是生命的循環現象，請問大師，我們要如何正確的認識生命的本質、生命的實相、生命的意義與生命的輪迴呢？

答：生命是由父精母血以及業識的因緣和合而來。眾生依過去善惡業因所感得的果報正體，有天上飛的，有水中游的，有陸上爬的，有山中走的；也有兩棲或多棲，乃至無足、兩足、多足等類別。

在各種生命當中，有的生命是獨活的，有的生命是共生的，有的生命是寄生的。甚至有的生命是有形的，有的生命是無形的；有的生命會動，有的生命是不動的。一切生命，都各有生存時空，並非人類所能全然了知。

生物學家為生命所下的定義是：凡經歷生長、繁殖、死亡過程的，都是生命。在此定義下，無論動物或是植物，都有生命。

從更廣義的層面來說，大自然裡到處都有生命，一片菜葉有生命，一滴水也有生命，都要愛惜。山川日月，蒼松翠柏，幾千年、幾萬年，時間就是生命。乃至佛教講「三界唯心，萬法唯識」，時辰鐘錶，我用心、用智慧去製造它，時鐘裡就有我的生命。一棟房屋，因為我的設計、監工才能成就，房屋中就有我的生命存在。

不只人有生命，凡是有用的、活動的、成長的，宇宙萬有都有生命。

地球生態被破壞，海洋、空氣被汙染，環保人士用愛心來保護，給予愛心就有生命。

因此，所謂生命，都在時間之流，甚至在空間之流、在情愛之流中。生命的價值就是愛，生命的意義就是惜。例如，一件衣服、一張桌椅、一架冷氣機、一輛汽車，你好好愛惜它，不隨便破壞，讓它多使用幾年，就是延續它的生命。所以不只人有生命，凡是有用的、活動的、成長的，可以說宇宙萬有都有生命。

若以人來說，生命也不僅止於活著的時候吃飯、穿衣等一切活動，即使死亡也是生命的一個階段。死亡並不代表什麼都沒有了，死亡只是這一期生命轉換成另一期的生命，就像把一粒種子播撒下去，它會發芽、生長、開花、結果，而後有了種子，再播種下去，又是另一個新生的開始。因此佛教認為生命是不死的，死亡只是一個環節，死亡只是一個蛻變，死亡是另外一期生命的開始，生命的本體並沒有改變。

從佛教的緣起法來看生命的本體，生命是延續性的，生命是有傳承的，生命是有程序的，生命也是會變化的。例如六道輪迴就是變化；又如低等動植物慢慢發展成高等的動植物，甚至高等動植物也會慢慢退化為低等的動植物，這就是變化。

甚至佛教講，生命是「三世輪迴」的，也就是說，眾生無始以來由於身口意造作的業力，形成了因果相續、無始無終的生命之流，而現起了天、人、畜、鬼等六種多樣性的生命現象，佛教稱之為「五趣流轉，六道輪迴」。

生命之流不但在五趣六道裡流轉不停，而且佛經說「此有故彼有，此無故彼無」，我們的生命不是突然而有，也無法單獨存在。例如，我們要仰賴農人耕種，才有飯吃；要有工人紡織，才有衣穿。甚至父母養我、老師教我、社會大眾共同成就之外，還要自然界的陽光、空氣、水分等宇宙萬有「眾緣和合」，我才能存在；如果宇宙萬有缺少了一個因緣，我就無法生存了。

也就是說，吾人的生命不是建築在自己的身體上，而是必須仰賴士農工商、社會大眾的眾緣成就；失去大眾的因緣，吾人的生命就難以維繫。尤其在眾多因緣當中，因為父母相愛，有緣結合，再加上我的業「因」和他們為「緣」，因此生養了我。所以，我們要研究生命從哪裡來？簡單說，生命是從因緣所生，人是從業感而來，由於我們的行為造下各種業，最後就會隨業而受報，所以生命就在「因緣果報」裡隨著業力流轉不停，這就是生命的去來。

生命是生生不已的，因此現在的生命學家也不能只是研究人類的生命。例如，地質學家研究地殼變化，天文學家研究宇宙星辰，氣象學家研究大氣變化，生物學家研究動植物，微生物學家研究細胞分裂，考古學家研究古今淵源，歷史學家研究人文發展等，每個領域都有它的生命價值與意義。

生命的意義，是珍惜人與人之間的因緣，別人給我們因緣，我們也要給別人因緣，所以人生的意義應該是服務、奉獻、結緣。例如，給人方便、給人救濟、給人離苦，乃至給人善因好緣，助成別人的好事等等。我認為每一個人都應該留下能造福社會，讓子孫繼承不輟的「事業生命」；能傳遞知識、文化資產的「文化生命」；能有嘉言懿行，讓後代依循受用的「言教生命」，以及信仰的生命、道德的生命、智慧的生命、功德的生命、環保共生的生命等等。如此，能把自己的精神、智慧，都流入無限的時空中，才是真正發揮生命的意義。

三、死是人人必經的過程，過去一般佛教徒總認為人死後八小時之內，最好不要隨便搬動遺體，請問大師對此有何看法？

答：人死後八小時之內能不能搬動遺體？這就要談到「死」的認定標準：是腦死？還是心臟停止跳動？腦死，但心臟還在跳動，還沒有死；心臟停頓了，但身體仍有溫度，也還沒有死亡。

人死亡的那一刻究竟要怎樣判定呢？在《四十二章經》裡說，人命在呼吸之間！沒有呼吸就算沒有生命了嗎？但是有的人呼吸停止了，透過人工呼吸，又可以把他救回；有時候心臟沒有停止，腦神經也有活動，可是分別意識沒有了，如此也可以算是死亡。

什麼時候才算是死亡？佛教認為意識離開身體、精神脫離軀殼的時候，就是死亡了。其實，何時才算死亡，時間的認定不是很重要，我認為讓病患死亡的時候不覺得痛苦而感到安然，要比時間的界定更為重要。

一般佛教徒，尤其依照淨土宗的說法，人死之後，如果神識還沒完全離開，你搬動他的身體，萬一他感到痛苦，生起瞋恨心，就不容易往生淨土。甚至人死的時候，不但不能搬動，也不能哭泣，如果親人在耳邊哭泣，他聽到哭聲就會留戀，一留戀，就會錯過往生西方極樂世界的因緣。所以佛教徒主張為亡者念佛，希望亡者隨著念佛的音聲，於一念頃，往生佛國。

既然於「一念之間」就能往生淨土，為什麼說人死之後需要八小時才能搬動遺體呢？經常有人問起這個問題，依我的了解，佛經裡並沒有這樣的記載，但是一般民間習俗有這樣的說法。我想這可能是過去農業時代，一般人在外求學、工作，如逢家中有人往生，不能即時趕回，難免引以為憾，因此有「八小時以內不入殮」的習俗，以便讓親人見亡者最後一面。

但是，現在交通便利，一旦家中有人往生，只要一通電話，親人很快就能趕回，隨侍在側。在這種情況之下還需要八小時嗎？如果一直保持這樣的觀念，現在的醫院可能會不歡迎這種人，因為你占用了病房，會讓醫院減少收入，不合經濟成本。

不過，如果病人一斷氣，馬上就送到太平間，甚至舉行火化，也不是很妥當，因為被送到太平間又活過來的人，不乏其例。因此，折衷之道，不要死後馬上入殮，但也不一定要等八小時，約莫兩、三個小時的觀察，應該算是中道。不過更重要的是，最好八個小時之內，親屬輪流念佛，不要哭泣、不要吵雜，這是對亡者最大的幫助。

總之，八小時之說並非絕對，應該依時空人事權宜處理，例如：遇到意外死亡，身體受傷嚴重；或在醫院中往生，諸多不便；或者生前就已發心捐贈器官，希望遺愛人間者，都應該不必拘泥於八小時不可移動的禁忌，以免流於執著。

四、「生從何來，死往何去」，千古以來一直是人們不解的迷思，可否請大師再針對死亡後的現象、情景，多做一些開示。

答：前面講過，有生必然有死，生死是人生的實相，死亡是人人所不能豁免的。甚至人以外的一切眾生，無論智、愚、賢、不肖，最終都免不了一死。只不過死亡的情況千差萬別，各各不同，依經典記載，死亡可分為四大種類：

㈠壽盡而死：這是一般所謂的「壽終正寢」，如同燈油燃盡，燈火自然就會熄滅。一般人雖然莫不希望「延年益壽」，但總有上限；人命在呼吸之間，到頭來還是免不了黃土一坏。所謂：「有朝生而暮死者，有春夏生而秋冬死者，有十年、百年、千年而死者，雖有遲速，相去曾幾何時？」這是說明人壽有限，在劫難逃。

㈡福盡而死：經上說：「世人無知生死，肉眼不知罪福。」一切眾生的壽命就像水上的氣泡，氣散則滅；一旦自己擁有的福報揮霍盡了，自然就會人死神去。這就如千金散盡的富翁淪為乞丐，經久會餓死、凍死，是一樣的道理。

㈢意外而死：就是一般所說的「橫死」，是指本來不應該死，因為遭受意外，迴避不及而身首異處。例如：戰死、車禍亡故、被人刺殺，乃至被虎豹豺狼咬噬等，

死亡如同枯枝再發新葉，生生不息。

都是事先難以預知的。俗語說：「三寸氣在千般用，一旦無常萬事休。」就是形容這種變故。

㈣自如而死：前三種死都是不可預料、不能自主的，而自如的死法，卻是可以把握，能夠自主的，也就是佛門中「生死自如」的境界。佛教裡有很多修持功夫深的古德，要生就生，要死就死，以因緣聚散及道法圓滿為生死，不受一般生死大限的箝制。

其實，所謂生命，包含生和死。生固然是生命，死也是生命。死亡並不是消滅，也不是長眠，更不是灰飛煙滅、無知無覺，而是走出這扇門進入另一扇門，從這個環境轉換到另一個環境。經由死亡的通道，人可以提升到更光明的精神世界裡，因此佛經對於死亡的觀念，有很多積極性的譬喻，例如：死如出獄、死如再生、死如畢業、死如移民、死如搬家、死如換衣、死如新陳代謝等。

死亡是軀殼形體從有形、有限，轉化為無形、無限，因此死後的境況與生前有所不同。從下面三點比較，可以知道一些死後的概況：

㈠不受時空的限制：人在生前受了時間和空間的限隔，不能隨心所欲，萬里遨遊，也無法返老還童，縱情恣性；可是一旦死亡而脫離形體的桎梏，他的道心真性就可以自由自在來去，穿越三界時空。

㈡沒有肉體的負擔：《法句譬喻經》說：「天下之苦，莫過有身；飢渴寒熱，瞋恚驚怖，色欲怨禍，皆由於身。」活著的時候，身體是我們的大負擔，餓了要找東西餵他吃，冷了要替他加衣，生病時要忍受病苦的痛楚。這個身體所帶給我們的煩惱，遠比帶給我們的快樂多。而死亡之後，神識不再受軀殼的牽制，不必再去侍候這個色身，也就沒有飢寒、病痛的生理折磨，也沒有種種觸受壓迫的負擔了。

㈢具有人天的神通：活著的時候，人的種種能力都受到軀體的限制，死後則不受物理世界的拘束，能夠穿牆越壁，看到肉眼所看不到的事物，聽到耳朵所聽不到的訊息。而且神識具有浮留在空中的能力，能夠自由自在的飛行，其運動的速度可以隨意念所生而無遠弗屆。除了佛陀的金剛座、母親的子宮不能穿越之外，其餘物理世界的任何阻礙都可以穿梭自如，真是「念動即至」。

一般人總是畏懼死亡，尤其老年人最關心的問題，就是死亡痛不痛苦？死亡以後到哪裡去？如果確知死亡的那一刻能夠不痛不苦，就如睡覺一樣；乃至知道死亡以後可以上天堂，或者再來人間，甚至往生西方極樂世界，如此死亡不也是很美好的事嗎？

有一個老太太臨終之前，兒女、親戚、朋友都到醫院來看他。老太太的大兒子是個牧師，他說：「媽媽就快要去了，我們來替他祈禱，願他上升天國吧！」老太太突然張開眼睛，說：「在上升天國之前，你們弄一杯酒來給我喝好嗎？」這是媽媽臨死之前的願望，應該要滿足他，於是兒女們趕快找酒來給媽媽喝。喝過酒以後，他又說：「再有一支菸抽那就更好了。」這時小兒子說：「媽媽，醫生說，臨終的人不可以抽菸。」媽媽說：「什麼醫生？死的是我又不是醫生，我就是要抽菸。」想想，這也不是什麼要緊的事，因此趕快找一支菸來給媽媽抽。喝過酒，菸也抽了，老太太一臉滿足的含笑對兒女們說：「人生真是美啊！謝謝大家，未來再見！」

面對死亡，能夠這麼瀟脫，死亡又何懼？因此，如果我們能夠了解死亡的真相，死亡對我們而言，就像領了一張出國觀光的護照，到處可以海闊天空，悠遊自在。死亡也像移民一樣，只要你有生存的資本，只要你有功德法財，即使換一個國土，又何必害怕不能生活呢？所以死亡並不可怕，死亡之後到哪裡去才是要緊的事。

五、中國的習俗中，對於客死他鄉者，認為遺體不能返回家中，甚至有拜「腳尾飯」，以及燒「往生錢」、「房子」、「電器用品」給亡者的習俗，請問大師，

亡者真能收到這些東西嗎？佛教對這些民間習俗及禁忌有何看法呢？

答：中國人一向重視「壽終正寢」，認為客死他鄉，或是在外車禍死亡的人遺體不能返回家中，否則會不吉利。其實過去農業社會裡，人們多半一生守在自己的家園，客死他鄉的機率比較小；但現代工商社會，許多人外出謀生，橫死在外地的人愈來愈多。一個人死在他鄉已經很可憐了，為什麼不讓他回家？如果能換個觀點想：「一個人死在外面很可憐，要趕快讓他回到家裡，他會感覺比較溫暖、安心。」那就沒有什麼忌諱了。

另外，中國民間有一種習俗，人死之後要燒金銀紙，也就是「往生錢」。現在更衍生出燒「房子」、「電器用品」，甚至「汽車」、「手機」等物品。這是源於中國人的傳統觀念，認為人死必到陰間做鬼，親友唯恐其在黃泉路上無資可用，所以才有燒冥紙的做法，為的是要讓祖先在陰間的日子好過一點。

其實這種想法不但大錯特錯，而且是對父母長輩的大不敬。因為人死之後，會隨著各人的業力不同而有不同的歸宿。有的可以升天成聖，有的轉世做人；除非是作惡多端、罪孽深重的眾生，否則人死之後並不一定都會下地獄或變成餓鬼。如果我們想當然爾的把祖先認為死後必然為鬼，難道父母親人在我們的心目中是個大惡人嗎？我們為什麼不想：父母親人去逝，是到天界去享樂，或者是往生西方極樂淨土呢？

所以，佛教雖然承認鬼的存在，但並不是人死必然為鬼；人離開了這個世界，前往的地方也不僅僅是地獄而已，也許是往生淨土安養，也許是到天堂享樂，也許是再降生為人。而決定人死亡之後投胎轉世所依憑的業力，則可分為三種：

㈠隨重的業報：就生前所造的善惡業中，何者為重，何者先報。

㈡隨憶念的業報：由八識田中的憶念種子決定去向。譬如有人出門，茫然來到十字路口，東西南北，不知去向何方？這時突然憶起西街有一位朋友，就朝西方走去。人在臨命終時，也會隨憶念而受報。

㈢隨習慣的業報：就各人日常的習慣而受報。譬如修淨土法門的人，一心稱念「阿彌陀佛」，目的就是要養成念佛的習慣，一旦臨命終時，一聲佛號就能與佛感應道交，而得往生極樂淨土。

因此，人死不一定為鬼；即使是鬼，其能享用的資具也要依自己的福德而定。如果是沒有福德者，再多的冥紙對祂也沒有用；如果是有福德者，就算沒有冥紙，也能得到供養。

不過，中國人向來重視孝道，為了慎終追遠，表達對亡者的思念、敬意及關懷，西洋人用獻花的方式，中國人則燒金銀紙，作法不同，心意一樣，也無可厚非。但是最好不要太鋪張浪費，甚至可以提升作法，例如建紀念堂、紀念像、紀念塔，設置獎學金、修橋鋪路、印經書、裝佛像，也是對先人很好的紀念方式。當然，若能趁著長輩親人在世時，好好的孝養，則比死後才燒紙錢、紙房子，要來得積極而且有意義多了。

六、中國人好面子，常在喪禮中大肆鋪張，諸如「五子哭墓」、「中西樂隊」、「電子花車」等，不但浪費，而且有失莊嚴。甚至喪禮中還要殺豬、宰羊來祭拜亡者和諸路鬼神。請問大師，有什麼辦法可以導正這些民間風俗呢？

答：「人死為大」，這是中國人根深柢固的觀念，一般民間對葬禮都極為講究，認為葬禮辦得風光體面，才能表示對亡者的尊重與孝順，甚至還可藉此彰顯自己的社會地位，增加自己的榮耀。因此一些有錢人家，遇有長輩往生，莫不極盡鋪張，不但請來「五子哭墓」、「中西樂隊」、「電子花車」等大做排場，而且殺

捐助文化、教育、慈善、公益等，可以德澤人間。

豬、宰羊，大宴親朋好友。

其實，中西樂隊等熱鬧排場，對亡者毫無助益；宰殺生靈，宴請親友，則是替亡者造作罪業，加重其負擔。根據佛教的《地藏經》說：「臨終之日，慎勿殺害，及造惡緣，拜祭鬼神，求諸魍魎。何以故？爾所殺害，乃至拜祭，無纖毫之力，利益亡人，但結罪緣，轉增深重。假使來世，或現在生，得獲聖分，生人天中；緣是臨終，被諸眷屬造是惡因，亦令是命終人殃累對辯，晚生善處。何況臨命終人，在生未曾有少善根，各據本業，自受惡趣，何忍眷屬更為增業。譬如有人從遠地來，絕糧三日，所負擔物，彊過百斤；忽遇鄰人，更附少物，以是之故，轉復困重。」又說：「若能更為身死之後，七七日內，廣造眾善。能使是諸眾生永離惡趣，得生人天，受勝妙樂，現在眷屬，利益無量。」

因此，家有喪事，切忌殺生祭拜，也不要鋪張浪費，喪禮應以簡單隆重、莊嚴肅穆為宜。如有需要，可以成立治喪委員會，一切依佛教的儀式舉行入殮、火葬，而後奉安寺院納骨塔。往生佛事則可以到寺院參加隨堂超薦，也可以自己在家誦經念佛，把省下的喪葬費用，以亡者名義捐助文化、教育、慈善、公益福利事業，如此不但讓亡者德澤人間，也可以把功德回向亡者蓮品增上，可以說是自利利人，這是最值得提倡的喪葬典範。

七、一般人遇到家中有人往生，往往慌亂、不知所措，尤其喪儀的安排，也會有來自旁人的七嘴八舌，以及親朋好友的許多意見，讓家屬不知如何是好。請問大師，面對這種情形，家屬應該怎麼辦才好呢？

答：在傳統的中國農村社會裡，一家有了喪事，親友鄰居紛紛獻策，乃至一些三姑六婆，這個人說這種習俗，那個人說那種規定，搞得孝子賢孫不知如何才好。如果你是正信佛教徒，應該要有主見，依佛法而行。

我童年時，父親的死亡我並不知道，不過在我九十五歲老母親往生時，我不許任何人替我作主張，因為往生的是我的母親，別人不必七嘴八舌的亂出主意。

其實，中國民間的喪葬禮儀本來就眾說紛紜，莫衷一是，尤其中國人重視倫理，從倫理裡也衍生出不少習俗來，例如人死後，孝眷為表哀思，幾天內不可以刮鬍子、不可以更衣、兒女要從門外跪著爬進屋裡等等，這些近乎整人的方法都沒有順乎自然。乃至生肖犯沖、生辰犯沖、八字犯沖的人不能送葬，甚至丈夫死了，妻子不能送上山頭，否則就表示想要再嫁，將被視為不貞等等。

此外，民間還有很多不合時宜的觀念、作法，也有加以淨化、改良的必要。例如：看風水、擇日、死後八小時以內不能入殮、出殯時安排電子音樂、花車、遊街、哭墓等，不但浪費，而且有失莊嚴。

佛教對喪葬禮儀的看法，主張要建立正知正見，不但不虛榮、不鋪張，尤其不能迷信。現在的人遇到喪葬事宜，大家競以虛榮心處理，不但要作得比別人盛大，還要比別人熱鬧。其實，尊重死者的心願，最是重要，因為治喪無非是求得死者安、生者孝。再說，喪葬本來就是個人家裡的事，何必勞師動眾？當然更不必顧慮別人的看法，而講究你有多少樂隊，我有多少花車；莊嚴肅穆，更勝於吹吹打打。

記得多年前，邱創煥先生剛上任內政部部長不久，適逢其尊翁去世。他一時感到很為難，喪禮辦得太簡單，怕親朋好友批評自己不孝，身為內政部部長，對父親的後事辦得如此草率；要隆重的舉行，又因當時蔣經國總統正提倡「新生活運動」，凡事崇尚簡樸。

當時我知道了邱先生的處境後，主動跟他說：這樣好了，佛光山佛教學院的學生都是出家眾，我帶二百個人去替你父親誦經，能有這麼多和尚念經，在台灣史上也不曾有過。另一方面，這麼做既不鋪張，也不浪費，又能響應蔣經國總統的新生活運動，可謂一舉二得。果然，此事後來傳誦一時，成為美談。

其實，不一定需要二百個人誦經，二個人、三個人念，也是一樣，甚至自己念就好了。自己父母的喪葬，由兒女做主，依自己的心意盡孝道、表哀思，最是妥當、切實。當然，一般人遇到家中有人往生，大部份的人都會手忙腳亂，不知如何是好，因為沒有經驗。所以，平時能有一個宗教信仰，這時候就會派上用場了。

八、生與死是人生兩件大事，尤其依照民間習俗，人死後所要處理的事情可謂繁雜瑣碎無比，相較之下，宗教的儀式，不管佛教或基督教，則顯得無比的簡單莊

嚴，因此想請教大師，對於沒有宗教信仰的人，如何說服他們用宗教的儀式來處理後事呢？請大師開示？

答：宗教是苦難者的救星，有很多人儘管平時都說自己不信仰宗教，但是遇到急難的時候，脫口而出的第一句話常是「阿彌陀佛」、「觀世音菩薩」，或是「上帝」、「耶穌」等，可見信仰宗教的重要。尤其一般人遇到家中有人往生，更是很自然的就會想要找個法師誦經，或是請求牧師祈禱，所以人只要有生死問題，就會需要宗教。

一九九九年台灣發生九二一大地震，規模七點三的震災造成中部地區災情慘重，一下子死了二千多人。雖然各地很快就捐出許多棺木，光是佛光山便捐了四百具。但是很多人有了棺木，面對如何把往生的家人放進棺木裡入殮，卻是六神無主，茫然不知所措。因此，當時佛光山因應災民的需要，除在第一時間緊急捐款及提供物質救濟外，並有法師巡迴各災區，幫助往生者處理後事，以及舉行超薦法會以慰亡靈，同時成立十四所「佛光園慈心站」，以佛法幫助生者重建心靈，走出震災的陰霾。

人是宗教的動物，人在苦難的時候很自然就會想要找一個宗教為依歸。但問題是，有的人平時不覺得宗教的重要，總要等到有事才來「臨時抱佛腳」。或者有的人信仰不夠堅定，一會兒信仰天主教，一下子又信佛教；再不然就是信得太複雜，這個寺院、那個道場到處跑，結果到最後真正需要的時候，卻發現「三個和尚沒水喝」。

有這麼一則笑話：有兩個人在旅途中遇到強盜，其中一人平常信仰很多神明，當強盜揮刀過來時，膀子被砍斷了；另外一人信仰觀世音菩薩，也挨了一刀，但這一刀正好砍中掛在脖子的觀音像項鍊上，觀音像被砍彎了，人卻毫髮未傷，因此他很歡喜雀躍的說：「感謝觀世音菩薩保佑，讓我沒有受到任何傷害。」

另外那個信仰多神的人抓住被砍的膀子，痛得直冒冷汗，並且忿怒的說：「我身上帶了那麼多神像、符咒，為什麼都不保佑我呢？」

這時，袋子裡的許多神明說話了：「對不起！當你遇難的時候，我們原本也很想來救你，可是在列位神明面前出來救你，是沒有禮貌的事呀！因此，當你要受難時，我們互相讓著：『玉皇大帝！請您去救他吧！』玉皇大帝客氣的說：『城隍老爺！還是您去救吧！』城隍又客氣的說：『媽祖娘娘！您去吧！』媽祖也說：『耶穌！您去吧！』正當大家推來推去不知請誰出來救你時，強盜的一刀已經砍了下

來，咯嚓一聲，你的膀子也就斷了。」

雖然這只是一則笑話，但是卻意謂著信仰宗教要愈單純愈好，而且要把信仰落實在生活裡，才能獲得信仰的利益。

自古以來，佛教受到社會最大的扭曲與誤解，就是把佛教當成是度死的宗教，一般人總在喪葬的時候才想到要採用佛教的儀禮；其實佛教對於結婚、生子、祝壽、喬遷等人生各種喜慶之事，都有一套很周全的人生禮儀。例如，嬰兒彌月時，要到寺院中為子女取名；成年時，行成年禮，代表已能擔當家計，負擔社會責任；結婚時有佛化婚禮，接受法師的祈福祝禱。乃至佛像安座、新居落成、工廠開工、房屋遷移、破土奠基等等，都可遵循

佛教對於各種喜慶之事，都有一套很周全的人生禮儀。

佛教儀禮，請法師證明、灑淨及說法。所以佛教儀禮的範圍涵蓋生老病死、婚喪喜慶，目的就是要讓佛教徒在生活中都能有所依循，都能心存感恩，都能歡喜安詳。就如西方社會，上至國王登基加冕，下至百姓從生到死，都會以宗教儀禮進行。

宗教信仰是發乎自然的精神力，一個人一生一世，吃飽了還有餓的時候，餓了再吃，什麼困難都有法子解決，生活就算苦一點也都還好；唯有宗教信仰，如果沒有信仰，內心就會覺得苦悶、無助。人和宗教的關係，就如同人和飲食、金錢、男女一樣，彼此是分不開的。因此，不管「生」時、「死」時，只要因緣成熟，人自然就會需要宗教。

九、請問大師，家人去世後，親屬應該為亡者做些什麼事，才是最有益於亡者的呢？是否一定要為他做七、放燄口、啟建三時繫念等佛事，才能幫助他往生善處呢？請大師開示。

答：根據經典記載，人往生後四十九天之內，如果陽上眷屬能為亡者誦經做佛事，仗此功德，能令亡者罪障消除，得生善道；如果亡者生前已多植善業，則可蓮品增上。因此，佛教徒每於親人往生後四十九天內，每逢七期舉行超薦佛事，稱為「做七」。

一般依齋主的時間、因緣而分，有的只做頭七、滿七，有的做頭七、三七、五七、七七，有的則七個七全做。

做七雖然有超拔先人，表達孝思的深遠意義，但因傳統的作法費時耗財，實有改良的必要。例如：誦經佛事宜莊嚴不繁瑣，最好以半小時、一小時即可，不一定要半天、一天；做七也不一定要施放燄口，或是啟建三時繫念等佛事，只是上香、拜佛也可以，家屬應視能力、時間而為，不必勉強。

另外，七七日誦經是古老的傳統，不一定照辦，可變通為集合家人一次做完，即算圓滿；或是在短期的三至七天內做完七七。甚至幾十年來，我在佛光山一直推動「隨堂超薦」，也就是在寺院佛堂裡立一個牌位，利用早晚課誦時，隨堂誦經超度即可。

家人過世，為他念佛、誦經最好，而且不一定要出家法師念，親朋好友彼此互相助念也很好。不過根據《地藏經》的說法，誦經的功德，亡者能夠得到一分，而持誦的人可以得到六分，因此我們應該趁著自己身強體健的時候，儲備一些功德資糧，不要等到無常來臨，才勞駕別人為我們誦經超度，功德畢竟有限。

至於祖先親朋去世了，我們為他誦經超薦有功效嗎？能不能幫助他脫離輪迴呢？誦經、超薦對亡者究竟有什麼貢獻呢？有幾個譬喻可以知道誦經的功德利益：

㈠好比鯉躍龍門，身價百倍；誦經好像依仗達官顯貴的親戚，人人欽羨、人人仰戴。

㈡彷佛出門旅行的人需要攜帶身分證、護照一樣；誦經的功德讓我們方便往生諸佛國土。

㈢一塊大石頭放在水中，很快就會沉陷下去，如果把它擺在船上，可以安然地運載至彼岸；眾生頑強如磐石的罪業之身，透過誦經功德的慈航普度，可免於在生死大海之中沉溺。

㈣一畦稻田裡，如果長滿了豐碩的稻禾，縱然有一、二根莠草也起不了作用；誦經的功德可以使我們的善業禾苗增長，雖然有一些罪根埋在土裡，但是不容易滋長。

所謂「萬般帶不去，唯有業隨身」。人兩手空空的來，又兩手空空的去，世間上的一切財富名利、榮華富貴，在無常到來時，任誰也帶不走，唯有所做的善惡業緣不離身。所以一般民間佛道混合鋪張的喪儀對亡者毫無意義；能夠為亡者誦經念佛、布施行善累積功德，才有益於亡者往生佛國淨土。因此臨命終時，身為佛教徒，都應該助亡者一臂之力，為其助念；如果能以亡者的名義成立獎學金或設立教育基金，乃至護持文化、慈善等公益事業，以此為亡者植福薦拔，更有意義。

一〇、目前社會上吹起一股購買「生前契約」，或是「預立遺囑」的風潮，由自己在生前就把後事安排好，以便臨終的時候能夠心無牽掛的往生。請問大師，對此有何看法？

答：人生在世，有很多事都不是自己所能預知或掌控的，尤其「生死無常」。

人生應該要為社會留下貢獻，為自己留下歷史。

但是，人雖然無法掌控生死，卻能為自己的身後事預作安排。例如，有人希望土葬，有人想要火葬，有人喜歡海葬，有人嚮往空葬，甚至有人發大願心，願意死後把遺體提供給醫學界作解剖研究之用。為了完成這項不能親自完成，卻又與自己最切身的最後一件大事，只好藉著「預立遺囑」來闡述心願。

另外，因應現代人希望為自己身後事預作安排的需要，社會上也興起了一種新興行業，叫做「生前契約」。所謂「生前契約」，就是趁著自己健在的時候，由自己或家人預先與殯葬業者簽訂契約，事先購買好死亡時的喪葬儀式，為將來的死亡預作準備，替自己的身後事買好人生的最後一張保單。

「生前契約」其實是「生涯規劃」的延伸，所謂「生死事大」，「生」的時候如何活得自在、活得充實、活得有意義，固然重要，「死」時能安心、放下，了無牽掛的走，也應該早作安排，預先規劃，所以「生前契約」就像一張「安全卡」，可以求得心安，未嘗不好。

但是，「生前契約」牽涉很廣，其中還有法律問題。例如，如何兼顧亡者的意願、家屬的習慣、宗教信仰、傳統習俗及業者的利益；執行時以誰的意見為主？乃至簽約後能否解約退款？這種種問題經常造成紛爭不斷。甚至不少不肖業者藉此吸金，捲款潛逃，衍生諸多的社會問題。所以，生前契約雖然有其時代性與需要性，相關業者也有公會的管理、約束，但總是賢愚不等、良莠不齊，還有賴自己的慧眼去選擇、判斷，擇定信用可靠的業者。

不過，相較之下，如果能依自己的宗教信仰，不管是付託基督教的教堂，或是佛教的寺院，還是比較穩當。因為世事無常，銀行都可能倒閉，唯有寺院是萬年常住，所謂「鐵打常住流水僧」，人雖然有去來，但「跑得了和尚，跑不了廟」，所以最好是由宗教人士來辦理，不要用商業的行為來處理。因為世間上任何一種商業行為，難免有利益衝突，有了利益衝突，就會有紛爭。

其實，不管「生前契約」或「預立遺囑」，人生的意義並不在於死後有人埋葬、送終就是圓滿，人生應該要為社會留下貢獻，為自己留下歷史，為親人留下懷念。人雖然有生老病死，但是真正的生命是永恆不死的。過去中國人有「養兒防老」的觀念，有的人自己沒有生養，也總要想辦法認個乾兒子，或是收養個義女，以期老來有人孝養、送終。

但是常言道，久病床前無孝子，有的不肖子孫不但不懂得回饋奉養，甚至希望父母早一點死亡，以便早日分得遺產。所以老人不能太有錢，最好是有德、有智，尤其最大的保障是「結緣」。一個人只要自己生前多結緣，死後與你有緣的人自然會跟你結緣，這是最好、最能解決問題的方法。因此，與其透過生前契約來規劃身後事，不如廣結善緣最為圓滿。

一一、雖然「生前契約」已經漸漸蔚為風潮，但是一般人還是忌諱談死，尤其愈富有的人往往對「死」更是諱莫如深；由於不肯正視死後的問題，未能於生前預立遺囑，把財產妥善處理，導致死後兒女為了爭遺產而對簿公堂，反目成仇。請問大師，對預立遺囑及遺產的處理方法，是否有什麼看法？能否提供一些意見給社會大眾參考。

答：中國人向來有留遺產給子孫的觀念，子孫也都希望祖先能留下一些遺產給他。善於利用遺產的兒女，遺產能增加家族的榮光；不善於利用遺產者，則遺產反而貽害子孫。所以現代人已漸漸懂得要留道德、學問、知識、技能，甚至留信仰給兒女，不一定要留土地、房屋、股票、存款等錢財給後代。

話說有一位富翁新居落成，大宴賓客時，他把建屋的瓦木泥工都請上座，自己的兒女卻坐下座。有人覺得奇怪，就問富翁：「你的兒孫才是主人，為何不讓他們坐上座，反而讓瓦木泥工坐上座呢？」富翁回答：「因為瓦木泥工都是今日為我建屋的人，兒女子孫則是他日賣我房屋之人也。」富翁的話實在很值得深思、玩味。

另外，我們經常從報章雜誌上看到，一些富有人家死後，兒女為了爭遺產，喪葬後事都顧不得辦理，只忙著打官司。因此，現在一些有遠見的人，總在生前就把自己的遺產捐獻給慈善機構或教育機構，他不想留太多遺產給兒孫。也有很多企業家，願把自己的公司、產業，傳給賢能的工作夥伴，並不一定非要留給有血緣關係的親屬來繼承。甚至丹麥有一名八十三歲的老太太，死後遺囑指定，要把他的六萬零二百美元遺產，交由哥本哈根動物園的六隻非洲大猩猩繼承。

其實，遺產不一定是指有形、有相、有價、有限的金銀財寶、土地房屋；遺產也不一定都要留給子孫。有的子孫不肖，為了爭奪遺產，禍起蕭牆，反失前人的苦心；不如把遺產捐給社會公益單位，無形中也把自己的慈悲、智慧留傳後世，造福人群，更能發揮遺產的價值。

一般佛教信徒，在生的時候都懂得要行善布施，但是臨終時，總把遺產留給子孫；西方人，兒孫自有兒孫福，他們大都把遺產捐給社會，捐給自己信仰的宗教。因為子孫不一定會善用父母的遺產，不一定能光大父母的遺德；而宗教必定能把聖財用之於社會，用之於眾生。所以，當我們能把留給家族的遺產，擴大為留給社會、留給大眾，能夠擴大遺產的價值，那就是人類的進步了。

另外，預立遺囑固然重要，如果凡事能在適當的時間及早安排、處理，就能減少很多紛爭。只是有人認為預立遺囑會觸霉頭，是不吉祥的事，因此生前不肯預立遺囑，最後造成子孫為了遺產而展開爭奪戰。其實對佛教徒而言，《佛遺教經》就是佛陀的遺囑；連佛陀都預立遺囑，因此佛教徒應該打破迷信，破除禁忌，早立遺囑，以免引生紛爭。

一二、現在很多醫院都設有「安寧病房」，專門為癌末或重症患者提供「臨終關懷」的服務。請問大師，佛教對「臨終關懷」有些什麼看法與做法，請大師開示。

答：死，是人生的一件大事。佛教認為生、老、病、死，人之常情，死並非生命的結束，只是另一場輪迴的開始。因此「臨終」是「昇」、「沉」最重要的關頭，它是決定「往生」最寶貴而且具有決定性的一刻。

過去一般人因為很少能坦然面對死亡，因此往往忽略了「臨終關懷」的重要。直到二十世紀中葉，由於醫學及人文思想發達，現代人終於意識到，生命的關懷應該從出生到死亡、從身體到心靈，因此有「安寧病房」的興起，並且將「臨終關懷」當成一項生命課題來研究、討論與推廣。

「臨終關懷」並不是消極的等死，而是積極的拔濟饒益，透過對死亡的認識，讓人從死亡的恐懼中解脫出來，坦然的面對死亡。

根據《佛說無常經》說：「有三種法，於諸世間是不可愛，是不光澤，是不可念，是不稱意。何者為三？謂老、病、死。……若苾芻、苾芻尼，若鄔波索迦、鄔波斯迦，若見有人將欲命終，身心苦痛，應起慈心，拔濟饒益。」經中並且具體提出照顧臨終病人應該注意的事項，包括：

㈠注意環境的整齊清淨、光線的柔和、空氣的流通。

㈡供養佛像，使病人觀相而生善念。

㈢為病人宣說阿彌陀佛的慈心悲願及西方極樂淨土的種種莊嚴，使病人生起樂生佛土之心。

㈣引導病人念佛，其餘探病者亦應為彼病人稱念佛號，聲聲不絕；病人命漸欲終，即見化佛、菩薩執持香花接引，心生歡喜，必無退墮惡道之苦。

㈤若命終後，眷屬應止哀，不宜大聲哭泣，當取亡者新好衣服及隨身受用之物布施，乃至禮請法師或自行誦經，以此功德回向亡者往生善道。

另外，姚秦鳩摩羅什大師說，外國習俗中，一個人從出生至臨命終時，所做的善事平時都要一一記錄下來，等到往生前，由家屬為其講說一生的功德，使亡者仰仗行善的福德，生起歡喜心，而不恐懼害怕死亡。

由此可見，佛教早就注意到「安寧照顧」與「臨終關懷」的重要。佛教雖然講「生死一如」，目的是要我們看淡生死，進而勘破無常；但是在大限將至之際，如何讓病者身心安樂，無苦而終，這才是最實際的做法。

當然，生命不是臨終的時候才需要關懷，生的時候就要給予照顧；甚至臨終關懷也不是只對臨終的病人所做的醫療照護，而是對廣大社會大眾施以一種廣義的死亡教育，讓人正視生死問題，而不是一味的逃避不談。因為有生必然有死，死前的臨終一刻是每一個人必然要面臨的；既然人人都或早或遲要步入不同性質的臨終期，就應該早做準備，包括心理與生理上的準備。

雖說「臨終關懷」是針對即將死亡的病人所做的關懷，但也不應該只是在安葬遺體、處理完後事就算結束，而是應該對他的精神事業，以及後代子孫繼續給予應有的幫助，讓他能「死得安心」、「死得瞑目」。所以「臨終關懷」不在於關懷生命活得多長，也不只是關懷死時的情況或死後的安葬問題，應該關心的是死後的去處、死後的安心，這才是臨終關懷的真正意義所在。

臨終關懷不在於關懷死時的情況或死後的問題，應關心死後的去處、死後的安心。

佛教對「民間信仰」的看法

時間：二〇〇一年十月六日
上午九時至十一時
地點：佛光山如來殿大會堂
記錄：滿義法師
對象：一般信眾千餘人

人是信仰宗教的動物，丹麥哲學家齊克果（Soren Kierkegaard, 1813-1855）說：「做人就是要做宗教徒。」他認為「如果不信宗教，不如去自殺」。這句話說得或許稍嫌偏激，對無神論者而言更不以為然。不過信仰宗教是人與生俱來的本能，如星雲大師說：「信仰是一種出乎本性，發乎自然的精神力。」大師認為自有人類以來，就有宗教信仰，而且可以說世界上各個種族皆有其特殊的民俗信仰，從信仰中亦可一窺各民族的風俗民情、文化背景以及歷史演進等。

大師以中國為例指出：「最早民智未開的時代，人們對大自然不了解，並且充滿了神祕感和恐懼感，以為大自然的一切現象都各有神明主宰其事，因此有了所謂的山神、雷神、電神、風神、雨神、河神、樹神等，這是由於人們對自然界不了解，因而產生敬畏自然的『自然宗教』。此後民智漸開，英雄人物不斷出現，於是崇拜自然的宗教就漸漸進化為崇拜英雄的宗教，譬如：關雲長赤膽忠義、岳武穆盡忠報國，值得人們效法學習，因此大家就把他們當神明來拜；鄭成功率領軍隊退守台灣，並移來福建、廣東兩省的人民，大家就建廟奉祀他；媽祖林默娘對漁民救苦救難，因此被奉為海上的守護神。這些英雄人物因為各有功勳，因此被奉為神明崇拜。」

宗教應該尊重包容，交流往來。

崇奉神明，這是中國民間信仰的特色之一，也因此常被一些知識分子識為迷信。不過星雲大師認為，「迷信」雖然不如「正信」好，但是總比「不信」好，更比「邪信」好。他說：「信仰當然以『正信』最好，不能正信時，『迷信』至少還有個信仰；連迷信都沒有的人，是空無所有，最為貧乏。」他舉例說：「我們經常可以看到一些老公公、老婆婆跪在神明前面，虔誠的禮拜著。雖然他們不懂高深的哲理，他們的信仰被批評為『迷信』，但是他們的信心好純潔，好高尚！」因此對於過去政府大力取締民間拜拜，大師主張應以「改良」代替「取締」。

星雲大師一生倡導「尊重與包容」，

尤其對於宗教信仰，他自己本身從來不曾因苦或難而動搖過對佛教的堅定信仰，但是他主張對其他宗教應該尊重包容、交流往來，甚至對於具有「迷信」色彩的民間信仰，都能從「淨化」、「提升」的立場給予定位。

以下是二〇〇一年十月六日，大師在佛光山如來殿大會堂與一千多名信眾座談，針對「佛教對『民間信仰』的看法」所提出的精闢見解。

一、有人說：「人是宗教的動物。」大師也曾說過：「人只要有生死問題，就不能沒有宗教信仰。」請問大師，信仰的真義是什麼？人為何要有信仰？

答：人生在世，找一個安身立命的地方很重要。例如，工作的人，經過了一天的辛苦，總要回到舒適的家中休息；倦飛的鳥，經過了一天的覓食，也知道飛回巢中安棲。讀書的人，把身心安住在書本上面；做事業的人，把身心安頓在事業的發展上。而那竟日遊手好閒、無所事事的人，就無處安住身心了，因此尋找身心的安止處，是刻不容緩的事！

信仰能使身心安住，信仰能夠影響一個人的生活態度；沒有信仰，生活便沒有立場而失去意義。我們要使生活內容更充實、更美化，信仰是一個很大的因素。譬如有的人一生省吃儉用，辛苦賺得的金錢，本身捨不得花用，借給別人，卻被倒閉了。這時如果是沒有信仰的人，一定苦惱萬分，甚至想不開尋短見。但是一個有信仰的人就能看得開，他會當作是自己前世虧欠於人，今生有能力償還正好；能夠抱持「還債」想，心中就能淡然而不再憂慮。有的人被人冤枉，受了欺侮，心中難免感到委屈，甚至憤恨不平；但是有信仰的人，他「難忍能忍」，認為一切都是修持忍辱行所應該遭遇的，自然不會生起瞋恨心。

信仰，使我們懂得委曲求全，在生活裡不會因為一點小挫折就感到沒有辦法，如此自能美化生活。有信仰的人，對於困難、折磨，他認為這是莊嚴人生的必備要件，因此能把困難挫折化為邁向成功的礪石！有信仰的人，常常會想：「我現在虔誠的拜佛、念佛，廣修一切功德，將來就可以到佛國淨土。」由信仰而激發善行，不僅美化現世的生活，對未來更充滿美好的憧憬，所以信仰能讓生活變得有意義，讓人生充滿了生機！

信仰並不一定是指信仰宗教，有的人信仰某一種思想或某一種學說，有的人信仰某一種主義。例如，社會主義及共產主義國家即是信仰馬列思想而建立，這些思想對十九世紀和二十世紀的人類歷史都發生重大的影響。甚至有的人崇拜某一個人，也可以成為信仰的對象。

人只要有生死問題，就一定要信仰宗教。宗教如光明，人不能缺少光明；宗教如水，人不能離開水而生活。人類從上古時代民智未開，就對大自然產生信仰，接著從信仰神權、君權，到現在的民權、人權，甚至即將到來的生權等。可以說，人類自有文明開始，除了追求物資生活的滿足以外，精神生活的提升、信仰生活的追求，更是無日或缺，因此，人可以說是宗教的動物。

談到宗教信仰，在泰國有一種習慣，女孩子選擇對象結婚時，要先了解對方有沒有當過和尚，當過了和尚，表示此人已受過宗教純善的薰習，嚴格的生活訓練，有了宗教的信仰，才能嫁給他；如果沒有宗教信仰，表示此人缺乏人生目標，不能輕易託付終身。

宗教信仰，有時不但成為衡量一個人人品的準則，尤其信仰也可以改變一個人的命運。有了信仰，好比航海中有了目標，旅程上有了方向，做事有了準則，就可以一往直前，迅速到達目的地，減少不必要的摸索，所以信仰的力量如同馬達，是我們向前邁進的動源。

但是信仰宗教也要注意慎重選擇，否則一旦信錯了邪教外道，正如一個人錯喝了毒藥，等到藥效發作，則生命危矣！所以「邪信」不如「不信」；「不信」則不如「迷信」。迷信只是因為一時不了解，但至少還有善惡因果觀念，懂得去惡向善；不信的人，則如一個人不用大腦思考，不肯張開眼睛看世界，那麼永遠也沒有機會認識這個世界。

當然，信仰宗教最終是以「正信」最好！所謂正信，就是要相信善惡因果必定有報應，要相信世間絕對有聖賢好壞，要相信人生必定有過去、現在、未來，要相信世間一切都是因緣和合所生起。尤其佛教的中道緣起、因果業報、生死涅槃等教義，可以幫助我們解答人生的迷惑，所以值得信仰。

信仰佛教，也有層次上的不同，例如有人「信人不信法」、有人「信寺不信教」、有人「信情不信道」、有人「信神不信佛」等。甚至就信仰佛教的教義而言，本身也有層次的不同，例如凡夫的般若是正見、二乘人的般若是緣起、菩薩的般若是空；唯有佛，才能真正證悟般若，所以般若是佛的境界。

其實般若也是人人本具的真如佛性，學佛主要的目的，就是要開發真如佛性，所以信仰佛教，要從求佛、信佛、拜佛，進而學佛、行佛、作佛；唯有自己作佛，才是信仰的最高層次。

信仰是人生終極的追求，信仰能使生命找到依靠；人必得要有個信仰才有中心，有信仰才有目標，有信仰才有力量。在各種信仰中，正信的宗教給人的力量最大，尤其一旦對佛教的真理產生了信仰，則面對人生一切的橫逆、迫害，不但不以為苦，並且能甘之如飴的接受。信仰真理的力量，使我們有更大的勇氣，面對致命的打擊；使我們有寬宏的心量，包容人世的不平，繼而拓展出截然不同的命運。因此，人不能沒有宗教信仰。

二、過去一般人總是「佛道不分」，乃至把民間信仰當成是佛教。請問大師，什麼是民間信仰？民間信仰與佛教信仰最大的不同是什麼？

答：所謂「民間信仰」，指的是一種地方性的信仰，並沒有成為國際性的宗教。民間信仰是一種傳說，既沒有歷史根據，也沒有教理、思想，只是對於英雄人物的崇拜，對於俠義人士的尊重，對於大自然的敬畏，都成為民間的信仰。

民間信仰起源於知識未開化的時代，人們對於自然界的颱風、下雨、打雷、閃電等現象無比的敬畏，害怕隨時會危及生命財產，因此舉凡雷公、雷母、風伯、雨姐都成為膜拜的對象，乃至大樹、石頭都成為神祇，因此產生自然精靈崇拜的宗教。

隨著時代的遞移，由自然界的信仰，進而走向以民族英雄為崇拜對象的宗教。譬如關雲長忠義可佩，遂和孔子並列為文武二聖，成為儒家精神的象徵。岳武穆精忠愛國可敬，到處建有岳王廟，受到萬民的景仰。鄭成功開墾台灣、媽祖救濟苦難，都成為老百姓心目中偉大的神明以致香火不絕。乃至《封神榜》、《西遊記》等神異小說中如李哪吒、孫行者等子虛烏有的人物，也為民間所膜拜不疑。

民間信仰所崇奉的神明很多，諸如觀音、彌勒、土地公、玉皇大帝、王母娘娘、三山大帝、南北斗君星、灶君、七星娘娘、城隍、女媧、碧霞元君、太白真仙、李老君、南北星君等。從古以來，民間的信仰一直是三教九流、神佛不分，甚至充滿道教的色彩。例如扶乩、跳童、求籤、卜卦、擲筊、拜斗、看相、算命、建醮、靈異等，都與道教密不可分，所以一般人總把民間信仰歸於道教，這也是「佛道不分」的主要原因之一。

其實不只是民間信仰，最早的宗教基本上就是起源於人類對自然力量的不可知，以及對未來的無知與懼怕。也就是說，當自然界的變化破壞了人們平靜的生活時，追求一個高於此力量人格化的「神」，就成為必然的趨勢。這個「神」依民族、習性、地區的不同，有不同的解釋與呈現。自然環境變化劇烈的地方，崇拜日月星辰、風雨雷電；在崇山峻嶺中，就崇拜動物、植物；一般民族則對祖先有紀念、祈福的感恩儀式。不論崇拜的對象為何，他們的共同點是相信所崇拜的對象具有神祕超人的力量，藉由禱告、祭祀就可以免遭禍害。

但是隨著民智開發，現在的宗教信仰已從對自然的畏懼、對英雄的崇拜，進而走向對真理的信仰。具有真理性格的佛教早已從對自然圖騰的崇拜、英雄式的神權信仰，走向淨化身心、提升生命的層次；現代化的佛教，也不再像過去知識低落的時代，迷信怪誕，以神奇誘導民眾，而是積極地將人心導引至正信真理的領域。這就是佛光山所弘揚的人間佛教。

所謂「人間佛教」，凡是佛說的、人要的、淨化的、善美的，都是人間佛教。人間佛教的佛陀降誕人間，主要是為了示教利喜；佛陀並不是來無影去無蹤的神仙，而是一位慈悲、仁義、道德的覺悟者。一般人信仰神明是希望神明保佑他們發財致富、功成名就、所求如願等等，而佛教講究待人慈悲，講究喜捨布施，講究犧牲奉獻，講究廣結善緣。可見信仰神明，養成貪心，造成心靈貧乏，佛教則能給人帶來心靈上的富貴與滿足。

再者，信仰最終的目的，是要指引我們人生的方向，幫助我們解脫生死煩惱。

信仰神祇並不能幫助我們解脫生死，也不能提升我們做人的智慧、道德、勇氣，所以我們應該提升信仰，從有所求的神祇信仰昇華為菩薩道的實踐，從慈悲喜捨，為人服務中，開發自己的佛性，進而解脫生死煩惱，這才是真理的宗教。

因此，若問民間信仰與佛教有什麼不同？一般說來，民間信仰都是對神明有所要求，求發財富貴、求長壽百歲、求家人平安、求子嗣等；但佛教都是布施，都是喜捨給人，所謂「但為眾生得離苦，不為自己求安樂」。

當然，佛教也不是完全無所求，只是佛教所求的都是求國泰民安，求全民安樂，都是為大眾而求。就如基督教也是與民間信仰一樣，求上帝保佑，吃飯時感恩上帝賜予，但佛教則是供養十方，普施一切眾生。

不過，不可諱言，過去的佛教偏重出世思想的闡揚，因此與人生脫節。基本上宗教的發展要迎合人心所需，只有強調出世、解脫的教義，必定曲高和寡，難以度眾；能夠迎合人心的佛教，才是人間需要的佛教。人間佛教具有時代性、生活性、普濟性、利他性、喜樂性等特色，它一面包容民間的宗教，一面弘揚佛法的真理，所以人間佛教是二十一世紀引領人類走向未來的指標。

總之，人必須要體證真理，才有力量面對人生的橫逆，才有智慧通往生命真實的世界。力量與智慧其實是來自自己，來自自性的開發，所以佛陀曾經教誡弟子要「自依止，法依止，莫異依止」，這就是信仰佛教與民間信仰，乃至與其他宗教最大不同的地方。

三、談到民間信仰，一般人容易把它跟迷信畫上等號，請問大師，民間信仰是迷信嗎？佛教對「迷信」的看法如何？

答：剛才說過，中國傳統的民間信仰，起初是緣於對大自然現象的不了解而產生敬畏的膜拜，或對特殊貢獻者產生英雄式的推崇。例如上古時期崇拜的自然神很多，大致有三類：一即天體崇拜，主要對象為日月，其中以日神為首。二為自然力的崇拜，主要有風、雨、雷等，都具有至高無上的靈性，能主宰人類的命運。三為自然物的崇拜，居於沿海者多敬海神，住於河谷者多拜河神，處於山林間者多信樹神、山神。基本上，人們都將與自己生活有密切關係的自然作為崇拜的對象。此外，星神、雲神、湖神、潮神、井神、木神、火神、土神、石神、蠶神等，也都是人們崇奉的對象。

再者，上古時期也塑造了許多征服自然的英雄，其中最為著名的是射日英雄后

羿，治水英雄鯀和禹，以及漁獵之神伏羲、火神祝融、農神后稷和神農、蠶神嫘祖等。

原始時期崇拜的英雄，以與生活有關的為主。此外，其他各行各業也都有一定的崇拜對象，如軍人以關雲長為戰神、醫師奉孫思邈為藥神、製筆業以蒙恬為筆神、茶行將陸羽當成茶神等等，都有一定的祭祀和禮儀，也都成為民間信仰的對象。

有的人一提到宗教，就聯想到「迷信」，特別是對敬天畏神的民間信仰，總認為那是愚夫愚婦的迷信行徑。在我看來，民間宗教信仰根植於傳統的敬拜天地的信仰文化，用禮義仁愛來維繫人倫綱常，以善惡報應的思想建構祥和族群，其本質是善美的，只是由於現代人過於追求物質的滿足，迷信

民間宗教信仰，根植於傳統的倫理道德，本質是善美的。

神通能夠改變一切禍福命運，於是有不肖的靈媒假神明附身之名，藉機歛財騙色，更是玷汙了神聖的宗教信仰。

其實，民間宗教膜拜神明的信仰，以「舉頭三尺有神明」的觀念自我規範，對維持井然有序的社會有一定的助益，因此也不應將民間信仰界定在愚夫愚婦的迷信範疇裡，而對它有所鄙視。再說，迷信固然不可宣揚助長，但是有時迷信卻比不信好。迷信其實是對自己所信仰的對象不計利害得失、全心全意地信奉。譬如軍人為國家犧牲，為衛民而獻出生命，為什麼要為國家、為人民而犧牲奉獻呢？因為對自己保家衛國的使命產生一種不問任何原因、不計較任何條件的絕對信仰，也就是「迷信」的情操，因此可以不顧一切犧牲，獻出所有，故而迷信不一定不好，如果善於運用，何嘗不是維繫社會倫理道德的一股力量，何嘗不也是推動國家進步的能源！

過去有一位老太婆信佛虔誠，沒有受過教育，不會看經，因此持誦「唵嘛呢叭彌吽」，並且每誦一句，就拿一顆豆子來計數，晝夜不斷，精進不已。由於他不認識字，把「吽」字誤念成「牛」字，雖然如此，時日久了，精誠所至，竟然念到豆子自動跳起來的境界。

從這則故事可以明了，當一個人對一件事產生無比的信心，專注前往，毫不退縮，自然能產生巨大的力量，完成目標。正如古人說：「吾心信其可行，則移山倒海如反掌折枝之易。」因此對宗教、真理、正義產生磐石不移的「迷信」，不足憂懼，值得擔心的是什麼都不信，精神沒有寄託的地方，心靈沒有安住的場所，心田中毫無善惡是非的種子，這才是令人憂心的事！

另外，比迷信、不信更糟糕的是邪信，也就是不分是非善惡、邪知邪見的信仰。譬如不信因果，就是邪見；有斷滅見，就是邪見；乃至我見、邊見、見取見、戒禁取見等，都是邪見。

佛教是一個驅邪顯正的宗教，佛教不否認民間信仰，只是加以導正、定位，例如在《六方禮經》中，佛陀對於日日禮拜六方的善生童子開示說：「方位不是在虛空中，而是在我們的心中，我們要禮拜的六方是：父母為東方，師長為南方，夫妻為西方，親朋為北方，僮僕為下方，沙門為上方。」意思是身為一個佛教徒，不要迷信時辰、地理，所謂「日日是好日，處處是好地」，只要自覺心安，東西南北都好。

再如過去一般民間的習俗，每逢神明誕辰總要大肆拜拜，每次拜拜則人山人海，殺豬宰羊，大吃流水席，政府曾經大力反對，加以取締；然而站在佛教的立場，我並不贊成取締拜拜，我認為應該改良拜拜，以清香四果代替殺豬宰羊，提升民間活動的層次，讓其自然改良、淨化。因為剛才說過，信仰能夠正信當然最好，不能正信時，迷信也不錯，迷信至少還有信仰。所以我自己認為，信仰神祇雖然是迷信，但迷信總比不信好，迷信至少可以填補人類心靈的空虛，甚至建立因果觀念，發揮獎善懲惡的功能，總比不信或邪信好。

這麼說，也許大家會以為我對迷信的行為表示贊同，其實我只是想表明迷信雖然不值得極力宣揚，但是總比完全沒有信仰要好。不過迷信由於不明宗教淨化人心、提升生命的道理，所以終究不是十全十美的境界。尤其迷信有時也會帶給我們極大的束縛，譬如有的人蓋房子要看風水、八卦，喬遷時還要算時辰，如果不如此，恐怕禍及子孫、冒犯祖先。其實依照佛教的看法，日日是好日，處處是好地，算命、看地理無非是我們自找的一些束縛而已，所以信仰最終是以「正信」最好！所謂正信的宗教，必須：

㈠信仰具有歷史考據的：例如佛教教主釋迦牟尼佛，歷史上明確記載著他的父母、家族、出生地、誕生的日期，乃至他出家、修行、成道的過程。

㈡信仰世界公眾承認的：例如佛教是舉世公認的四大宗教之一。

㈢信仰人格道德完美的：例如佛陀是具足智德、斷德、恩德，是功行圓滿的覺者。

㈣信仰能力威勢具備的：例如佛教的三法印、四聖諦、八正道等教義，及因果、業力、緣起等，都是顛撲不破的真理，可以引導我們轉迷成悟，離苦得樂。

所以，我們應從迷信中掙脫出來，培養正信，開拓自己的生命，這才是正確的信仰之道。

四、佛教有很多的佛菩薩，以及各種的護法神祇，如天龍八部、伽藍、韋馱、帝釋天等，請問大師，佛教的護法神跟民間信仰的神祇一樣嗎？佛教對神祇信仰的看法如何？

答：中國是一個熱愛鬼神仙狐的民族，在歷代文學作品中，諸多以神話人物來反映現實或諷喻現實的創作，如《神仙傳》、《搜神記》、《太平廣記》、《世說新語》、《聊齋》等，不但在民間流傳甚廣，成為大家茶餘飯後閒談論說的故事體裁，尤其發揮潛移默化的勸善功能，使得中國人幾千年來根深柢固地相信「舉頭三尺有神明」，此與佛教「善有善報，惡有惡報」的因果觀念，同樣具有維繫社會道德於不墜的功能，並且發展成為中國民間極為特殊的神祇信仰。

神祇信仰雖然常被譏為迷信，不過剛才說過，迷信也有迷信的力量，有些迷信只是基於行業的規矩，尊崇那個行業裡最有成就、最崇高聖潔的一個人物，把他神化成為人格神，成為自己的榜樣。例如：醫界崇奉華佗、藥師崇祀神農、縫衣者祀嫘祖、造紙業奉蔡倫、建築業尊有巢氏、書畫界奉吳道子、編織業尊劉備、飯館祀灶王爺、豆腐店祭劉安、皮鞋店敬孫臏、爆竹祖師馬均、商人只奉關公、木匠都崇魯班、銀行業奉趙玄壇為財神等，這種精神崇拜，意在提升自己，而非裝神弄鬼，自然有其可取的價值和力量。

對神祇的信仰，另有一種是建築在有所求、有所得之上。台灣社會上有許多大帝、王爺、二媽、三媽，乃至樹頭公、狐仙等神明，普遍受到膜拜，主要就是信徒可以向那些神明多所要求，譬如求財富、求健康、求功名、求子嗣、求平安等。所求是否能夠如願，姑且不談，但是至少心裡獲得了滿足，因此容易為人所信仰。

多神信仰其實也與政治有關，因為在現實生活中，人民的希望要求，政治無法給予寄託與滿足，所以轉而尋求宗教信仰，民間信仰於焉出現。例如：為求發財，拜財神爺；為求民生安樂，拜城隍爺；希望有好婚姻，求助月下老人；希望有子嗣，求助送子娘娘等。

如果將中國民間信仰的神明組織起來，其實就像人間的政府制度。例如，拜文昌帝君是為求兒女聰明，文昌帝君就像教育部長；拜媽祖的人，大部分是靠海捕魚維生，用現在的說法，媽祖等於交通部長；東嶽大帝主持陰陽審判，主持刑罰，豈不和現在的司法部長一樣。

其他還有：玉皇大帝如總統，城隍爺如縣長，神農大帝如農業部長，太子爺是警察局長，瘟神是衛生署長，土地公是派出所主管，月下老人是婚姻介紹所所長，註生娘娘是助產士。此外，三官大帝的天官管賜福、地官管赦罪、水官管解厄，像福利部長；玄天上帝、北斗星君專司人壽保險，好比保險公司董事長；關聖帝君主財，屬財政部長；保生大帝像中醫師公會理事長；五雷元帥好像台灣電力公司的總經理等。

由此可見，信仰神明主要是緣於對未可知的自然現象不了解，或是在政治上不能獲得滿足，或因自己力有未逮，不能解決現實生活中的問題，於是便希望藉著另一種偉大的力量來化厄解困。因此，信仰神祇其實也含有一種超越現實的希望與期待。

佛教並不排斥民間信仰，因為有很多神明其實也都信仰佛教。過去佛光山就經常有神明到大雄寶殿拜佛，甚至歷史上有很多神明都是皈依三寶，與佛教有很深的淵源，例如呂洞賓皈依黃龍禪師、關雲長皈依智者大師、媽祖是觀音的弟子等。

在佛教的經典裡其實也有各種神祇之說，如《地藏經》第七品所說「有千萬億那由他閻浮鬼神，悉發無量菩提之心」；其他經典裡也列舉許多聞法的天龍八部等眾。不過佛教不以神祇為信仰、皈依的對象，因為神祇也是六道眾生之一，仍難免五衰相現，輪迴生死，因此信仰神祇並非究竟解脫之道。

有人問：正信佛教徒皈依三寶以後，是否可以拜神明呢？在我認為，拜拜可以，但不可以皈依。拜拜是一時的，是表示尊重；皈依是一生的，信仰是永久的。一個正信的佛教徒要依止下面四點：

依法不依人
依智不依識
依義不依語
依了義不依不了義

真正的信仰，其實是相信自己！不過人是很可悲的，遇到一點點委屈，一點點打擊，就會徬徨失措、恐慌害怕，自己無力化解，於是向外求助。有時求人，有時求權貴，有時求神明。雖然有些神明如同政治上的官員一樣，偶爾也會幫助我們，但畢竟不是正本清源的正理。如同靠山山倒，靠人人老；有了災厄，不去逢凶化吉，自求多福，反而靠吃香灰、戴符咒化解，這就變成信仰的疾病了。

所以，佛教主張，凡事不問神明，要問自己，因為自己的行為才能決定自己的未來；唯有自己才是自己命運的創造者，而不是有一個神明可以主宰我們的命運。因此，信仰佛教可以讓我們從神權中解脫出來，回復心靈自由，從而建立對自我的信心。

五、請問大師，如前所說，佛教有很多的護法神，如此說來，是否意味著佛教也是信仰多神教的宗教？

答：世界上大部分的宗教都是以神為信仰對象，民間信仰甚至有許多是信鬼的。然而信仰不一定立足於崇拜神祇之上，因此，就有所謂「有神信仰」與「無神信仰」之分，而「有神信仰」依對象的不同，又概分為「多神」及「一神」。

有神信仰者相信宇宙間有神的存在，神不但具有人格化的特質，能力更遠超乎人類。相對於有神信仰而言，無神論者拒絕承認一切客觀存在的神性，或否認有一主宰的至上神存在。這些唯物論、不可知論及進化論等，由科學方法推論神不存在的論述，則是針對一切不信耶穌基督者而言。

有神信仰中的多神信仰是古老的宗教模式，將大自然一切不可知者皆附歸於神靈，按其職司而有區別，個人依其需要，膜拜不同的神。當中有以自然分類的自然神，有以民間求助的政治神、財政神，或有將對英雄、祖先的崇拜亦歸於神類，如各地的原始宗教以及希臘、羅馬、印度、埃及等，都是多神信仰的代表。

一神信仰則源於多神信仰，是凝聚眾神的聖德及能力於一神，堅信該獨特而唯

佛教承認民間神祇的世界，前提是以人為本。

一的「真神」創造了宇宙萬物，並主宰宇宙的運行，而真神的存在卻非宇宙的一部分，人們可以透過祈禱來得到援助。猶太教、耶穌教及伊斯蘭教都是同屬一神論的信仰。

一神論是專制獨裁，人是信仰者，神是被信仰者；人是崇拜者，神是被崇拜者。神，具有神性——「全知、全能」的特質，人類透過自己的想像力，不只是創造了唯一的真神，也衍生多神的龐大體系，成為人類的決定者與保護者。

不管一神或多神，都是存在於虛無縹緲之間，握有人類命運大權和無上的能力，這些神都是附會於人類無知的恐懼及滿足現實欲求所產生的，缺乏歷史的根據，不具圓滿的道德人格。

不過，一神論與多神論者雖難免流於迷信，但天地鬼神的賞罰觀念，無形中也成為人們趨善去惡的規範。反之，一些高唱無神論者，認為從事違法的行為不會有什麼善惡因果的報應，因而造成社會秩序的混亂不安。

佛教並未否認神鬼的存在，佛教承認神祇的世界，但佛教以業力自受，有因有果，人不應該由神所控制，自己才是真正決定禍福的主宰。佛教承認宇宙間有精神和神性的存在，六道眾生中，「天道」即是所謂的神道。依佛教的宇宙觀，這些神也是眾生之一，不具有絕對的權力與主宰能力。六道眾生要經過艱苦的修行而超脫輪迴，達到羅漢或菩薩的境界，才能不再受生死的束縛，進一步成就佛果。

因此，佛教雖然承認民間神祇之說，但不以神祇為信仰或皈依的對象。佛教的前提是以「人」為本，非以「神」為主，佛教的佛菩薩都是人，不是神，與一神教的一神至上截然不同。佛教並不一味叫人信仰，佛教的信仰是要我們建立在理智上，因此佛教很注重慧解。佛教與其他宗教最大不同點，在於佛陀的教法以修心和見性為上，主張「心」、「性」才是自己的主人，與其消極地祭祀祈福來寄託心靈，不如積極開拓心靈世界、明心見性更為究竟，這也是佛教能超越一神、多神及無神論的真義所在。

六、請問大師，如何區分佛像與神像？兩者有什麼不同？再者，如何簡易地分別佛教與道教？請大師開示。

答：前面說過，過去一般人總是「佛道不分」，最明顯的例子是：佛教的僧眾駐錫以修行辦道，同時提供在家信徒聽經聞法、親近三寶、參與宗教活動的處所，一般稱之為「佛寺」或「寺院」；但也有稱為「寺廟」者，廟與宮、觀、殿、壇同為道教的修行場所。「寺」與「廟」並稱，可見中國「佛道不分」的「民間信仰」根深柢固。

民間信仰不但佛道不分，而且神佛同時供奉，在很多的媽祖廟都供有觀世音菩薩；一般家庭，尤其是經商的店家，也往往把彌勒佛當財神爺供奉。

說到彌勒佛，在一般佛教寺院的山門入口，大都供奉著笑臉迎人的彌勒佛；入了山門，迎面的是一位威武凜然，手執金剛降魔杵的將軍，就是韋馱天將，也就是佛教的護法神。這表示在佛門裡，慈悲的攝受與力的折服同等重要，所以佛教有謂「菩薩低眉，金剛怒目」，這句話基本上已經點出佛像與神像的不同了。

一般佛教的佛菩薩聖像大都是眼瞼微斂、面露慈光的「俯視眾生」，顯示出佛教「慈悲」的特質。反之，一般的神像大都濃眉上揚、雙眼圓睜，表現出威武逼人、剛毅不拔的神氣。

有一則故事說，一天，有一個工匠在路上遇到一個久未見面的老朋友。朋友非常訝異地問他：「你現在的相貌怎麼這麼難看，好兇惡哦！你要保重呀！」這個人被朋友這麼一問，忽然想到自己最近正在製作夜叉、羅剎的面具，每天心裡想的都是兇惡、生氣、青面獠牙的樣子，大概是相由心生，因此面孔就慢慢變成羅剎的兇惡相了。他覺得這個職業實在太可怕了，於是就改塑佛像。經過一段時間後，有一天又跟那位老朋友在路上碰面了。朋友一看：「咦！你現在的樣子怎麼不一樣了？好慈悲、好祥和哦！」工匠於是告訴朋友，他現在已經改為雕刻佛像，每天都是觀想佛像的慈悲、莊嚴，所以大概因此而改變了面相。

佛教是一個重視慈悲、威儀的宗教，佛經有謂「三祇修福慧，百劫修相好」，成就佛果之前，首須成就「三十二相、八十種好」，甚至「三千威儀」、「一襲袈裟」都可以度眾，所以佛像的雕塑很重視「相好莊嚴」與慈悲的流露。而一般神像則為了發揮「舉頭三尺有神明」的警世效果，大都以凜然不可侵犯之姿呈現。

另外，要區分佛像與神像的不同，還可以從手勢、器物、服飾上來分別。佛菩薩的手勢一般有結印與放光接引等各種姿態，有的則手執蓮花、淨瓶、摩尼寶珠等，代表清淨、光明、善美；神像一般都是仗劍執鐧，或手執長槍、金剛杵等武器，代表善惡分明、替天行道。佛教的佛像大都是身金色，樸實無華，相好莊嚴而無鬍鬚，象徵佛教是一個充滿年輕活力的宗教；道教的神像則披衣掛袍，穿金戴銀，長髯飄飄，表示修鍊有成，道行高深。

至於說到佛教與道教到底有哪些不同？佛教的僧尼剃盡三千煩惱絲，身著「糞掃衣」，腳穿羅漢鞋，三衣一缽，生活嚴謹簡樸。道教的道士不修邊幅、長髯長髮，其服飾在晉以前無定制，至南朝劉宋．陸修靜，道服才開始制度化，有一定規格，如《仙鑑》裡說：「立道士衣服之號，月披星巾，霓裳霞袖，十絕靈幡，於此著矣。」又道教法服有品第次序凡五等，以區別貴賤，不同儀式著不同道服，也有定制。現今道教服飾有褂、袍、戒衣、法衣、花衣、冠巾等，亦可見其抱樸守素的風格。

佛教僧尼居住的地方稱為寺院、精舍、講堂等，日常所使用的法器有鐘、磬、木魚、鐺鉿、鐃鈸等。道士們修行的場所稱為宮、觀或廟，他們所用的法器中，寶劍和鏡鑑是除邪禳災的重要法寶。鏡鑑有所謂三元寶照，即天照、地照、人照三種金屬鏡鑑，有固定的尺寸，須依法鑄造。

佛教講三法印、四聖諦、十二因緣、六度萬行，是既出世又入世的宗教。道教則以神仙信仰為中心，追求「長生不死」和「養生成神」，故重視煉丹、養氣、五行八卦、符咒之術，是屬於天乘的宗教。

道教是中國的傳統宗教，佛教雖然是傳自印度，但因佛教很有融和性，傳到中國以後很快就與中華文化相融和，所以能在中國生根，甚至成為中國信仰的主流。

不過，在佛教傳入中土之初，佛道之間經常互相較勁，時有衝突。佛道之爭最早見於東漢，迦葉摩騰與諸道士論難，繼而三國時代，曹植作《辯道論》批難神仙說之詐妄。西晉時，帛遠與道士王浮間亦有佛道之爭，王浮乃作《老子化胡經》，為後世論諍重要材料。

然佛道爭論進入白熱化則在南北朝以後，北魏太武帝時寇謙之開創新天師道，並使之國教化，確立道教之宗教教團；南朝劉宋之陸修靜、蕭梁之陶弘景對教學整備及道教經典整理予以體系化，對社會之影響亦相對增加，而足以與佛教相抗衡。其論爭焦點係以「夷夏論」為中心，爭論捨華夏固有宗教而信奉夷狄之教（佛教）之是非；南朝宋明帝泰始三年（四六七），道士顧歡著《夷夏論》，引致明僧紹著《正二教論》、慧通著《駁顧道士夷夏論》以闢之，又有張融著《門律》，主張道佛一致，而以道教為本，佛教為跡，提倡本跡說，然就二者優劣而言，主張道教居優位。

北朝的孝明帝正光元年（五二〇），宮中亦有佛道二教之論諍，即清道觀之道士姜斌與融覺寺之沙門曇無最，以老子與佛陀二人之出世先後為對論主題，論諍結果，姜斌被論破，流放至馬邑。其前，甄鸞之《笑道論》與道安之《二教論》二書為當時有關佛道優劣論諍之重要論著，此二書皆以強烈之論點大力論難道教之低劣。然於北朝，佛道之抗爭不僅為雙方之論諍而已，更加上當權者之政策壓迫，此即歷史上著名的「三武滅佛」中，北魏太武帝與北周武帝之摧殘佛教。

佛道之爭，雖屬宗教衝突，然二者之興替，皆不離帝王之好惡，結果有力者較易獲勝，失敗者每遭毀滅之厄運。由此可見宗教與政治實有密不可分的關係。因此，過去我一直強調，佛教雖然主張「問政不干治」，但佛教徒也不能以遠離政治為清高，而應該將宗教與政治結合在一起，彼此相輔相成，如此清淨的國土才可能落實在人間！

七、佛教不同於民間信仰的真理是什麼？請大師開示。

答：世間上的宗教很多，每個宗教都認為自己所宣揚的教義是真理。所謂「真理」是有條件的，真理的條件是：普遍如此、必然如此、本來如此、永恆如此。譬如，佛經講人生有「四不可得」：常少不可得、無病不可得、長壽不可得、不死不可得（《佛說四不可得經》）。這是放諸四海而皆準的道理，不但中國人如此、外國人也是如此；男人這樣、女人也一樣；古時候的人難免，現在、未來的人也莫不如是。所以這是普遍如此、必然如此、本來如此、永恆如此的真理。

一個人不論信仰什麼宗教，都需要透過理智的抉擇，確認自己所信仰的教義是符合「真理」的條件，也就是必須具有普遍性、平等性、必然性、永恆性。佛教主張「諸行無常、諸法無我、涅槃寂靜」，這是印證真理的「三法印」；佛教本身就是合乎真理的宗教，因此翻閱古今歷史，如梁武帝棄道向佛，阿育王奉佛教為國教，宋朝名相呂蒙正說：「不信三寶者，願不生我家。願子孫世世食祿於朝，外護佛法。」甚至哲學家尼采雖為牧師之子，卻讚揚佛教比耶教崇高、真實；叔本華以佛教徒自命，肯定佛教是世界上最尊貴的宗教；韓愈從諫迎佛骨到皈命佛教；歐陽修從毀謗佛法到行佛勸善；乃至佛教五大論師：馬鳴、龍樹、提婆、無著、世親等，無一不是從外道而改宗佛教。

談到佛教的真理，廣義的說，如來一代教說，三藏十二部經典，契理契機的道理，都是真理。綜合其法要，可歸納為：

㈠苦聚：苦，通常是指我們受到業、妄想、煩惱的控制，而有五陰熾盛身心痛苦的感受；所謂「苦受」固然是「苦苦」，「樂受」也會「壞苦」，「不苦不樂受」也會「行苦」。總之，四大五蘊所積聚的人生就是苦聚，苦聚是人生的實相。所以，必須尋找滅苦的方法，才能超越娑婆苦海，從憂悲苦惱中得到解脫，也就是「照見五蘊皆空」，才能離開苦聚。

㈡無常：是指世間的萬象，無一不是在剎那生滅變化中，沒有一樣是常住不變的。例如：一年有春夏秋冬的更替，人有生老病死的轉化，器世間山河大地有成住壞空的現象，心念有生住異滅的遷流，這些都說明了世間一切都是剎那無常。雖然如此，「無常」也不一定都是不好的，幸福的人生是無常，窮困的人生也是無常，唯有超越世間無常，才能獲得永恆自在。

㈢無我：所謂「我」，是主宰和實體的意思，但實際上並沒有一個真正可以主宰的「我」，或是可依賴的「我」。因為「我」不能自由，不能自主，更沒有實體。吾人要求青春永駐，希望永遠幸福安樂，哪裡能如我所願呢？所以佛教講「諸法無我」，是認為宇宙萬有皆是因緣和合所生，不能單一、獨立或自我單獨的存在，人生要超越「假我」的執著，才能證得「真我」的自性涅槃。

㈣空性：所謂「空性」，並非指存在的東西忽然變得不存在了，而是指一切事物的存在是無自性的，沒有不變不滅的實體，所以空性才是實相。佛陀說：「物質的存在如聚沫，感受如水泡，表象如陽燄，意欲行為如芭蕉，識別作用如幻化。」唯有離開錯誤虛幻的認知，才能證悟生滅緣起的空性。

㈤業感：業，是指「行為」、「行動」或「造作」的意思，它包括身體、語言、思想三業。「業」，無論善惡好壞，都會產生一種力量，能驅使我們去造作新的行為，而新的行為又會產生新的力量。如此行為生力量，力量又推動行為，輾轉相生，就形成了業力輪迴。所謂自作自受，就是有情生死流轉的動力，由此形成了惑、業、苦，不斷循環，相互地糾纏。

㈥因果：因果是指宇宙生滅變化的法則，《瑜伽師地論》卷三十八說：「已作不失，未作不得。」這揭示了佛教因果論的特點，說明萬事萬物都是仗「因」託「緣」，才有「果」的生起。而此「果」又成為「因」，等待緣聚合又生他果，如是相依相攝，因緣果報形成森羅萬象、無窮無盡的世界。

㈦**緣起**：即「此有故彼有，此生故彼生」，是說明世間萬物彼此依待而存在的法則。世間一切的事物，既非憑空而有，也不能單獨存在，必須依靠種種因緣條件和合才能現起和存在，一旦組成的因緣散失，事物本身也就不復存在。

㈧**中道**：中道就是超越有無、增減、善惡、愛憎等二邊的極端，人生如熱烘烘地一味追求欲望享樂，或冷冰冰地捨離一切，執持苦行，都是不恰當的。應離開邪見執著，而行不偏於左右任何一方的中正之道——「中道」。但吾人也不能將「中道」誤以為是折中之道、中庸之道。中道應以般若智慧來調和事理，融和有無；中道是以般若智慧來導正吾人的行為，趨向解脫之道。

㈨**般若**：是指向人生正途的光明法炬；有了般若，才能照見緣起性空，洞悉事事物物的無常、無我，而能知苦滅苦。佛教所講的一切法，凡無般若，皆為世法，一切法有了般若，才是佛法。如「布施」而有般若，才能三輪體空；「持戒」而有般若，才能饒益眾生；「忍辱」而有般若，才能無生法忍；「精進」而有般若，才能奮發不懈；「禪定」而有般若，才能證悟覺道。般若就是一種能透澈宇宙真相的智慧。

㈩**涅槃**：涅槃是滅除一切痛苦的究極理想境地，是淨化貪愛，捨諸執著，拔除煩惱，息滅欲念的世界，進而到一大總相的常寂光世界。當吾人透過佛法的修持，擁有般若的慧解，捨棄貪瞋痴煩惱的束縛時，當下就能獲得清淨自在的涅槃境界。

「厭苦求樂」，這是人類的本性，也是人類發展的本能。可是世間科技文明急速發展，帶給社會繁榮，人民富有，卻沒有使人類的生活更加明智合理或安心自在，反而使人陷入更多的困頓與惶恐，這是為什麼呢？依佛教的見解，人生痛苦的根源在於「無明」；因為人們對世界的本質有根本上的誤解，所以苦痛就會像漣漪一樣，一個接一個發生。

佛教的真理告訴我們：要離「苦」，才能得安樂；要知「無常」，才能有希望；要懂「無我」，才能融入大眾；要明「空性」，才能真空妙有；要消「惡業」，才能美善人生；要識「因果」，才能心甘情願；要透「緣起」，才能真相大白；要行「中道」，才能安身立命；要證「般若」，才能自由自在；要圓滿「涅槃」，才能究竟人生。因此，唯有以佛教真理作為修行的指歸與方法，不斷淨化身心，時時軌範行為，才能達到人生最高的理想境界，這也是佛法真理的價值所在。

八、媽祖信仰在民間一直擁有廣大的信徒，甚至一般佛教徒也把媽祖當成觀音一樣信奉，請問大師，佛教對媽祖信仰有何看法與定位？

答：媽祖是民間信仰中為最受人們崇奉的主神之一，外國人稱之為「中國女海神」，在中國東南沿海各地大多建有媽祖廟，尤其台灣是個海島，四周環海，而媽祖屬於海上守護神，故其信仰特別受到重視。僅台灣地區的媽祖廟、天后宮即多達五、六百座，其中以北港朝天宮的香火最為鼎盛，每年進香的信徒人數高達百萬人次；一年一度的大甲及北港的媽祖繞境出巡，更是動員數十萬人，其信仰向心力之大，莫可言狀。

媽祖在歷史上確有其人，祂原名林默娘，福建莆田湄州嶼人，生於宋建隆元年（九六〇）三月二十三日，從小即茹素，信仰佛教。據傳能預知禍福，具有治病的能力。經常乘船渡海解救漁民，被村民稱為神姑、龍女。後來在一次救難中罹難身亡，村人於是為祂修建祠堂祭拜。

媽祖在中國歷史上的政治地位很高，根據史料記載，宋元明清幾個朝代都曾對媽祖多次褒封，總計宋朝十四次、元朝五次、明朝二次、清朝十五次，封號從「夫人」、「聖妃」、「天妃」、「天后」到「天上聖母」等。其中咸豐七年（一八五七）所封的「護國庇民妙靈昭應弘仁普濟福佑群生誠感咸孚顯神贊順垂慈篤佑安瀾利運澤覃海宇恬波宣惠導流衍慶靖洋錫祉恩周德溥衛漕保泰振武綏疆天后之神」，

湄洲軟身媽祖參加二〇一六世界神明聯誼活動

竟多達六十四個字，可見媽祖受到朝廷的敬重之深。

此外，歷代的政治家和文學家更是寫下大量的詞章詩句來歌頌媽祖，如宋代學者陳宓題「但見舳艫來復去，密俾造化不言功」，元代詩人張翥的詩句「普天均雨露，大海靜波濤」，明成祖永樂皇帝題詩「扶危濟弱俾屯亨，呼之即應禱即聆」等，媽祖精神儼然已成為中華民族優秀的文化遺產之一。

媽祖信仰之所以能在民間及歷朝政治上獲得如此崇高的地位，我想除了如福建省人民政府辦公廳所做的「媽祖文化」研究所說：「媽祖信仰與我國古代許多和平外交活動有密切關聯，諸如宋代的出使高麗，明代的鄭和七下西洋歷訪亞非四十多國，明、清兩朝持續近五百年的對古琉球中山國的冊封等等，都是藉助媽祖為精神支柱而戰勝海上的千災萬劫，圓滿地完成了和平外交的任務。」

另外，歷代的執政者莫不害怕人民思想反動，所以一直希望把人民導向媽祖等一般民間的信仰，不希望人民信仰佛教，因為佛教有教義思想，這是過去執政者所防範的，所以他們寧可讓人民在沒有思想之民間信仰上安頓身心，才不會反抗。於是在政治力的介入下，民間有所謂「三月瘋媽祖」，即農曆三月是媽祖的生日，各地的媽祖廟都會舉行盛大的祭典。

不過，對於一般民間為什麼會有那麼多人信仰媽祖，我想必然祂有為人所需要的地方。再說媽祖其實也是佛教徒，祂是信仰觀音的，所以現在媽祖廟也很有道義，很多媽祖廟都設有觀音殿。媽祖跟觀音一樣，都是有情有義、救苦救難；媽祖居於湄洲，是海城；觀世音在普陀山，也是海島。媽祖在海上救度眾生，觀世音也是慈航普度。甚至如《觀世音菩薩普門品》說：「應以佛身得度者，觀世音菩薩即現佛身而為說法。」為度化眾生，觀世音菩薩應化各種身，媽祖也是觀世音菩薩的化身——應以媽祖身得度者，即現媽祖身而為說法。所以佛教其實應該為媽祖定位，就如關公、伽藍、韋馱、天龍八部、四大天王一樣，在佛教裡都有屬於護法神應有的地位。

總之，佛教徒對民間信仰應該採取和而不流的態度。過去佛陀住世時，天龍八部都能容納，就中國佛教而言，韋馱、關公都能做護法。因此我覺得對於一些有歷史可考的護法正神，佛教應該包容祂們，進而淨化祂們、提升祂們。媽祖在中國歷史上既有祂一定的地位，佛教也應該為媽祖定位才是。

九、很多人信仰宗教，目的是為了追求神通靈異，請問大師，佛教對神通靈異有何看法？

答：人生苦空無常，一般人在遭逢苦難，或是面對無力解決的問題時，除了求佛菩薩、神明的加被之外，最大的希望莫過於自己擁有神通力。

神通，一般而言有六種，稱為「六神通」，即：天眼通、天耳通、神足通、他心通、宿命通、漏盡通。神通是透過修持禪定之後所得到的一種不可思議力量，這種力量超乎尋常，而且無礙自在，因此凡人莫不希望具有「神而通之」、「神而奇之」的超人力量，以達成現實生活所無法實現的願望。

然而，有了神通真的就能順心如意，所求如願了嗎？事實不然，因為神通敵不

神通不能違背因果，即使神通第一的目犍連，也無法拯救母親脫離餓鬼道之苦。

過業力，業力才是世間最大的力量；神通不能違背因果，因此即使神通第一的目犍連，他也無法拯救母親脫離餓鬼道之苦。

神通不但不是萬能的，有時候有了神通反而帶來痛苦，例如有了「他心通」，知道自己最要好的朋友竟然心懷鬼胎，你的心裡會舒服嗎？有了「天耳通」，聽到自己推心置腹的朋友在背地裡說你壞話，你的氣能忍得下嗎？甚至有了「宿命通」，知道自己只剩下一年的壽命，你的日子會過得自在嗎？

再者，一個暴虐無道的皇帝，如果有了「天耳通」，聽到背後有群臣罵他昏君，豈不要加重殺戮了嗎？男女朋友，因為有「天眼通」，看到對方另有約會，豈不要情海生波，滋生許多事端了嗎？所以，神通除非是諸佛菩薩因為具有定力、戒力、能力，可以用作度眾的方便，否則凡夫俗子還是不要有神通的好，免得成為可怕的神通。

神通其實也不一定是佛、菩薩、羅漢等人有之；神通可以說充塞法界，遍滿虛空，生活中處處有神通。神通更不一定指神奇變化的法術，神通充塞於大自然的各種現象之中。例如，烏雲密布，天上就會下雨；氣流變動，就會產生暴風；乃至四時運轉、日夜遞嬗等。這種種自然的變化，都可視為是一種神通。

神通在我們日常生活中更是俯拾即是，例如，喝茶解渴、吃飯當飽、善泳者浮於水面、善騎單車者行走自如等，乃至電話、飛機、網路的發明，不就是天耳通、神足通、天眼通嗎？甚至器官移植、複製動物等，這一切不都是足以使前人瞠目咋舌、聞所未聞的神通嗎？

因此，神通是人類經驗的累積，是智慧的呈現，是能力的超絕運用。現在社會上有一些人有一種僥倖的心理，總希望有意外的收穫，甚至妄想有神通，可以知道過去、現在、未來，能夠眼看、耳聽十方世界。其實，過去的祖師不少人都有大神通，然而所謂「打死會拳的，淹死會水的」；會神通的，死於神通，例如提婆被外道刺死、目犍連被外道打死。可見神通抵不過業力，神通並不究竟。

神通是在有形有相上求。有，就是有限、有量、有盡；唯有空無的真理，才有無限的妙用。所以，佛教雖不否認神通，卻也不標榜神通，因為神通抵不過業力，神通不是究竟的解脫之道。以前釋迦族因輕視侮辱琉璃王子而遭到滅族的厄運，雖然神通第一的目犍連運用神通欲解救釋迦族人，但被拯救出來的人最後仍然化為血水，這就是業力勝過神通的最佳證明。

神通非究竟之法，神通敵不過業力，神通比不上道德，神通及不上真理，所謂「假使百千劫，所作業不亡，因緣會遇時，果報還自受」。一個人如果造作了罪業，即使有神通，也不能免於因果業報的法則。因此具有神通並不一定擁有幸福，只有道德才是取之不盡，用之不竭的寶藏；能夠求證空無的真理，更是究竟解脫之道。所以佛陀不鼓勵弟子修學神通，學佛的人應該重視道德、慈悲，不要貪圖神通，不要依賴神通，老實修行，腳踏實地，才是學佛之道。

一〇、一般人相信，鬼神有降災賜福的能力，因此對鬼神莫不敬畏有加，請問大師，佛教相信有神鬼的存在嗎？

答：在佛教裡，有所謂「天龍八部」，八部是指：天、龍、夜叉、乾達婆、阿修羅、迦樓羅、緊那羅、摩睺羅伽等，這是佛教的護法神。佛教將法界眾生分為十大類，稱為「十法界」，分別是：佛、菩薩、緣覺、聲聞、天、人、阿修羅、畜生、餓鬼、地獄等。

根據佛經記載，佛陀說法並不僅限在人間，例如《地藏經》即記載著佛陀曾到忉利天為母親摩耶夫人說法，當時除了十方諸佛菩薩與會之外，尚有三界二十八天的天眾、龍眾、鬼神等眾，以及娑婆世界的海神、江神、河神、樹神、山神、地神等，及諸大鬼王皆集到忉利天中。此即說明佛教也有鬼神之說，甚至大乘佛教八大宗派中，密教行者求法的先決條件之一，即必須找到一位神明護法。

神是屬於六道之一的天道，根據《四天王經》記載，每月六齋日，四天王會派遣使者、太子，或親自到人間考察，因此，佛陀教誡弟子們應於六齋日持齋守戒。「四天王天」分別由東方持國天、南方增長天、西方廣目天、北方多聞天組成，各各守護一天下，是帝釋天的護衛大將。帝釋天也就是一般民間通稱的玉皇大帝、天公。

此外，八大金剛、二十四諸天、伽藍菩薩、韋馱菩薩、鬼子母等，都是佛教裡較為一般人所熟悉的護法神祇。其中鬼子母本來專門竊食他人之子，後經佛陀感化後皈依佛教，並且發願生生世世保護天下所有的小孩，因此成為安產與幼兒的保護神。

再者，從諸多的實例證明，一個有修行的人，由於舉止安詳，語言慈和，富於慈悲心，因此無論走到哪裡，都能獲得人天的尊敬與護持。例如佛陀住世時，大弟子須菩提在巖中宴坐，甚深的功行感動護法諸天，散花供養，表示敬意。另有一次，須菩提患病，身心感到疲憊，這時護法的帝釋天帶領了五百人向須菩提奏樂問病。

唐朝的道宣律師持戒嚴謹，有一天夜行山路，因道路崎嶇，行路艱難，天神及時將他攙扶使免於跌跤。可見一個有修行的人，時時都有護法龍天諸神的護持。

有關佛教的護法神之說，自古即已存在。另外談到鬼，一般人有一個錯誤的觀念，以為人死一定會變成鬼，看到死人就覺得很恐懼，生怕鬼魂會附上身來。其實佛教雖然承認鬼的存在，但是佛教認為人死之後不一定變成人見人怕的鬼。人離開了這個世界，所前往的地方不僅僅是地獄而已，也許到天堂去享樂，也許再降生為人，縱然輪迴為鬼，也必須具備成為鬼的罪惡因果，才會得到鬼道的報應。

鬼道眾生的因緣果報究竟如何呢？在佛教的《業報差別經》中，曾經提到眾生由於下面十業，將會墮入鬼道：

㈠身作惡：身體做出殺生、偷盜、邪淫等惡業。

㈡口作惡：口中造作妄語、惡口、兩舌、綺語等惡業。
㈢意作惡：心裡充滿貪欲、瞋恚、愚痴等惡業。
㈣慳貪：貪取妄執，不知結緣施捨。
㈤妄求非分：不是自己分內的東西，而起覬覦非分之想。
㈥諂曲嫉妒：諂媚邪曲，嫉妒別人比自己好，而起惡心。
㈦起於邪見：遮無道德善惡，因果報應，邪知邪見。
㈧愛著不捨：愛戀執著心重，不能喜捨放下。
㈨因飢而死：飢餓而死，成為餓鬼。
㈩枯竭而死：如草木一般乾枯而死。

宇宙間，十法界各有他們的世界，佛有佛的世界，譬如東方琉璃世界，西方極樂世界；天神有天神的世界，譬如三界二十八天；人有人的世界，譬如三大洋五大洲，人類有種族、身體、富貧、智愚等種種差別；畜生有畜生的世界，譬如天上飛的鳥，地上走的獸，海裡游的魚等，種類繁多。同樣的，地獄、餓鬼也有他們的世界，鬼的世界和人一樣，有他們自己的眷屬，並且還需要工作謀生；鬼的社會也有貧富貴賤的差別，彼此之間少不了是非恩怨。鬼的性格千差萬別，有脾氣暴躁的，有性情兇殘的，當然也有不失溫馴善良的。

其實，鬼的存在和我們的人生有很密切的關係，因為鬼不一定在地獄，在我們人間到處也都充滿著各種鬼。譬如，喜歡吞雲吐霧，菸嘴不離口的叫「菸鬼」；貪愛杯中之物，每天喝得醉眼醺醺的叫「酒鬼」；沉迷方城之戰，賭得天昏地暗的叫「賭鬼」；戀眷朱顏女色，耽溺不知自拔的叫「色鬼」。我們常常將一些壞的名詞加在鬼的身上，舉凡有惡劣性情、不良行為的，我們就稱之為鬼，例如懶惰鬼、膽小鬼、疑心鬼、嫉妒鬼、小氣鬼、貪心鬼、吝嗇鬼、淘氣鬼、缺德鬼，甚至剝削民脂民膏的吸血鬼等等，誰說人間沒有鬼呢？

一般我們只知道請法師、道士來超薦陰間的鬼，卻不知道人間也有許多的鬼需要度化。陰間的鬼超薦了，就可以夜行不驚，宅第平安；人間的鬼度化了，就可以民風轉善，社會祥和。尤其目前的社會，人心澆薄，道德淪喪，更需要佛教的三皈、五戒、六度、十善來超度人間的鬼怪。譬如三皈依，皈依佛寶就永不墮地獄，皈依法寶就永不墮畜生，皈依僧寶就永不墮餓鬼。受持了五戒，不殺、不盜、不邪淫、不妄語、不飲酒，從此遠離罪惡淵藪，不再造作下墮地獄的種子，當然就不會淪為餓鬼了。所以我們要想建設一個安和樂利的社會，唯有人人各安其位、各盡其責，人人把自己的本分做好，人人做好人，社會自然和諧，千萬不要「不問蒼生問鬼神」，否則緣木求魚，自然徒勞無功。

一一、「中元節」是中國三大節日之一，一般神廟都會在中元節舉辦普度、搶孤、水燈等活動。請問大師，佛教對於這類祭拜鬼魂的儀式有何看法？

答：拜神祭鬼是民間信仰的重要活動內容，一般的廟會、建醮，乃至農曆七月十五日的「中元普度」，都是最典型的例子。

農曆七月，一般俗稱「鬼月」。根據民間的說法，七月一到，鬼門關大開，所有無祠孤魂鬼眾都會返回人間享受祭祀，所以家家戶戶都會準備祭品來普濟無祠孤魂，以祈家宅平安，消災免難，此稱為「普度」。而七月十五日的中元節普度則是鬼月祭祀活動的最高潮。

中元普度又稱「中元祭」，其實是融合佛教「盂蘭盆節」和道教「中元節」而成的民俗節日。道教的中元節是「三元」之一，也就是農曆元月十五為上元，是天官賜福紫微大帝誕辰日；七月十五為中元，是地官赦罪清虛大帝誕辰；十月十五為下元，是水官解厄洞陰大帝誕辰。依照道教的說法，七月十五日地官下降凡間，

農曆七月十五日，家家戶戶以祭品來普濟無祠孤魂，以祈消災免難。

判定人間善惡，這一天道士會日夜誦經，舉行齋醮法事，用以祭祀地官並超度亡靈餓鬼，稱為中元普度。

佛教的「盂蘭盆法會」則是起源於《盂蘭盆經》所載，佛弟子目犍連為了解救墮入鬼道的母親，求助於佛陀，佛陀告之：「佛弟子修孝順者，應念念中常憶父母，供養乃至七世父母，年年七月十五日，常以孝順慈憶所生父母，乃至七世父母，為作盂蘭盆，施佛及僧，以報父母長養、慈愛之恩。」後世佛教徒依教奉行，於是有「盂蘭盆節」的流傳。

盂蘭盆有「救倒懸」、「解痛苦」之義。我國最早行盂蘭盆會者，傳說是梁武帝，據《佛祖統紀》卷三十七所載：「大同四年，帝幸同泰寺設盂蘭盆齋。」《釋氏六帖》也記載有：梁武帝每逢七月十五日即以盆施諸寺。自此以後，蔚成風氣，歷代帝王臣民多遵佛制，興盂蘭盆會，以報答父母、祖先恩德。如唐朝代宗、德宗等，都曾親設盂蘭盆供，代宗還將過去施盆於寺的儀式改設於宮內道場，並設高祖以下七聖位，將帝名綴於巨幡上，從太廟迎入內道場中。

此外，《法苑珠林》載：國家大寺，如長安西明、慈恩等寺，每年送盆獻供種種雜物及舉盆音樂人等，並有送盆官人，來者不一；而信眾獻盆獻供者亦多。可知唐代朝廷和民間對於盂蘭盆供是相當的重視。

盂蘭盆會之所以如此流行，深得民心，實由於其強調藉供養十方自恣僧以達慈孝雙親，乃至度脫七世父母的思想，與中國崇尚孝道，慎終追遠的倫理傳統不謀而合；再加上帝王的倡導，因此很快就由寺院走向民間，由佛教節日成為民間節日了。

盂蘭盆會的啟建興設，到唐代都還謹遵佛意，主要在供佛齋僧以報父母先亡。但是到了宋代，民間的盂蘭盆會卻與道教「中元地官節」合一而流行道士誦經普度眾鬼，期使獲得地官赦罪，獲得解脫。如此則更著重於超度亡靈、祭祀祖先，而與中國傳統對祖先鬼魂崇拜又融和在一起，盂蘭盆會的性質也因此由「孝親」變成了

「祭鬼」，亦即為了亡者的鬼魂可得救度，原以盆供佛僧，卻改以盆施餓鬼了。此習流傳至今，「中元普度」已是民間七月的主要祭典。

除了中元普度之外，民間還有「放水燈」的活動，目的在為水中的孤魂照路，招引至陸地共享普度，這是基隆、中港等港口特有的活動。另外，農曆七月最後一夜的「搶孤」，意在關鬼門前請走孤魂野鬼，這也是中元祭典的重頭戲，頭城、板橋、恆春、澎湖等地通常會在中元時舉行搶孤的活動。

中國人「崇鬼」、「畏鬼」又「諂鬼」，不敢直呼鬼名，故以「好兄弟」稱之。為了讓好兄弟在七月這一個月能夠解除飢虛，於是天天殺豬宰羊，廣設宴席以普施鬼魂，因此造成無數生靈成為人們刀下、嘴邊的犧牲品。

其實，殺豬宰羊來祭拜亡者和諸路鬼神，是否真有需要？根據《地藏菩薩本願經》說：「臨終之日，慎勿殺害，拜祭鬼神，求諸魍魎。何以故？爾所殺害乃至拜祭，無纖毫之力利益亡人，但結罪緣，轉增深重。」可見如果為了祭拜亡者而殺豬宰羊，等於又為他造殺生之業，對亡者而言只有害處而無益處。尤其，人的生離死別已經很哀傷了，為何還要把這種痛苦加諸在豬羊等動物身上呢？

所以，佛教為了導正民間不良習俗的作風，以提升信仰層次，除了積極發揚盂

佛教配合節俗舉行「瑜伽燄口」、「三時繫念」法會，普濟十方。

蘭盆節主要的供養三寶、孝道敬祖精神，將七月份定為「孝道月」外，也配合節俗舉行「瑜伽燄口」、「三時繫念」等普濟十方一切幽靈、功德回向一切眾生的佛事法會。

法會當中除了解除餓鬼的飢虛之外，最主要的是為他們說法、皈依、受戒，使其具足正見，不再造罪受苦，早日脫離苦趣，成就菩提。因此，佛門中的施放燄口與民間祈安免難的中元普度，其目的與意義自是不同，不但普度亡魂，並藉此慈悲普濟、莊嚴隆重的法會，接引更多人，獲得更多社會人士的共識和參與，而達到改善民間殺生、浪費的「普度」風俗，誠可謂「生亡兩利」，實應大力推廣。

十二、世界上的宗教，雖然都是為了導人向善，但仍有層次上的不同，例如有自然宗教、神鬼宗教、英雄宗教、民間宗教、真理宗教、五乘佛教等區別，請問大師，佛教對宗教的分級有什麼看法？

答：自有人類以來，就有宗教信仰。最早的先民所信奉的是自然宗教，也就是剛才所談到的，先民不能了解自然界的變化，於是把所有自然界的景觀現象當作神明來崇拜，拜月亮、拜太陽、拜風、拜雨、拜雷、拜電、拜樹、拜石、拜天、拜地……簡直可以說無所不拜，無所不信。

自然宗教再慢慢進步到神鬼宗教，以人間的靈異現象為鬼神顯靈，或以鄉里市井之間傳說的某某人成仙、某某人成神為崇拜的對象。

其後，又從神鬼宗教的信仰進入英雄宗教，就是在民眾之中，以一些生前表現特殊的人物為信仰對象，人們崇拜他，視他為英雄、神明來祀拜之。例如三國時代的關羽，成為現在的關聖帝君；南宋末年抵抗金兵的民族英雄岳飛，現在被供在岳王廟中；明朝末年的鄭成功，現在也有鄭王廟來供奉他。其他還有一些地方性的英雄崇拜，例如媽祖，傳說他在海中救人救世，於是人們崇拜他。這些種種形成一個多神教的現象，也就是一般的民間信仰。

目前台灣是一個普遍信仰英雄宗教的社會。不過，隨著教育水準普遍提高，民眾智慧逐漸增長，人們更加需要信仰一個最合乎真理的宗教；這個真理的宗教不講究神權，不致令人泯滅理智與自覺能力；這個真理的宗教不是出自對自然界的恐懼而盲信一通；這個真理的宗教更不是只崇拜具有某種德行的英雄人物而已。這個真理的宗教需要能面對所有宇宙人生的問題，要能解決人內心的煩惱，要能昇華人格情操，要能使人奉行了以後可以達到一種他所嚮往的涅槃境界，也就是了脫生死。佛教就是這個最合乎真理的宗教。

佛教的信仰是智信而不是迷信，佛教所信仰的是：一切眾生都有佛性，都能成佛；佛性中具足一切法，本來清淨，不生不滅，本不動搖；萬事萬物都是從因緣和合而生，無有自性，唯心所現，唯識所變。信仰佛教的目的，在於獲得無上正等正覺，也就是智慧發展到最高超的地位，人生進化到最完備的境界。而這一切都是不假外求，應該反求自心。

其實，信仰宗教不論是佛教或基督教，是釋迦牟尼佛或上帝，都是起源於我們的心。基督教講「三位一體」，中國過去提倡儒釋道「三教一家」，其實宇宙間只有一個東西，那就是我們的「心」。「心」想作佛，就是佛心；「心」想上帝，就是上帝的心；「心」想成聖成賢，就是聖賢的心；心想把人作好，就是人心；假如心存不良，不懷好意，就是地獄、餓鬼、畜生的心。

也就是說，世界上的各種宗教當中，包括天主教、基督教、伊斯蘭教、佛教等，雖然彼此信仰的對象有別，但不管是天主、上帝、阿拉、佛陀，乃至地方性的各種神祇等，其實都是信者自己心中所規劃出來的「本尊」，名稱雖有不同，意義卻是一樣。

各人心中各有本尊，不把心中的本尊建立起來，一切都是外在的。你相信土地公，土地公就很偉大，雖然不能與城隍、玉皇比，但在我心中無人能比。所以，不管耶穌、穆罕默德、孔子、上帝、關公，只要自己認定就好；一切價值，在於自我的判斷、分別。例如一個小學生，父親從事何種行業，在他心中都是偉大的，很容易以父業為己志。這是他心中的偉大、心中的完美、心中的崇高，不受現實、客觀的價值觀所影響。

但是，也不是自己心中認定的就是崇高、偉大，別人的就不如你；每個人心中所認定、所信仰的，在他心中都是最偉大的，所以每個人應該各自尊重自己心中的本尊，但不可以去排斥別人，也不要以自己心中的本尊去要求別人。宗教之間本來就應該要融和，大家和平共存，才不會失去宗教追求真善美的本質。

佛教是個包容性很大的一個宗教，凡是有益世道人心的宗教，凡是具有提升淳善道德風氣的教義，佛教都表贊同。但是人類的信仰，從自然的敬畏、祖先的祭祀、靈魂思想的形成，到追求精神世界的昇華及尋求生存的意義，這是宗教所應淨化、提升的過程。信仰宗教，應該注重的是智慧的開發及苦惱的解脫，而不是執著於神祕的現象，所以應該從自然宗教、神鬼宗教、英雄宗教、民間宗教到真理宗教，不斷進步、提升；就如同學生求學一樣，先讀國民小學，然後初中、高中、大學。雖有層次不同，但要層層升級，不能停頓。

甚至就以追求真理的佛教而言，也有五乘佛法之分，即人、天、聲聞、緣覺、菩薩。其中人天乘的佛教，重於積集世間福行的增上心，以現世樂後世亦樂為滿足，是佛教的共世間法，如儒家近於人乘；耶教、伊斯蘭教通於天乘；聲聞緣覺乘的佛教，重於出世解脫的出離心，以涅槃解脫樂為最終的目的，如道教的出世無為、清靜解脫；菩薩乘的佛教，重於利他濟世的菩提心，以悲智究竟樂為修行的極至，而六度萬行乃為利他濟世的具體實踐，這是佛教不共其他宗教的特點。

把五乘佛法調和起來，就是人間的佛教。人間佛教是二十一世紀佛教發展的主流。人間佛教不是隨便徒喊口號，人間佛教是佛教的真理，人間佛教是般若智慧。在人間佛教的般若智慧裡，會看到事理的圓融、人我的尊重、法界的融和、生命的平等，會看到無量無邊、無窮無盡的法界，看到你和我不是兩個，你和我是一體的。今日人間最需要的就是「般若」，有般若才能照破世間的黑暗。因此人間佛教是未來人類的一道光明，人間佛教是人類未來希望之所繫。

佛光山佛陀紀念館每年十二月二十五日舉辦「神明聯誼會」增進彼此交流，顯示佛教是包容性很大的一個宗教。

佛教對「素食問題」的看法

時間：二〇〇五年十月八日
地點：美國西來大學遠距教學教室
記錄：如超法師　英文翻譯：妙光法師
對象：西來大學學生及加拿大滿地可、溫哥華、美國紐約、聖路易、奧斯汀、休士頓、舊金山、佛立門、聖地牙哥、巴西、台灣人間大學等十餘地區之數百名學生透過網際網路同步上課。

素食成為二十一世紀的飲食新潮流

肉食普遍被認為是富裕生活的食物，因此，生活貧困的地區，往往逢年過節時才能吃到肉。但是時代走到今日，社會發展迅速，天天如同過年，於是有愈來愈多人在飲食上，不再以飽足為目的，更多時候是以自然、健康、營養為取向，所以也造就了素食成為二十一世紀的飲食新潮流。

佛光山開山宗長星雲大師應美國洛杉磯西來大學邀請，自二〇〇五年十月五日起為期五天，主持「當代社會問題探討」座談會。順應素食風的興起，大師於十月八日，特別以「佛教對『素食問題』的看法」作為主題探討。座談會一開始，大師開宗明義說：「『素食』在中國是葷食的對稱；在日本稱為『精進料理』；在西方國家叫做『健康食物』，從不同國家對『素食』名稱的詮釋，即可看得出素食對現代人來說，是有利身心的飲食觀念。」

一般人經常會將佛教與素食畫上等號。對於學佛是否一定要吃素的疑問，大師開示：「學佛不一定要吃素，但是吃素確實比較接近道德，也可增加慈悲心、柔軟心、耐力。」並表示：「素食是一種生活習慣，吃素的重點並不在於吃菜或吃肉，擁有『素心』，心能清淨、慈悲才是最重要。」

很多人對素食及素食者充滿好奇，也很想嘗試吃素，但是不知如何入門，大師特別針對一般人對素食的疑問作了詳盡的解答。內容包括：為什麼要吃素？為何素食者不能吃動物，卻可以吃植物？素食者可以食用五辛、雞蛋、牛奶嗎？何謂清淨素食？素食有什麼好處？對素雞、素鴨的看法？佛教對殺生如何取其輕重？何謂殺業？吃素應該注意哪些觀念與習慣？

大師並將幾十年來素食烹飪的經驗與大眾分享，聽眾驚訝大師不但能說法，對如何作素菜更有深入研究和獨到的作法。以下是當天的座談實況紀錄。

一、近年來由於大師積極弘揚「人間佛教」，現在信仰佛教的人口不斷增加。談

到「信仰佛教」，很多人會聯想到「吃素」的問題，請問大師，佛教徒一定要吃素嗎？佛教提倡「素食」的意義為何？請大師開示。

答：許多人把素食視為信仰佛教的指標。其實，佛教最早從印度傳入中國時，並沒有規定僧人不許食肉。《大般涅槃經》裡，佛陀言：「食肉者，斷大慈種。」於是後人為了實踐慈悲精神，而倡導吃素。一直到了南朝，梁武帝出於悲心，制定〈斷酒肉文〉，提倡僧伽全面食素，並鼓勵在家信眾學習，自此，佛教與素食的關係才更加密切。

素食之所以能流傳是受到中國儒家思想的影響。儒家主張仁愛、提倡孝道，孟子說：「見其生，不忍見其死；聞其聲，不忍食其肉，是以君子遠庖廚也。」此外，父母過世服喪期間，子女布衣蔬食，禁斷酒肉；甚至遇上重大祭典時，人們也要齋戒沐浴，以示對神祇的敬畏。佛教傳入中國之後，「戒殺放生」的觀念與儒家「仁愛」思想結合，也使得素食風氣更加興盛。

佛陀時代，出家弟子過的是托缽乞食的生活，不揀別托缽的對象，也沒有飲食上的禁忌。現在的南亞、中南半島一帶如斯里蘭卡、泰國、緬甸等南傳佛教國家，仍恪守原始佛教托鉢乞食的制度，信徒供養什麼就吃什麼，豈能選擇吃葷或吃素？西藏地區由於地處嚴寒，蔬菜無法生長，喇嘛們平日也都以牛羊作為主食，更不可能選擇素食，否則生命無法維持，又如何修行學道呢？現在的日本，佛教雖然很普遍，但是寺院並不崇尚素食；禪門裡有名的六祖惠能大師在獵人群裡，吃的也是肉邊菜。所以，學佛的目的不是只為了吃素，真正的學佛，「吃」並不是重要的問題，心意清淨才是最重要的。如果滿口的慈悲、仁愛，心裡卻充滿著貪、瞋、邪見，就是終日吃素也違背良心啊！

記得三十多年前，素食並不普遍，在近十個鐘頭的南北交通往返途中，用餐成了重要的問題，因此我在台灣彰化建了福山寺，方便往來的信徒吃飯。如今素食已逐漸成為趨勢，就全世界來說，不僅中國佛教徒吃素，有許多非佛教徒的神父、牧師也吃素。尤其近年來西方社會吃素的人愈來愈多，不一定都與宗教信仰有關，大部分是基於衛生、健康習慣的理由而選擇吃素。在印度，所有鐵路餐廳都有提供素食；在美國，披薩、漢堡原本以肉餡為主材料，現在也有素食材料；台灣更是到處都可以見到素食餐館。為了回饋十方大眾的成就，佛光山在全球各道場設立「滴水坊」（取「滴水之恩，湧泉以報」之意），並與美術館、書局結合，除了提供素食

佛光山在全球道場設立「滴水坊」，獲得廣大回響。

餐點，更充實信眾的心靈世界，也獲得廣大回響。舉凡這些現象，都可以說明素食對人類具有很大的影響力。

吃葷、吃素是個人的生活習慣，有的人以葷食為主，有的人以素食為主，有的人葷、素不計，但是基於「不斷大悲種」的理念，佛教勸人不要殺生，即是為實踐佛陀的慈悲精神。明朝陶周望有首詩說：「一指納沸湯，渾身驚欲裂。一針刺己肉，遍體如刀割。魚死向人哀，雞死臨刀泣，哀泣各分明，聽者自不識。」生命很可貴，「山珍海味」是多少生命的犧牲，如果讓牠們安全地生存下去，不是一件很美好的事情嗎？我們何必為了自己的口腹之欲而讓動物受苦呢？更何況吃飯，也不一定要珍饈美味，所謂「一杯清和茶，勝喝瓊玉漿；一口菜根香，勝嚼酒肉飯」，即使是青菜蘿蔔也能飽腹啊！

學佛之後若能吃素當然最好，倘若因為家庭、工作環境等等因素不能吃素，可以選擇初一、十五或六齋日吃素，或是選擇肉邊菜、三淨肉。無論是葷食或是素食，最重要的是要帶著一種感恩心、慚愧心來吃。想想，牛一生辛苦地為人類耕田、拉車，甚至死了之後，牠的皮、肉還被拿來利用，牠如此的把一生都奉獻給人類，難道我們連一點慚愧、感恩的心都沒有嗎？為了自己的貪欲而拆散別人的骨肉已經很殘忍，有的人還說我要吃猴腦、活魚二十吃、三十吃，不斷在吃的方法上面研究，似乎有些過分。

有很多人顧忌皈依之後是不是就要吃素？其實，皈依三寶是信仰的問題，素食是生活的習慣、生活的觀念，是道德上的問題。佛教提倡素食，用意是讓發心信佛、學佛的人都能夠擁有「素心」；心地清淨、善良、簡樸才是最重要。

二、生物學家為生命所下的定義是：凡經歷生長、繁殖、死亡過程的，都是生命。在此定義下，無論動物或是植物，都有生命。既然植物也是生命，為何素食者不吃動物，卻吃五穀、蔬果等植物呢？請大師開示。

答：佛教徒吃素主要是為了長養慈悲心，然而在生物學的定義：「凡是會繁殖、死亡、生長的就是生命。」於是有人問：「豬、馬、牛、羊會繁殖、生長、死亡，青菜、蘿蔔也一樣會繁殖、生長、死亡，為什麼你們不吃動物，只吃植物呢？這樣就是慈悲嗎？」這個問題也是我年輕時曾經產生的疑問：「吃素！吃素！青菜、蘿蔔也有生命，它也要活命，我怎麼可以吃它呢？不吃豬馬牛羊，卻吃青菜、蘿蔔，實在是五十步笑一百步，吃素還是不究竟啊！」又有人說，蔬菜之所以能吃，是因為它不會流血，而動物會流血，所以不能吃牠。試問蝦、魚、螃蟹不會流血就可以吃嗎？

其實，植物的生長、繁殖、死亡是物理現象，不是心理現象。佛教徒對「生命」的定義，不在於表相上是動物、是植物的區別，而在於有無心識反應。例如雞、鴨，你要殺牠，牠會有心識反應，會恐懼害怕；你吃青菜、蘿蔔，它只有物理的反應，沒有心識反應。就以一般人都會有的同情心來說，摘取一片植物的葉子和殺死一隻動物的心情，畢竟還是不同。

此外，殺害動物是斷其命根，一旦死亡就沒有再生的能力，而植物只要再播撒種子，就可以延續生命，甚至大部分的蔬菜、水果，平時如果不去採收、修剪枝葉，明年就無法長得好。所以，佛教裡認為吃植物比較沒有所謂慈悲與否的問題，但是吃動物就有所顧忌了。

佛教徒在吃飯時要作五種觀想，稱為「五觀想」：

計功多少，量彼來處；
忖己德行，全缺應供；
防心離過，不生瞋愛；
正事良藥，為療形枯；
為成道業，應受此食。

所謂「吃現成飯，當思來處不易；說事後話，唯恐當局者迷」。無論食素與否，人們每天能有飯菜吃，是經過農夫種植、工人碾製、商人販售，乃至陽光、空氣、水份等因緣所成就。因此，吃飯時最重要的還是要以一顆感恩心來受食。

三、在素食者當中，有人認為可以食用雞蛋，有人不以為然；有人認為牛奶是素

佛教徒吃飯時要做五觀想

的，有人判定為葷的。請問大師，素食者可以食用雞蛋和牛奶嗎？還有，蔥蒜等五辛也是植物，為何也在禁食之列？

答：素食者吃蔬菜不成問題，那麼吃雞蛋可以嗎？其實，想吃的人，總是會為自己找理由；說不可以吃的人，認為雞蛋可能有生命，為了不斷眾生命，所以不吃。有的人喜歡吃雞蛋，就說：「現在的蛋都是飼料雞所生，沒有生命，所以可以吃。」甚至有些出家人好吃雞蛋，也自嘲地說：「內無骨頭外無毛，有無生命誰知道，老僧帶你西方去，免在人間受一刀。」似乎這麼一想，也就比較能吃得心安理得。

佛教的戒律裡，有一條叫做「譏嫌

戒」，就是要避免遭人譏諷、嫌疑。偶爾會有人好意地對我們說：「現在的菜很貴，吃雞蛋很便宜，吃啦！不要緊啦！現在都是飼料雞生的蛋，沒有生命的。」話雖沒錯，但是一個出家人如果坐飛機、坐火車的時候吃雞蛋，逢人就要解釋：「這雞蛋沒有受過精，是沒有生命的。」這不是自找麻煩嗎？所以，修行人為了免於世間的譏嫌，自己應該要有原則。

另外，有人會問：「青菜、蘿蔔都可以吃了，為何蔥、蒜、韭菜也是植物，卻不能吃呢？」佛教《首楞嚴義疏注經》裡說：「是諸眾生，求三摩提，當斷世間五種辛菜……是五種辛，熟食發淫，生啖增恚。」中醫也說：「養體須當節五辛，五辛不節反傷身。」佛教講究清心寡欲，雖然蔥、蒜、韭菜也是植物，但是吃了會助長心志的混濁、情緒的亢奮，對修行會有阻礙。再者，寺院叢林是一個清淨的道場，大眾齊聚共修，老蔥、韭菜、青蒜在鍋裡一炒，濁氣遍滿十方，聞了會令人感到不舒服。為了避免用味道侵犯別人、為了避譏嫌，因此佛教徒對於雞蛋、青蒜、老蔥、韭菜乾脆就不吃了。

至於牛奶、乳酪可以吃嗎？乳酪、牛奶沒有五辛的味道，也沒有殺害生命的行為；因為不是殺生，所以牛奶、乳酪是准許吃的。

剛才也提過，有些地方，如西藏、日本、泰國的佛教徒，因為地理條件、風俗習慣等關係，談不上所謂吃素的問題，只有中國佛教徒受儒家影響，或受根本佛教慈悲觀念影響，覺得應該要食素。其實，「吃」不是很重要，「修心」才是最重要，心能清淨，吃什麼並不是很嚴重的問題。再說，葷食者具有慈悲心腸的很多，素食者也有心地不好的，所以不能以素食、葷食來斷定慈悲與否。

四、素食者也有好多的分別，如吃早齋、六齋日、肉邊菜、三淨肉等，怎樣才叫清淨的素食呢？

答：人生在世，最重要的問題就是生存問題，而想要活命，最要緊的就是「吃」。一般人對於「吃」，談不上吃葷、吃素，總是有什麼就吃什麼，但是也有一些人，基於信仰、環保、護生意識或健康理由等，不吃葷而吃素。

從古至今，東、西方有許多偉大的人物不但選擇吃素，更極力推崇素食。例如：佛教教主釋迦牟尼佛、中國至聖先師孔子、孫中山先生、印度聖哲甘地、英國詩人雪萊、哲學家邊沁、科學家牛頓、劇作家蕭伯納、德國物理學家愛因斯坦、俄國小說家托爾斯泰、美國詩人梭羅、義大利文藝復興巨匠達文西、諾貝爾和平獎得主史懷哲醫生、古希臘哲學家蘇格拉底等，都曾經留下推崇素食的名言。

素食者也有不同的類別，有吃全素、奶蛋素或方便素等等。其實，吃素主要在吃「心」，重要的是心裡能清淨。不過也有人嚮往素食生活，想要藉由吃素增長慈悲心。所謂「放下屠刀，立地成佛」，雖然不是立刻可以完全吃素，但是可以循序漸進。慈悲心也是有等級的，剛開始或許對認識的人慈悲，慢慢再擴展為「無緣大慈，同體大悲」。所以，從減少吃葷食開始，逐漸增加慈悲心，自然能培福增德。

有人講究吃素的時間，例如有的人習慣吃「早齋」。早上吃素，中午、晚上吃葷，這也不究竟；一般人早上本來就吃得比較清淡，吃個豆漿、燒餅、油條或是麵包、牛奶，一餐就解決了，很少有大魚大肉的吃法。不過儘管只有在早上吃素，也是一種慈悲善心的表現。乃至有的人選在「六齋日」吃素，「六齋日」是每月的八日、十四日、十五日、二十三日，以及月底的最後兩天。能有幾天素食，心境上似乎更能與道德貼近。這種想法也很難得，雖然不能吃全齋，能六齋也不錯了。

如果礙於現實條件而無法吃素，佛教有所謂吃「三淨肉」及「肉邊菜」的記載。《五分律》中所提：「有三種肉不得食，若見、若聞、若疑。見者，自見為己殺；聞者，從可信人聞為己殺；疑者，疑為己殺。若不見、不聞、不疑，是為淨肉。」雖然不能吃素，吃三淨肉也會吃得比較安心。

也有的素食者，由於飲食環境不方便，所以只能吃「肉邊菜」。好比禪宗六祖惠能大師避難於獵人群中時，每到吃飯時間，就把菜寄煮在肉鍋裡。有人問起，他就說：「我只吃肉邊菜。」雖然不方便吃素，但是能想到要素食，這顆心還是非常寶貴的！

在記憶裡，我四歲就開始吃素，但是在七十幾年的素食生活中，免不了還是會吃到含有葷食成份的東西。例如有一次，應宜蘭高中溫麟校長邀請，到他家裡作客，校長親自下廚，煮了一大盤的水餃款待我們，吃下一口之後，發現餃子的餡是韭菜、雞蛋做成，雖然心裡知道還是隱忍不說，以免失禮，甚至最後還把一盤餃子統統都吃完了。

又有一次，一行人代表中國佛教會到日本訪問，日本佛教會招待大家用餐，當服務生端出麵時，腥羶四溢，才知道日本人喜歡用魚蝦熬湯。為了避免大家難堪，我們只有囫圇吞下麵條了事。

過去戰爭的時候，有一個霸道的軍人來到寺院裡，恐嚇住持大和尚，說道：「你們都很慈悲，都是素食者，我這裡有一碗肉，你如果能把這碗肉吃下去，我就不殺你們；如果你不吃，我就把你們殺了。」住持大和尚一聽，毫不猶豫地拿起那碗肉吃下去了。他為了救人，不是為了貪心而吃肉，這算開葷嗎？在我看來那是慈悲心的體現，是一種很偉大的精神。

〈七佛通偈〉中說：「諸惡莫作，眾善奉行，自淨其意，是諸佛教。」佛法以慈悲為本，方便為門，奉行戒律應當圓融通達，否則為教條所束縛，反而失去了佛法的精神。

五、誠如大師所說，不論取決於信仰、健康、道德或習慣的素食者，必然是認定素食能利益身心。請問大師，素食究竟有什麼好處呢？

答：根據科學家的研究，人類的生理結構介於素食動物與肉食動物之間，但是更接近於素食動物。肉食動物消化道較短，因為肉類食物腐敗極快，不宜在身體裡停留太久，免得對身體造成傷害，而素食動物腸道較長，曲折環繞，為的是慢慢消化蔬菜、水果。所以，人類的生理結構確實比較適合素食。有的人認為吃素營養不夠，會體力不足，無益於健康。各位看我的樣子，自幼吃素還不是長得又高又壯。再看歷代的高僧大德，他們在佛門裡幾十年的歲月都是吃素，雖然七、八十歲了，依舊鶴髮童顏、身體矯健。

素食的好處很多。一般說來，肉食者長相較渾濁，素食者面貌較清秀。佛教說「相由心生」，根據科學證明，人類吃多了動物性蛋白質，會變得具有侵略性、有暴力傾向，而素食者，態度則較溫和、寬容。因此，平日所吃的食物確實會影響一個人的個性和氣質。此外，近年來腸病毒、狂牛病、SARS、口蹄疫、禽流感等傳染病爆發，造成全世界的恐慌，使得人們開始擔心會不會吃到染病的肉食，而吃素則能避免吃到有傳染病之虞的牲畜。

世界上的動物可以分為二種，素食動物如大象、駱駝、馬、牛，牠們雖然吃草，但是都很有耐力，好比馬日行千里，牛拉車耕田，鴿子一飛千里。肉食動物如豺、狼、虎、豹、獅等，雖然兇猛，但是缺乏耐力，所謂「老虎三撲，後繼乏力」。

世界三項持久冠軍的美國運動員Sixto Linares是一位素食者，曾創下游泳、自行車、長跑世界記錄。他曾說：「當我高中開始吃素時，父母曾因為我不吃肉，感到非常煩惱。十四年後的今天，他們總算接受吃素對我是好的。」

過去美國訓練太空人，也藉用佛教的兩個修行方法：第一是練習素食，以培養耐力；第二是學習禪定，培養定力。因為太空艙空間小，倘若沒有耐力與定力，太空人在裡面的時間那麼長，寂寞的日子實在是不容易度過。

英國劇作家蕭伯納吃全素，在他生前曾有一群醫生一再建議他要吃肉，否則會餓死，但是他卻健康地活到九十幾歲。到了現代，西方國家的醫學界也極力提倡減少肉食，因為肉類食品脂肪和膽固醇高，容易造成血管硬化和阻塞，對人體不利；而素食則有助於清除體內毒素，被視為血液的淨化劑。

第一次世界大戰時，聯軍設下路障，導致丹麥物資進口受到波及。封鎖期間，丹麥政府擔心糧食短缺，於是進行全國食物配給計畫。由於肉類缺乏進口，丹麥人只能靠穀物、蔬果和乳製品維生，結果丹麥人的健康情況反而得到很大改善，死亡率大幅降低。到了戰後，恢復肉食，死亡率很快地又恢復到戰前的數字。這樣的結果，至少可以證明人類不需要肉食也能活得健康。

幾年前，媒體報導美國一名年僅十三歲的神童葛雷格利•史密斯，將從大學畢業，並計畫在十八歲前完成四個博士學位。和別的神童不同的是，他是一名素食主義者，他認為食素能保持頭腦清晰，身體也能獲得健康。由於致力兒童福利工作，也使得小小年紀的他，曾獲得兩次諾貝爾和平獎提名。

佛教雖然沒有要求學佛者一定要吃素，但是吃素的好處還是很多，例如增加耐力、調適情緒、助於修行。佛光山有很多年輕的沙彌，經常和附近的成功大學、師範學院、陸軍官校學生進行籃球友誼賽。籃球場上，只見對方的球員，上場一下子就氣喘噓噓、汗流浹背，向教練要求換人。反倒是我們的沙彌，奔馳全場，要換他下來，他說：「幹嘛換？我還有力氣啊！」另外，佛光山一千多位出家眾，為了弘法利生，從早到晚努力不懈，除了六個小時的睡眠，大部分的時間都在工作，不叫苦也不喊累，究竟原因何在？原本我對這些問題沒辦法了解，後來發覺到與素食應該有很大關係；素食能增加耐力。

中國民間一直流傳的初一、十五吃素習慣，也不是沒有道理的。據科學家研究發現，人們的情緒在十五月圓日比平常容易激動；到了初一，人們的情緒又比平常低落。所以，藉由吃素可以調適身心，以達平靜。

另外，吃素有助於打坐，能長養慈悲心，吃素的人清心寡欲，性格比較柔軟、和平，壽命比較長，甚至素食能維護生態環境，減少世間的互相鬥爭、殘殺。世間上為什麼有這麼多戰爭？所謂「欲知世上刀兵劫，但聽屠門夜半聲」啊！

吃素也有缺點，就是容易餓，不過，容易餓表示容易消化，對身體健康還是有幫助的。尤其吃素已漸漸成為現代人的生活習慣，儘管每個人吃素的出發點不同，只要觀念正確、烹調得當，對身心都有益處。

吃素是一種很自然的過程，不是勉強而來的。過去弘一大師和豐子愷先生合編了一本《護生畫集》，在台灣也曾經再版流通，許多人看了以後，基於「護生」的理由，心中生起吃素的想法。因此，不要勉強別人一定要吃素，否則對方不但不敢信仰佛教，對素食也會產生反感；有了信仰之後，透過修行，慢慢地了解到素食的利益，自然就會想要吃素了。

六、大師提到，吃素在「心」，然而市面上曾有「黑心素食」流通，如果不知者吃了以後有罪過嗎？乃至現代的素食產品中充斥著素雞、素鴨、素鵝、素魚等豆類製品，難免給人「不清淨」之感，請問大師對此有何看法？

答：吃素的好處很多，但是前一陣子市面上曾經出現不肖商人在素料裡摻入葷食，這種「黑心素食」，不但會危害人體，更是一種不道德的行為。所以，吃的人沒有罪過，製造的人有罪過。

現在豆皮製作的素雞、素鴨、素鵝、素魚，不但形狀與葷食沒有兩樣，味道更是逼近。對吃素的人來說，即使做得像雞、像鴨，也不會就把它視為雞、鴨，只曉

許多人看了《護生圖》後，基於護生而吃素。

得自己吃的是素菜，不會去分別。但是有的人不以為然，認為既然要吃素，就應該清淨地吃，為什麼還要將素菜做成葷菜的樣子？是不是吃素的人還是有想吃肉的念頭，藉此聊以解饞呢？所謂「欲令入佛智，先以欲勾牽」，我想，製作的人應該不是為了吃素的人而做，是為了鼓勵社會大眾吃素，是為了引導大家學習吃素而做。尤其自古以來中國社會每逢祭祀，講究祭品豐盛，以素雞、素鴨代替葷食，不但減少殺業，也滿足民眾祭品必求豐盛的心態。

現代人技術實在高明，有一次我應信徒的邀請，在一家素菜館吃飯，那素雞實在做得太過逼真，連我看了也不免起心動念，當下就覺得素菜做成葷菜的樣子，確實有改良的必要。多少年來，我也在思考如何讓素雞、素鴨、素鵝有個更適當的名字，不但要讓大家一看就懂，還要讓人覺得素菜很好吃。

我一生性格隨和，不大執著表相，因此不太願意改變大家的飲食習慣。例如幾十年來，經常在吃飯的時候，煮菜的人都會為我準備一盤素烏魚子，雖然味道不好聞，我從來不吃，但每當我吃飽飯，掉頭一走，素烏魚子馬上就被旁邊的人吃完了，也因此留下不好的名聲——師父很喜歡吃素烏魚子。但是，我一生都沒聲明過我不喜歡吃素烏魚子，為什麼？別人喜歡吃，就讓他們吃。

佛教說：「心淨則佛土淨。」本著清淨的胸襟，隨緣度日，人間何處不是淨土？所以，素食者應該用什麼心情與人相處是很重要的。很多人說素食者出外很不方便，但是多年來，我四處雲遊，吃素不但沒有為我帶來困擾，反而能讓大家皆大歡喜。

七、佛教准許殺生嗎？例如：用小動物做實驗，也是殺生嗎？農夫可以使用農藥除蟲嗎？漁夫可以學佛嗎？

答：佛教徒吃素的原因大多是為了避免殺生。佛教要人不殺生，但是要完全

「不殺生」卻不容易。例如，生病了，去看醫生，醫生一針打下去，會殺死很多細菌，這不就是殺生嗎？此外，「佛觀一杯水，八萬四千蟲」，一杯水裡有很多生命，你喝了它，不也是殺生嗎？親人往生火化，人雖然是死了，身體裡卻還有很多細胞、微生物，你把他燒了，不也是殺生嗎？平常用木柴燒火，木柴裡有很多寄生蟲，不也是殺生嗎？

如果這許多殺生都有罪過，那麼人的罪過可就多了。以我的了解，喝水、打針、燒木柴不算殺生。為什麼？因為我沒有殺心，一點殺生的念頭都沒有。一切法都是由心所創造，所以關於「殺生」，有殺心和沒有殺心，結果是不一樣的。

有一次我到澎湖，當地居民看到我們出家人，就說：「我們都是捕魚的，從事殺生的行業，你們出家人來，對我們有幫助嗎？」當時我心裡想，佛教不捨棄任何一個眾生，這裡的人雖然以捕魚為業，但是如果我們不能給予幫助，那麼，佛教不就捨棄他們了嗎？

為了生計而捕魚，縱使有殺生的行為，沒有殺生的瞋恨心，還是很好啊！人間佛教是以人為本的佛教，人總要生存，好比有時候老虎吃羚羊、獅子吃斑馬，那也是為了生存。所以，要求人間完全像天堂、佛國淨土，恐怕很難，只能要求少殺，儘量仁慈。

佛教當然不准許殺生，但是殺生的情況也有不同，有的人趕盡殺絕，用恨心殺生；有的人為了救人救世，慈心而殺。例如佛陀在因地修行時是一位商人，有一次出海經商，船上遇到一個壞人謀財害命，為了救船上的五百名商人，只好將惡人給殺了。

對於殺生，可殺、不可殺是很複雜的問題。在正常情況下，每個生命都很可貴，不容許受到傷害，但是站在人道的立場，有時候殺生要看生命所處時間、空間的價值為何。瞋恨的殺固然不好，有時為了慈悲、正義而犧牲其他生命，也是被允許的。

我出生在北伐抗戰時期（一九二七年），十歲的時候（一九三七年）正值中日戰爭爆發，當時大雪飄飄，我一個小孩子扛了兩條被單，隨著人潮逃亡，那種骨肉離散的景象，真是淒慘無比。八年抗戰之後，接著又遇上國共內戰，戰火連綿，不知多少家園毀於一旦，多少無辜的生命就此喪生了。戰爭是殘忍的，因此若是為了救民於水深火熱，為了維護正義公理而發動戰爭，還情有可原，如果另有企圖，為了侵占國土、種族歧視等等而發動戰爭，致使生靈塗炭，就罪過重大了。

所謂「上天有好生之德」，現在世界上有許多衛道人士，積極提倡廢除死刑，甚至有些國家的法律早已廢除死刑。廢止死刑到底妥當不妥當呢？我個人以為，犯了其他罪過，都能給予諒解或是將功折罪，如果是殺了人，所謂「殺人不償命」，這是違反因果的，就值得再研究了。

總之，殺生是有罪過的，不過有的殺生是合理的，有的是不合理的，甚至有的是超過一般理性範圍的殺生，罪業的輕重也就有所不同了。

關於殺生，世間上有很多現象是矛盾的。有的人說我只吃魚肉，不吃雞肉，難道魚就註定要被人殺嗎？站在利益他人的立場，其實佛教也沒有什麼絕對可以或絕對不可以的事。有人問：用小動物做實驗是殺生嗎？這樣的行為可以嗎？記得二〇〇一年時，我應邀到新加坡，與新加坡國立大學醫學院畢業執牌醫生及在學的準醫生舉行座談時，他們也很關心這個問題。當時我告訴他們，醫學上以動物做實驗，目的是為了救天下蒼生，所謂「死有重於泰山，有輕如鴻毛」，死的價值不一樣，醫生從事醫學研究，目標遠大，有時也可以不必拘泥於小節。

所謂「犧牲少數，成就多數」，只要不是濫殺，不是心存恨意，不是以殺之而後快的心殺生，雖然功過還是存在，但是這種行為是為了救普世人類，也是功不唐捐。不過，做實驗不得已要殺生時，如果能帶著「對不起」、「感恩」的心態，並將實驗功德回向給被犧牲者，就比較圓滿了。

也有人問：「農夫種田，為了收成好，必須噴灑農藥，驅除害蟲，這樣做有罪過嗎？」我不能違背佛法，打妄語說：「這些行為沒有罪過。」其實必要時驅除蚊蟲，並不是很嚴重的問題。因為佛法所說的不殺生，主要是以「人」為對象，以殺人為嚴重。當然，如果能事先預防或驅逐，比殺生要好些，倘若不行，為了生存而驅除，也不是很大的罪過。

事實上，我們平時在有意無意間傷害的小生靈更多，這種無意中殺害的行為，縱使有罪，也屬輕微。佛教重視的是動機、存心，懷著瞋心而故意殺生，那必定是要受苦報的。關於殺生的問題，如果探究得太過仔細，容易鑽牛角尖。因此，以人為本的佛教，對於許多小細節的事情，可以不必太過堅持。

八、殺生有程度、種類的不同，甚至殺生者的心態也有差別。請問大師，佛教對殺生的定義，怎樣取其輕重？

答：佛教以「人」為本，所以不殺生戒主要是指不殺人。殺人罪在佛教戒律裡叫做犯「波羅夷」（極重罪），是不容許懺悔的根本大戒。打死老鼠、蟑螂等，叫做犯「突吉羅」（輕垢罪），是行為上的錯誤，罪過較輕微，透過懺悔可以消除罪業，透過行善也能將功折罪。好比將一把鹽放在茶杯裡，水的味道奇鹹無比；若多添加一些清水，鹹味就轉淡了。同樣的，人有大慈悲、大願力，就能抵過微細的罪業。

殺生又因程度、種類的不同，自殺、殺他、唆使殺、見殺隨喜、方便殺、故意殺、過失殺等等，罪過也有輕重的差別。好比有的人不只殺生，還給予種種凌遲，罪過就比較重；有的人是過失殺，罪過也就比較輕。例如家裡請客，婆婆要媳婦殺雞；不是叫媳婦殺雞自己就沒事了，這是唆使殺生，婆婆一樣犯罪。還有，見別人被殺，在旁邊拍手：「殺得好、殺得好！」這種見殺隨喜也是有罪。甚至咀咒人家：「哎！早一點死吧！」「老天爺開眼，讓那個壞人趕快死吧！」這也是犯了殺心。

在各種殺生當中，自殺的罪過也很重。世界上自殺的人愈來愈多，年齡層也愈來愈低，尤其是青少年，情緒一激動，就拿自己的生命開玩笑。其實，自殺是很自私的行為，不但傷害自己的生命，還把痛苦留給別人，這怎能安心、怎能解脫呢？再說，一個人既然連死都不怕了，為什麼不提起勇氣去做好事呢？所以，希望大家都能珍惜生命，不要輕易傷害自己。要知道，自殺後的痛苦是更加不堪的啊！

奉勸世間上不如意的人、想要自殺的人，應該多想想別人，及時懸崖勒馬。對於人生，不必想得太過悲哀，世間上的一切都是有因有果，壞的因果也能轉變成好的因果。人間千萬條道路，何必只選擇自殺一途呢？

心裡一念瞋心、一念慈心，功過還是有差別的。例如：十幾年前，台灣轟動一時的健康幼稚園火燒車事件，林靖娟老師為了搶救孩童而犧牲；去年小琉球火燒船事件，東港到小琉球民營交通船聯營處張乾坤主任為了救人，不惜將自己的救生衣給別人穿而不幸溺斃。這種捨己為人的精神，在心態上和自殺是不同的。

佛陀過去生中曾經是一位仁王，有一次國中鬧旱災，據預測將持續十二年之久。一年一年地過去，庫存的資糧早已用盡，國王焦急萬分，決定捨身以保人民性命。於是他發願：「為了人民的生存，我願犧牲自己的生命，更願來生作大魚，以我身上的肉，救濟人民的飢餓。讓他們在我身上有取之不盡，用之不竭的血肉。」祈禱後，國王就此捨命。國王死後隨著願力化作大魚，並出人語說道：「你們儘量吃，但是吃飽後，要把我的肉帶回城裡分給別人吃。」真是不可思議，雖有無數的人吃魚肉，卻永遠有割不完的肉。就這樣經過十二年，國中沒有一個人餓死。佛陀為了救拔苦難眾生而捨身，又豈能以「殺生」來抹煞他的大慈大悲呢？

生命是很寶貴的，能不殺生儘量不殺生。平時要保持居家環境的清潔，避免滋生蟑螂、老鼠等，縱然有時候不得不傷害牠們，也不能帶著「打死你、殺死你」的心態，應該心存歉意，如此罪過也會比較輕。

世間上無論什麼東西都有生存的權利。廣義的殺生，如一朵花原本可以開一個月，兩個月，你不好好照顧，它很快就萎謝，這也是殺生；衣服原本可以穿三年、五年，你不愛惜它，三個月、五個月就壞了，這也是殺生。總之，天下最大的功德莫如護生，天下最大的罪過莫如殺生。現在是重視民權、生權的時代，每一個人都應該尊重生命。

九、佛教講因果報應，有人說我們吃豬、馬、牛、羊，將來會有成為豬、馬、牛、羊的因果報應；我們打死蒼蠅、螞蟻，也會成為蒼蠅、螞蟻，甚至有「如果我們殺人，便能再成為人」的說法。這樣的知見正確嗎？一般人對殺業還有哪些謬解？請大師開示。

答：有人說：「動物天生就是要給人吃的。」這是非常錯誤的觀念。世間上的生命，沒有絕對的大欺小、強欺弱，好比獅子雖然兇猛，是百獸之王，但是只要被一根牙籤、樹枝刺傷，就無法走路覓食而餓死。中國有句俗話說：「淹死會水的，打死會拳的。」強中更有強中手，不能自以為強勢。即使是在不得已的情況下殺生，也應該心懷歉意。

在佛教有所謂「破戒」與「破見」的不同。殺生是行為上的錯誤，儘管有罪，只要懂得懺悔，罪過很小；可是有的人覺得殺生是應該的，這是見解上的錯誤，不通懺悔，就如一個人病入膏肓，是很難得救的。因此，儘管你吃葷，但不可以理直氣壯地認為雞、鴨、牛、羊都是應該給人吃的；假如老虎、獅子來吃我們，也說人本來就應該給牠們吃的，不知道人類又作何感想？

有個故事說，有一隻貓準備吃掉一隻老鼠，老鼠說：「你殘害我們的生命，你大欺小，太不平等了！」貓回答：「老鼠！你要我平等，好，現在我就讓你吃好了！」老鼠一聽，「哎！你是貓，我怎麼敢吃你呢？」於是貓又說：「你不吃我，那我就吃你，這不是很平等嗎？」話雖如此，但是這叫做強權下的平等，不是真平等。

另外，有人說：「只要心好，吃什麼不都是一樣嗎？為什麼一定要素食呢？」自認「心好」，「好」的程度如何？既然「心好」，又何忍把「自己」的快樂建築在「他命」的痛苦上呢？再說，如果「心好」又不造殺業，不是更好嗎？

也有人說，我們吃豬、馬、牛、羊，將來會有成為豬、馬、牛、羊的因果報應，殺死老鼠將來會變成老鼠，殺死蚊蟲將來會變成蚊蟲。如果是這樣，那麼，殺人不就變人了。我們把飯吃到肚子裡，排泄出來的還會是米飯嗎？學生犯了錯，老師處罰他面壁，甚至罰站、罰跪，難道學生也可以罰老師面壁，要老師罰站、罰跪嗎？所以，這樣的理論是不合乎因果的，是一種可怕的邪見。

有個老祖父為了教訓調皮搗蛋的小孫子，一氣之下賞了他一個耳光。老祖父的兒子，也就是小孩子的父親看見了，也給自己賞了一個耳光。老祖父一看，覺得奇怪，問道：「兒子，你為什麼自己打自己呢？」兒子說：「爸爸！你打我的兒子，我就打你的兒子啊！」從現象上看，兒子的行為似乎也說得通，但是從因果上看卻是一種愚痴的行為。所以，不是吃什麼就變什麼；舉心動念如何，結果就會有所不同。例如倒債了，雖然沒有錢還，但是可以用服勞役來代替；你打了人，想懺悔，不一定要被人家再打回來，只要道個歉，問題就可以解決了。

還有人說：「吃肝補肝，吃腦補腦。」吃肝補肝？我覺得不見得，一般人說豬很笨，吃了豬肝以後，會不會變成笨豬呢？至於「吃腦補腦」，活生生地把猴腦打開，何其殘忍！再說許多人說猴子很狡猾，吃了猴子的腦，變得很狡猾，該怎麼辦呢？

「吃什麼補什麼」的理論很不恰當。有一次感冒，我對醫生說：「我感冒了，需要吃藥。」但是他卻說：「感冒是不容易看好的，不用吃藥！」我心想：「你做一個醫生，怎麼可以這樣說，感冒不都是要看病，醫生都得開藥的嗎？」他說：「那都是安慰藥啦！當然感冒可以治療，但是幾百種的感冒，要能對症下藥是不容易的。感冒最好還是多休息、多喝開水、保暖、流汗，那就是治療了。」

昆蟲裡有一種螟蛉子，牠與蝴蝶有因緣關係，但不一定就是蝴蝶。一畝田地裡，同時播下的種子，長出來的禾苗，也有高矮不同。所以，「因緣果報」的關係，從「因」到「果」，其中「緣」的關係輕重，不能不注意。

眾生在六道裡歷經百千萬劫的輪迴，真是難以細數。願雲禪師的〈戒殺詩〉說：「千百年來碗裡羹，冤深如海恨難平，欲知世上刀兵劫，但聽屠門夜半聲。」另有一偈云：「六道輪迴苦，孫兒娶祖母；牛羊席上坐，六親鍋裡煮。」有人說：「怎麼辦？三世因果實在太可怕了，過去吃了那麼多肉，將來哪裡還得了，真是罪過啊！」

這就好比有人問：「釋迦牟尼佛過去所造的罪業，成佛之後是否還會受報呢？」業報還是要受。但是，這一生的業報如果全部都要報盡，那也實在太複雜了。因而佛教有句話說：「罪業本空由心造，心若亡時罪亦滅。」在《法華經》裡提到「性具」思想，我人善惡業報夾雜，雖然如此，只要多培植善業，小小過失也就不具有大影響了。例如，一塊田裡，雖然雜草和禾苗生長在一起，只要持之以恆，慢慢地去除蔓草，等到稻禾長大了，雜草被壓在下面，也就不會影響收成了。

一畝田地裡同時播下種子，長出來的禾苗也有高矮不同。

這個世界已經從神權演變到君權，進而到了民權時代，但是這還不究竟，應該積極提倡「生權」，一切眾生都有生存的權利。當生權的時代來臨，一切虐待動物的行為，例如讓牛馬超載、把雞鴨倒過頭來吊掛都要受到處分；唯有提倡慈悲、仁道，才能更彰顯這個社會的光明。無論如何，佛教主張「眾生平等」，能以平等心看待動物，才是人類文明的極致表現。

一〇、原始佛教「托缽乞食」有什麼規矩？中國可以實施「托缽乞食」嗎？為什麼要「過午不食」？有此必要嗎？

答：二千多年前佛世時代，印度社會人民的宗教情操濃厚，對於修道沙門都有供養的習慣。因此，比丘在早晨太陽還沒出來前就得出去托缽。

說到托缽乞食的規矩，佛陀十大弟子之一的大迦葉每次外出托缽，都專找貧窮人家乞食，為的是讓他們有機會種植福田，以度脫貧窮。須菩提則剛好相反，為了不增加窮人的負擔，會到有錢人家乞食，讓富者能夠繼續廣種福田，未來才不會窮苦。佛陀知道這樣的事情之後，有一天特地召集大眾開示：「佛法應該建立在平等上，托缽乞食應當不分貧富，不計貴賤，不分精粗，次第乞食。」所以，托缽乞食要依照次第，不能因為這戶人家比較貧窮，沒有好東西吃，就不去托鉢；那戶人家吃的比較好，就到那家去托鉢。另外，在所得食物上，也沒有葷素的忌諱，只強調遵守「三淨肉」的規範。

佛光一滴的醬油麵

當然，托鉢也不是像叫化子討飯一樣，挨家挨戶到人家門口去要，而是正好那個信徒家裡有喜喪婚慶，他會預計好當天供養的人數，把飯菜擺到門口，當比丘經過時，就一份一份地分送給他們。如果有比丘遲一點出來托鉢，供養結束就托不到東西吃了。

目前南傳佛教國家仍實踐托鉢乞食制度，而且是全國人民奉行，但是在台灣、美國等地，信仰自由，人民不完全是信仰佛教，若要托鉢乞食就不方便了。因為每個國家、地區的風俗習慣不同，托鉢乞食的制度不容易實行。所以，中國叢林便採集中修行的方式，讓出家人一起到齋堂吃飯，稱為「過堂」；如同「百花叢裡過，片葉不沾身」，到齋堂裡吃飯，只是經過一下，不貪心，也不計較飲食的好壞。所謂「正事良藥，為療形枯」，吃飯只是為了生存的需要，能吃飽就好。所以，在佛門裡，「過堂」也是一門修行功課。

無論托鉢或是過堂，都是「借假修真」，人總要吃飯才能存在。五十多年前，我剛開始弘法的時候，有個醫生跟別人說：「我才不相信星雲法師！有一次我看到他還吃飯呢！」這也奇怪了！難道做醫生的人不懂得人都要吃飯嗎？所以，有時候佛教被社會大眾誤解，都是由於對佛教的認識不夠。

另外，「過午不食」也是佛制生活的規範之一。佛世時代，迦留陀夷比丘於傍晚時分入城乞食，由於光線不足，一位孕婦誤以為是鬼魅，受到驚嚇而流產，因為這樣的因緣，佛陀才制定了「過午不食」的戒律。所以，並非如某些人以為的是修行高深的象徵。

現代社會由於大家工作忙碌，也不必堅持要過午不食，倒是能「過午少食」，少吃一些，晚上的睡眠將更舒服。不過，現代人反倒是有「遇早不食」的習慣，早上不習慣吃早餐；所謂「一日之計在於晨」，早上吃得飽，對於一天的精神力還是有很大幫助的。我想修行並不在「吃」的上面計較，當吃則吃，不當吃則不吃，身心平衡才是修行之道。

一一、茹素是為了長養慈悲心，但是有的人因為執著自己吃素，因而造成別人的不便，可否請大師針對吃素應該注意哪些觀念與習慣，再給我們一些開示？

答：吃素是一個良好的習慣，應該提倡，但是吃素不能吃得古怪，否則就為人所詬病了。

有的素食者不肯到別人家裡作客，因為他認為別人家的鍋子炒過肉，不清淨。如果是這樣，六祖惠能大師吃肉邊菜也不可以囉？常常有信徒好意跟我說：「師父，請到我家裡來接受我的供養吧！我特地為你買了新的鍋碗。」或者說：「師父，我把鍋子刷洗得很乾淨，你放心到我家裡來吃飯。」我說：「不用這麼麻煩，你煮過肉的鍋子，隨便沖洗一下，再煮東西給我吃，也不會怎麼樣。我是去吃菜的，又不是吃鍋子！」

有時候坐飛機，點心時間一到，空中小姐依序供應麵包、糖果，但是看到出家人，他就說：「這麵包是葷的，你不能吃；這糖果是葷的，你不能吃。」奇怪！麵包、糖果又不是肉，為什麼說是葷的？原來是含有動物性油脂。當然，不徹底的素食者不會忌諱這些，即使是完全的素食者也不用過於顧忌；素食者最忌做怪，老是這樣不可以、那樣不能，會令人反感。

有的人不肯和吃葷的人同桌吃飯，大可不必如此矯情。吃素的人要有隨緣的性格，只要自己吃素吃得開心，何必在乎別人吃葷？甚至有的人見到你吃素，也會很好奇，這時候如果分一點素菜給他試試，或許他也很歡喜呢！

吃素不要吃得古怪，但是也不能因為開方便而變得隨便。比如有的人喜歡吃肉，他就說：「吃葷？吃素？方便就好了啦！」或者有素菜吃而不吃，卻說：「方便就好。」這些都是不合理而曖昧的。

有一段趣譚，有個先生中午下班回家吃飯，太太煮了一道「清蒸板鴨」。先生才剛拿起筷子就發現「鴨子怎麼只有一條腿呢？」太太說：「我們家的鴨子都是一條腿啊！不信你到我們家花園的池塘去看。」先生半信半疑地走到池塘邊，恰巧鴨子們在休息，都盤起了另外一條腿。太太就說：「你看！鴨子不都是一條腿嗎？」先生雙手擊掌「啪！啪！啪！」掌聲一響，所有鴨子都死命地游走了。先生得意地說：「太太，你看！我們家的鴨子現在不都是兩條腿嗎？」太太說：「難道你不知道那是因為有掌聲，所以才有兩條腿的嗎？」意思是，我每天煮飯給你吃，你卻一點讚美、一點掌聲都沒有，因此，你只能吃到鴨子的一條腿囉！

所以，做先生的要經常讚美太太：「你好漂亮、好能幹、好會做菜。」做太太的也要關心先生：「先生，你辛苦了，家裡虧得有你，我們才能住得好、吃得好。」如此，夫妻之間感情一定甜蜜。

講這個故事的意思，主要是說明，「吃」雖然很重要，但也不能只是用口吃；所謂「秀色可餐」，看美麗的東西，眼睛也能飽；聽好話，耳朵也能飽；說好話，嘴巴也能飽；做好事，身體也能飽。所以，吃葷、吃素不重要，眼、耳、鼻、舌、身、意多做好事、多說好話、多存好心才重要。

一二、「民以食為天」，大師一向很重視素齋度眾的功能，自己本身也很精於素食的烹調。可否請大師指導我們如何做素菜，如何才能吃得歡喜，吃得健康？

答：說到素食比葷食更好，當然煮菜的人也要能把素食煮得好吃，人家才肯吃素。因此，我鼓勵佛光山轄下道場要把素食煮好，讓前來參訪禮佛的人都可以歡喜地吃素。我一生不敢說自己有什麼長處，倒是覺得自己能煮好一手素菜。但是人生不一定事事都能如意，雖然我歡喜做素菜給人吃，卻一直沒有機會做。不過，對於如何做素菜，我還是可以傳授幾招。

在佛光山，我也傳授做素菜的方法給不少人，但是大部分都沒有得到真傳，為什麼？因為人的觀念很難改變，你告訴他方法，他就說：「我過去……」「我從前……」「什麼人跟我講……」心裡有了成見，再好的方法他也不能接受。就像一只茶杯，裡面放了醬油，再把茶水倒進去，就失去茶味了。所以，想做好素菜，應當先空掉心中的成見，全盤接受。

人生無論做什麼事都要講究藝術，做菜也是一門藝術，所謂色、香、味，一樣都不能少。素食的材料，一般是青菜、蘿蔔、花菜、各種瓜類。素食比較清淡，不像葷食本身有味道，所以要將味道煮出來就需要靠本領了。

素菜要炒得好吃，應視菜性的軟脆而炒，該脆的要脆，該爛的就爛。尤其中國人做菜講究火候，應該脆的菜，火候要猛，炒的速度要快；應該爛的菜，要溫火慢炒，而且不能先放鹽，否則炒不爛。

需要煮得熟爛的食物，費時較長，為了省時，有個善巧方便。例如蘿蔔、大黃

色香味俱全的吉祥麵

瓜、花菜要煮得爛，可以先放進鍋裡油炸，炸過之後，菜的纖維支撐不住油的力量，內部就會鬆軟。從油鍋裡撈起來之後，如果你不喜歡油膩，可以稍微過水，之後再另起一鍋，加入醬油、鹽等調味料，約略滷過，就能入味了。

又如花生、黃豆不容易煮熟，可以提早半天將它泡水，等到軟了，再放進鍋裡煮，很快就熟了。甚至可以在前天晚上就用小火慢慢燉煮，隔天熟爛之後，再加上油、鹽炒一炒，便能上菜了。

有時候家裡忙，來不及做飯，煮個麵也很方便，五分鐘不到就可以上桌了。煮麵的訣竅就是水要滾，以防麵條下鍋後，因為煮的時間太長而膨脹過爛。另外，麵撈起來之後最好留有一些湯汁。吃麵不需要有菜，倘若吃麵的人還要吃菜，那就是不懂得吃麵；煮麵的人在麵裡放了很多菜，也是不會煮麵，頂多只能放一樣東西，例如：

第一、番茄麵：煮番茄麵要先把番茄燙過，然後把皮剝了，甚至番茄子也掏出來，剁得很碎，之後放進油裡熬爛，熬得如同番茄醬一樣，再加入一點醬油，接著放水、下麵。煮番茄麵最重要的是不可以煮得太糊。

第二、豆漿麵：倘若沒有番茄，豆漿也可以派上用場。原味豆漿加入一點水，滾過之後，再下麵，最後放一點鹽，就可以吃了。

第三、胡椒麵：若說沒有番茄也沒有豆

清爽美味的佛光麵

漿，家裡總會儲備一點胡椒鹽吧！麵下鍋之後，再放一點醬油、一點胡椒鹽就可以，而且必定美味無比。

第四、皇帝豆麵：台灣有一種豆子體型很大，叫做「皇帝豆」。首先把皇帝豆放到果汁機裡打碎，然後放入鍋內，加水，一滾再滾，滾到找不到皇帝豆了，再放鹽、放麵。有時候時間緊湊，皇帝豆比較費時，改用嫩豆皮也可以，先把它熬成湯，之後再下麵，也會很好吃。

再如四道簡單的菜：

第一、芹菜炒豆干：最重要的是把芹菜炒得很脆，豆干炒得很入味、很香。

第二、炒四季豆：四季豆是很常見的菜，首先把它折成大約一吋半大小，放進油鍋裡炸，撈起來後，放進水裡洗一下，免得油膩，然後再另起鍋來炒。

第三、炒綠豆芽：將綠豆芽揀乾淨後，放入鍋裡用大火炒，很快就能上桌了。

第四、榨菜：把榨菜切成絲，再加一點豆干切片或是少許的香菇絲下去炒。豆干、香菇絲要少，不宜喧賓奪主。

炒菜不要花費太多時間，假如需要費時的，也儘量不超過二十分鐘。

另外，半個小時可以做一道紅燒菜。例如：

第一、長年菜：長年菜是四川菜，也是過年的應景菜，有的人煮得很好吃，有的人煮得令人不敢恭維。長年菜很苦，要先在水裡煮一下，苦水不要留下來。長年菜撈起來之後，切成適當大小，再放多一點油、生薑在鍋裡炒，之後放醬油，不放鹽，否則太鹹不好吃。

第二、紅燒蘿蔔：冬天的蘿蔔很甜、很美、很容易煮爛。首先將蘿蔔用水煮一下，起鍋之後，切成三角形，之後加入油豆腐一起煮，紅燒個十分鐘就熟了。

第三、紅燒豆腐：豆腐到處都有，但是嫩豆腐、老豆腐的煮法不一樣。紅燒豆腐要先把嫩豆腐放在油裡稍微炸一下，再加入香菇、配料一起煮。

除此之外，還可以煮麵筋泡，台灣話叫做「麵泡仔」。麵筋泡可以單獨煮，也可以加入馬鈴薯、香菇、黃豆或花生，但是這些配料要提早準備，因為不容易煮爛。

再介紹一道點心——燒餅。家裡冰箱可以擺幾個燒餅，要吃的時候放進烤箱裡稍微烤一下就脆了，那也很美味。

人生要懂得如何預算，做菜也要有計畫。上等的廚師，一人可以照顧六個鍋子；中等的廚師，一人可以照顧四個鍋子；下等的廚師，只能照顧一個鍋子，而且還手忙腳亂，這樣的廚師就沒有價值了。

「吃」是人生一件很麻煩的事情，有的家庭主婦為了一家五、六口人吃飯，幾個小時前就開始準備，手忙腳亂還煮不出來，甚至吃了早飯就開始忙中飯，吃了中飯就開始忙晚餐。所以，我把家庭主婦的手藝分為上等、中等、下等、劣等。宴客時，上等的主婦能和客人同時用餐；中等的主婦，來不及和客人一起用餐，拜託大家先用，表明還有一道湯還沒煮好、一道水果還要切；下等的主婦，讓客人老是呼喚吃飯，卻仍不得辦法出來吃；劣等的主婦，客人喊到最後，飯都吃飽了，還來不及出來。

香濃可口的皇帝豆麵

一個會做菜的人，煮個四菜一湯供應給一桌的人使用，時間最好控制在二十分到半小時。所以，事前的計畫就很重要。比方進了廚房，就先燒熱水，接著再洗米、煮飯，熱水一滾就可以用來燒菜、做湯。做菜不一定是一樣完成才能做下一樣，可以三、四道菜同時進行。

做素食要簡單、保持原味，不要花太多時間，而且刀功、火功、配料、調味都不可忽視。除此，擁有一顆供養心，讓大家吃得歡喜更是重要。

做素食要簡單、原味，擁有一顆供養心，讓大家吃得歡喜更是重要。

佛教對「安樂死」的看法

時間：二〇〇一年四月二十五日晚間八時
地點：新加坡濱華飯店（MARINA MANDARIN）會議室
記錄：滿義法師　英文翻譯：妙光法師
對象：新加坡國立大學醫學院畢業執牌醫生及在學的準醫生，暨該校文學院、哲學院及南洋大學、義安理工學院學生千餘人。

佛教的所有經典，都是座談會的紀錄！雖然在三藏十二部經裡有一部「無問自說」，也就是佛陀未待他人問法，而自行開示的教說。但是翻開大藏經，除了《阿彌陀經》是佛陀無問自說以外，幾乎所有經典裡都有一位當機眾，由他代替與會大眾向佛陀請法，再由佛陀解答釋疑。例如《金剛經》中須菩提問：「云何應住？云何降伏其心？」《維摩經》中維摩居士與文殊大士等諸大菩薩論何謂「不二法門」，更是一部精采絕倫的座談會紀實。

所謂「大疑大悟，小疑小悟，不疑不悟」；佛光山星雲大師平時應邀各地講演，他也經常鼓勵信徒提問。大師自詡自己是一口鐘，有敲必應，有問必答。大師解答問題，不但論理精闢，切題發揮，並且引喻說譬，生動活潑，淺顯易懂。尤其遇有聽眾提出敏感尖銳的問題，大師總是四兩撥千斤的展現他的幽默與智慧，經常引動全場如雷的掌聲及笑聲不斷，熱絡的情緒更是瀰漫全場，久久不散。

例如，澳洲移民部部長菲力浦羅達克問大師：「世界上的宗教領袖當中，哪一個最好？」大師說：「你歡喜的那個，就是最好的！」平時也經常有信徒好奇的問大師：「這麼多年不見，您怎麼一點也沒有老？」大師總是微笑的答道：「我沒有時間老！」諸如此類幽默而又機智的回答，常令聞者會心一笑，甚至忍不住拍案叫絕。

能重新認識生命的意義，安樂死的爭議就會減少。

大師一生主持過無數的座談會，場場精采，筆者經常隨侍大師左右，每回聆聽大師智慧的問答，都有悠遊法海的感覺，而當場聞法的聽眾，也都深感獲益良多。二〇〇一年四月二十五日，大師應新加坡國立大學醫學院邀請，與一群執牌醫生、準醫生及多所大學的各科系學生千餘人座談。大師針對大家所提問的安樂死、墮胎、殺生等問題，就佛法與醫學的觀點，提出精闢的解說，以下就是當天座談會的如實呈現。

一、請問大師，佛教對安樂死的看法？

答：「安樂死」能否施行？這是現代舉世同感關心，卻又倍受爭議的問題。現在有些國家立法准許安樂死，有些國家抱持保留的態度，有些國家則斷然否決。

中國人的思想一向認為「上天有好生之德」，即使是一個垂死的病人，也只能儘量幫助他延續生命，怎麼可以幫他提早結束生命呢？由於人把生看成是歡喜的、是寶貴的，死亡是悲哀的、是不好的，因此惜生畏死，這是正常的心理。其實如果我們能重新認識生命的意義，重新調整對生死的觀念，知道生未必是喜，死未必是悲，我想對安樂死的爭議就會減少。

現在講施行安樂死，誰才有權力決定？誰有資格讓一個人接受安樂死？在法律上又應該負有什麼刑責？這是個複雜的問題，必須先探討解決。也就是說，即使法律准許實行安樂死，那麼決定安樂死的人，是他自己呢？是醫生呢？還是他的親屬呢？我在想，最愛他的人應該有權利來做此決定。但世界上無論什麼事情，雖然在愛的前提之下，應該是好事，而不是壞事；問題是誰可以證明這個人是完全愛他的呢？這是個關係重大的問題。

台北有一名婦女，很有錢，身體也很好，最愛他的兒女卻希望他早一點死，因為如此一來他們就可以早一點分得財產。最愛父母的兒女希望健康的父母早一點死亡，這個愛的標準從何界定呢？看來還是由最接近他的人成立一個委員會，推舉最愛他的人來作最後的決定吧！實在說，要求安樂死的人必定是很痛苦的，因此有人把死亡也看成是解脫。

二、醫生在面對臨終病人要求給他注射一針來結束生命時，應該如何安撫與應對？請大師開示。

答：在戰場上，一個負傷的將軍怕被俘虜後受到屈辱，因此拿槍命令部下一槍把他打死，以保持自我的尊嚴。一個臨終的病人，也希望在臨終時保有生命的尊嚴。一個人健康的時候像英雄，有病了就像狗熊，甚至覺得病容難看，不希望被人看見。所以人死以後，家屬都會用布幔、床單，把亡者覆蓋，不希望給人看到死相。

有一些病人知道自己的病已是藥石罔效，他也不希望拖延時日，只盼早一點結束痛苦的生命，因此要求醫生給他一針，以求得解脫。但這不是醫生可以決定的，即使醫生是出於慈悲、愛他、可憐他而給他一針，以幫助他解脫痛苦。但是縱使有這種想法，在法律上並沒有立場，因此要由家屬或將來立法，才能獲得解決。

有時一個病患看似病得很嚴重，也許醫生已宣告他的生命只剩半年、一個月，或一個禮拜後就要死了，但其實也不一定。有一些人被送到太平間，卻又活了回來，這種實例我就親眼見過好幾個。如果這時你給他一針，讓他安樂死，他就沒有機會重獲生命了。所以安樂死牽涉的問題很複雜，最重要的是要減輕病患的痛苦。醫生對臨終的病人要安慰他、鼓勵他，給他求生的意志與力量，讓他心理上不痛苦，至於是生是死，那是自然的結果。

三、上述論點說：最愛他的人有權決定給予病人安樂死，這算不算殺生？請大師開示。

有愛則可平於天下

答：佛教講不殺生，這是絕對的，但也不是必然的。有時候一個壞人殺了許多好人，站在慈悲，站在維護公理和正義之下把這個壞人殺掉。殺了他之後，我有功，也有過，因為殺人終究要受罪業的果報，但相較之下，殺人的罪過比較輕，維護公理正義的積極功德是比較大的。

在佛經裡，佛陀於因地修行時，曾為了救五百個商人而殺了一個壞人，所以殺生有時候也可以看成是一種慈悲。只是小乘佛教對於殺生的問題，往往寧可捨生也不去傷害蟲蟻；反之，大乘佛教則會權衡輕重，為所當為。例如在國與國發生戰爭的時候，為了救國，他會挺身殺敵，或是為了慈悲救人，他也寧可自己擔負業報而犧牲自己去殺生救人。所謂「有愛則可平於天下，無愛則家庭不和」，家屬在愛與慈悲之下決定許多事情，就如大乘佛教裡所說的「饒益有情」。

四、請問大師，醫學對死亡的定義是心臟停止跳動和腦死，這和佛教的看法是否一樣？

答：人死亡的一刻究竟是什麼時間？腦死，但心臟還在跳動，他還沒有死；心臟停頓了，但身體仍有溫度，也還沒有死亡。一條蚯蚓，我們把牠斷成兩截，牠兩頭都在跳動，然生命是一個，究竟哪一邊才是真正的生命呢？

在佛教裡認為，跳動只是一種生機，生命還是完整的一個。生命是一個，那麼生命究竟是在哪一邊呢？這就無須妄自分別了。當然，在科學上一定有個詳細的分析，這與佛法上的解釋，有時未必要完全一樣。

早晨，有一群人在運河邊等船，準備乘船到對岸去辦事。當船夫把小船從沙灘上推下水的時候，船底壓死了很多小魚、小蝦。船過了河以後，留下一部分人等待下一班船。當中有個秀才問一位和尚：「師父！當船推到水裡的時候壓死了許多魚蝦，壓死魚蝦必定會造罪過，那麼，請問這個罪過是船夫的呢？還是乘船的乘客的呢？」

法師對秀才說：「是你的罪過。」

「為什麼是我的罪過？」

「因為你多管閒事。」

佛教是以人為本的宗教，再說「罪業本空由心造」；罪過是由心所造，有時在許多細節上因為無心，也就沒有罪過可言。反之，由於吾人心生分別，甚至造作染汙的分別意識，因此就會有罪業果報。其實，即使是世間的法律，如果是無心的誤殺，罪過也是比較輕的。

至於人死亡時間的界定，有時候心臟沒有停止，腦神經也有跳動，可是分別意識沒有了，如此也可以算是死亡。其實，何時死亡，時間的認定不是很重要，我認為讓病患死亡的時候不覺得痛苦而感到安然，這個要比時間的界定更為重要。

各位醫師們都知道，有一種檢查身體的儀器叫「核磁共振」，把人推到一個像是洞穴的機器裡面檢查。我曾經幾次接受過這樣的檢查，有時因為檢查結果不明顯而需要重複進出那個洞。每次我都不介意，反而在裡面因為感覺舒服而睡著了。所以我想存活的時間長短並不重要，如能感到舒服，死亡也是很美。

五、精神病患求神問卜而不去求醫，致使病人加速死亡，請問大師對這有什麼看法？

答：一個精神病患，不是神智錯亂，就是顛倒妄想。在佛教裡，對一個精神錯亂的患者，最好是不要碰他。佛教講求用佛法智慧來度人，即使你有再高的智慧，然而對一個精神病患並不能發揮功效。所以有時候我在想：現在的醫師真是偉大，對於精神病患還想種種的方法去醫療他。

當初佛陀為什麼會放棄精神病患？精神科的醫師難道要比佛陀更高明嗎？當然，佛陀不是這類的專業人才。不過對於精神病患到處求神問卜，據我了解是沒有用的，這只是自我安慰而已。很多的醫療主要是要靠自己的信心，以及醫療得法，並不是真的要去求佛祖、神明來替他治療，他需要的是自己治療自己，自己提升自己的信心。因為求神問卜不是絕對的靈驗，自己決定自己做什麼，自己對自己負責，所以有病不去找醫師而去找神明是不正確的。（說到這裡，大師不忘幽醫生們一默說：「在座的各位醫生們，在醫療上你們會自感不如神明嗎？」）

關於一個人生病了，用什麼方法醫療？宗教的？物理的？藥物的？我想心理也很重要。心理醫生對一個病患施予心靈上的安慰、鼓勵，對病患的幫助很大。心理治療在醫療領域裡，功效不見得比醫藥差！佛教就是一個講「心」的宗教，所謂「佛說一切法，為治一切心；若無一切心，何用一切法？」所以平常講修行，就是訓練我們的心，增強我們的力量。心的力量增強了，你吃藥，藥的效力會跟著增強；喝水，水的功能也會跟著增強。心的力量能決定一切。

有一個醫生，想要了解心的力量究竟有多大，於是做了一個實驗：他到監獄裡找了一名死刑犯，對他說：「你已經被判處死刑了，砍頭或槍斃的死法都非常痛苦。如果現在我為你打一針，慢慢地抽血，血抽完，你就會自然安樂地死去，你願意嗎？」

死囚一聽，馬上應諾躺到床上，接受醫生的安排。死囚的兩眼先被蒙起，手臂被扎了一針之後，立刻聽到鮮血一滴滴地滴在桶子裡的聲音。醫生湊近死囚耳畔，不時地告訴他：「唉呀！你的血已經抽出五分之一了，你的臉上已經失去血色了。」「唉！現在你的血已經抽出五分之四了，你的臉色完全慘白，你快要死了！」

死囚緊閉雙眼，聽著醫生的描述，心想：「我的血快要流乾了，我就要死了。」死囚忽然覺得自己頭暈目眩，身體漸漸虛弱起來。死囚就在自己那殷紅的血液慢慢乾竭，生命漸漸枯萎的想像中，無疾地死了。

事實上，醫生並沒有抽出死囚的血液，只是在死囚的耳邊放置一個水桶，並且接了一條水管，讓水流入桶中，發出滴答滴答的響聲，彷彿血液答答的滴落聲，而他自己把聽到的一切「暗示」，在心中造成一幅宛若真實的景象，他完全被自己心識的作用影響了。

因此，我們不要小看這個心，心能升天、成佛，心也能讓我們下墮三途惡道；我們的心蘊藏無限的寶藏，能夠變現種種的東西，宇宙萬法本來是如如不變的，

二〇一五禪淨共修祈福法會

但是心識一旦起了分別，一切山河大地在藏識裡的變現就不一樣了。因此佛教講修行，主要就是要修心，心的力量奇大無比。

怎樣治療我們的心？這實在是二十一世紀人類最重要的課題。

六、醫學研究以動物來實驗，是否殺生？請問大師對此有什麼看法？

答：醫學上以動物做實驗，目的是為了救天下的蒼生，所謂「死有重於泰山，有輕如鴻毛」，死的價值不一樣。醫生從事醫學研究，目標遠大，因此實在可以不拘小節。再說，以人為本的佛教，諸如殺生這許多問題，只有功過上的輕重比較，但也不是絕對的。過去佛陀「殺一救百」，此即說明佛教戒律不但是消極的行善，更重視積極的救人。尤其佛法有「世間法」與「出世間法」，既有世間法，就不能不顧及社會人生的實際生活，否則與生活脫節的佛教，如何為人所需要？

在台灣有個小島叫小琉球，上面住了一萬多人。島上有個佛光會分會，由一名校長擔任分會的會長。有一次我前去訪問，會長提出一個問題，他說：「我們這個島上的居民，大部分都是以捕魚為業，這與佛教的『不殺生』是相牴觸的，但是如果要大家不殺生，我們會連飯都沒得吃，所以在這裡要推動佛教很難。」

我說：「佛教雖然講不殺生，但它還是有輕重之分。尤其殺生有『殺行』與『殺心』的分別。你們捕魚，是為了維持生活，並沒有殺的意念，就等於人死後舉行火葬；一把火，不但把屍體上的寄生蟲都燒死了，甚至連木柴裡的寄生蟲也都燒死了。但是我們沒有殺的意思，也就是沒有殺的心，如此縱有罪過也會比較輕，而且可以透過懺悔，還是可以得救。」

總之，從事醫療工作的醫生，隨便替病人打一針，都會殺死很多的細菌。但是，你們本意是為了救人，是大慈大悲的行為，不是殺生。

台灣的台南市有個壞人，連續殺了七個人，法院判處死刑要槍斃他。但因台灣多年沒有施行死刑，所以監獄裡沒有人敢去執行槍斃，只好從台北國防部請了四位憲兵來執行。這些執行槍斃的憲兵有罪過嗎？沒有罪過，因為他們是在替國家執法，而不是殺生；執著不殺生，反成了法執。所以在醫療上，戒律應該從多方面去考察。

七、佛教對器官捐贈有什麼看法？請大師開示。

答：器官捐贈是資源的再利用，是生命的延續，也是同體共生的體現。佛教認

生命由業力維繫，業力如念珠的線，把生命的前生後世串聯起來，延續不斷。

為，身體不是「我」的，身體乃四大假合而有，就如旅店般供我們今生暫時居住而已。

有一段寓言說：有一個旅行的人，錯過了住宿的旅店，就在荒郊野外的土地廟歇息，哪知半夜三更裡忽然有一名小鬼背著一個死屍進來。旅人大驚：我遇到鬼了！就在此時，忽然又見一個大鬼進來，指著小鬼說：「你把我的屍體背來，為何？」小鬼說：「這是我的，怎麼說是你的！」兩鬼爭論不休，旅人驚恐觳觫，小鬼窺見：「喲，神桌下還住了一個人！」隨即說道：「出來，出來，不要怕，請你為我們做個見證，這個死屍究竟是誰的？」旅人心想：看來今天是難逃一劫了，不過既然橫豎會死，不如就說句真話吧！「這個屍體是小鬼的！」大鬼一聽，勃然大怒，立刻上前把旅人的左手折斷，兩口、三口吃進肚子裡。小鬼一看，這個旅人是為了幫我，我豈能坐視不管？於是即刻從屍體上扳下左手幫旅人接上。大鬼仍然生氣，再把右手三口、兩口吃完，小鬼又將死屍的右手接回旅人的身上。總之，大鬼吃了旅人的手，小鬼就從屍體取手接回；大鬼吃了旅人的腳，小鬼就再從屍體取腳接回。一陣惡作劇之後，二鬼呼嘯而去，留下旅人茫然自問：「我是誰？」

這是佛經中的一則寓言故事，主旨雖然是在闡述「四大本空，五蘊非我」，但是故事的情節不就是今日的器官移植嗎？

關於器官捐贈，主要有四點意義：

第一、生命延續：生命是不死的！身體雖然有老邁朽壞的時候，但生命如薪火相傳，是永恆無限的。生命由業力維繫，業力如念珠的線，把生命的前生後世串連起來，延續不斷。透過器官捐贈，帶給別人生機，也是自我生命的延續。

第二、內財布施：佛教有財施、法施、無畏施。財施又分內財與外財；金錢、財物等外財布施之外，器官捐贈就是內財的布施。佛陀當初割肉餵鷹、捨身飼虎，所謂「難行能行，難忍能忍」，二千多年前佛陀已經為我們做了一個最好的示範，今天所有的人類更應該開闊胸襟，透過器官布施，讓慈悲遺愛人間。

第三、資源再生：簽署器官捐贈卡，在法律上有認證的問題，但對佛教徒而言，既然有心布施，縱使由家人代簽同意書，也不成問題。器官捐贈讓即將朽去的身體得以廢物再利用，是資源的再生。當你捐出一個眼角膜，就能把光明帶給別人；當你捐他一個心臟，就能給他生命的動力；當你捐贈骨髓，就是把生命之流，流入他人的生命之中。

第四、同體共生：世間萬法，都是緣生而有；人與人之間也是依緣而存在。人的生存必須依靠士農工商提供生活的衣食住行所需才能生存，我們仰賴世人的因緣而活，自己也應該給人因緣。器官移植打破了人我的界限，破除了全屍的迷信，實踐了慈悲的胸懷，體現了同體共生的生命。只要有願心，人人皆可捐贈器官；透過器官移植，我們就能把慈悲、愛心，無限的延續、流傳！

過去中國人一向有保全全屍及死後八小時不能動的老舊觀念，其實這些觀念已不合時宜，現代人的思想應該隨著時代而進步。為了響應器官移植活動，我自己早在三十多年前就已經認簽捐贈器官同意書。我也希望大家一起來響應這項莊嚴神聖的活動，希望社會愈來愈進步，大家共同締造同體共生的美好世界。

八、過去一些印度學人請問佛陀一些哲學問題，諸如宇宙有界限嗎？佛陀涅槃後去了哪裡？佛陀大多是一言不發，請問大師這是為什麼？

答：你這個問題連佛陀都不回答，卻叫我來回答，這是給我為難嘛！（笑聲……）

佛陀之所以不回答，是因為縱使回答了，你也不會了解，不會相信，所以不如不說。

至於說佛陀涅槃後去了哪裡，這我了解，我知道佛陀現在在哪裡！我們說，虛空有多大？虛空有盡沒有盡？這要看我們的心，你的心有多大，虛空就有多大。空也叫虛空，茶杯有個空間，所以能裝許多水；房子裡空間很大，所以能容納我們這

有緣佛出生，無緣佛入滅。

麼多人。佛經裡一直講虛空無盡、無邊、無量，又說「心佛眾生，三無差別」；心和佛沒有差別，佛在無盡的虛空之中，甚至我們每一個人也是一樣在無量、無邊的大化之中（宇宙之中）。假如我們懂得，牆角的那棵樹就是佛陀的法身；假如我們懂得，你的英語、他的笑聲，就是佛陀說法的音聲。如果你能悟道，則「青青翠竹無非般若，鬱鬱黃花皆是妙諦」；如果你沒有悟道，縱使佛祖到了你的面前，你也會說這個老和尚來幹什麼？

舉一個相似的小例子，在我一生當中，偶爾我在吃飯，感受到佛陀跟我一起在吃飯；我睡覺，也感受到佛陀跟我同在睡覺。這不是做夢，確實有這種感受。佛陀是一個，就等於月亮在天上也是一個，這裡有一杯水，就有一個月亮；有一盆水，也有一個月亮；一片大海，甚至大西洋裡，同樣也有一個月亮，所謂「千江有水千江月，萬里無雲萬里天」；佛陀就在虛空裡面，「有緣佛出世，無緣佛入滅，來為眾生來，去為眾生去，來也未曾來，去也未曾去」。所以，我們對於這個問題，應該從出世的境界來看，從意境的昇華來體會。

九、請問大師複製生命會產生什麼問題？

答：日前（二〇〇一年四月十九日）我到南非主持國際佛光會第三屆第一次理事會議，有一位榮民總醫院的心臟科主任醫生跟我一起前往。在南非時，有一天我忽然有感於種族問題造成黑人的苦難，所以我就問這個醫生：「如果現在有人能發明一種針劑，只要幫黑人打上一針，就能把黑人變成白人，這個世界不就沒有種族問題了嗎？如果真的有人能發明這種藥劑的話，必定能夠獲得諾貝爾和平獎，為什麼沒有人願意實驗，想辦法來幫黑人改造一下皮膚呢？」結果他說這個並不困難。

現在講到複製人，世間上無論什麼東西，一切都是因緣所生法。複製人、複製牛、複製羊，必定有它的因緣果報。如果沒有因緣，就如一粒葡萄種子、西瓜種子，把它放在桌子上，它一定不會長出西瓜、葡萄。因為它需要有泥土、水份、陽光、空氣等因緣；因緣聚合，它就會開花結果。

因此，根據我的了解，將來科學上無論發展再大，但都不會超出佛學的「緣起法」。因為宇宙萬有的一切，都是緣起所生法，這是「法爾如是」，是永恆不變的真理。

對於二千多年前佛陀所講的業力、業報，主張自己的行為一定是由自己負責；現在講基因改造，這不就是業力思想的申論？所以只要我們行善不造惡，這不就是基因改造嗎？我說的只是名稱不同，意義是相同的。

至於科學的研究發展，到目前為止，我感覺它還是不能超過佛陀最初所講的宇宙人生的真理，只是一般凡夫往往不懂佛陀「緣起法」的甚深微妙；我們只講「有緣千里來相會，無緣對面不相識」，這還是膚淺的認識，與佛陀所講的「緣起」道理，相距是很遙遠的。所以我們也只有以客觀的立場，再去虛心的探討。

一〇、請問大師幫婦女施行墮胎，對一個信奉佛教的醫生來說，適當嗎？

答：世間上的事情，沒有絕對的是非、好壞、對錯、有無。因此關於墮胎的問題，有人說不可以墮胎。現在假設我是一名婦女，不幸懷了一個殘障兒，你們說不可以墮胎，但是當我生下了這個殘障兒，我要養他幾十年，你們能幫我養嗎？不可以墮胎，你們能代表我說話嗎？

有位婦女早上醒來，先生上班去了，一個壞人敲門，他以為是先生折回，把門打開，壞人進來，強暴了這名婦女，並且懷孕了。這時是生下小孩好呢？還是應該如何處理呢？我們能為她想個完美的辦法嗎？

世間上有很多的問題，不是法律、道德、輿論能夠徹底解決的。可不可以墮胎？我認為這是母親的事情，應該交由女主人自己決定，別人是作不了主的。

一個女人墮胎，必定是有許多的辛酸，許多的壓力，許多難以告人的痛苦，我覺得應該給婦女一些自主權，給他們寬容的同情。至於身為醫師，不能完全站在職業上來考量墮胎一次多少錢？每天能賺多少錢？假如每個醫生面對這種事情，都能心懷慈悲，站在救護的立場來處理，結果就會不一樣。慈悲可以消弭罪業，可以化黑暗為光明，可以讓罪過變成生命，可以轉邪惡成正當；心念一轉，天堂地獄就不一樣了。

一一、佛教對愛滋病的看法為何？請大師開示。

答：愛滋病是二十一世紀的黑死病，被認為是世紀的公敵。愛滋病的問題不單是在患者身上，而是因為它具有傳染性，使得大家「聞滋色變」，不但對愛滋病產生恐懼心理，甚至對愛滋病患心生排斥。

根據統計，目前世界上有三千六百萬左右的 HIV 帶原者，平均每一天有五千五百人死於愛滋病，每一天受感染的有一萬六千多人，其中有百分之十被感染的都在南非，平均每八個南非人當中就有一個是帶原者。這項統計讓不少從事愛滋病預防工作的人士感到憂心，他們擔心人類從非洲起源，未來也可能會從非洲毀滅！

為了挽救人類瀕臨滅種的危機，今年（二〇〇一）四月份，國際佛光會第三屆第一次理事會議在南非召開時，會中不少理事提議，請佛光山法師到南非的南華寺舉行水陸法會，希望透過佛法來杜絕愛滋病對人類的危害。當天這一項議案很快就獲得與會大眾一致掌聲通過。

愛滋病截至目前為止雖然還沒有有效的治療法，但是卻可以加以預防與控制。而且我相信，再過一段時期以後，應該還是會有藥物可以治療，因為這個世間必定是一物剋一物的。

至於如何看待愛滋病，基本上佛教徒不能帶著輕視、歧視、藐視的眼光，應該以慈眼視眾生。佛教是永遠不會捨棄任何一個眾生的，永遠給予苦難眾生關懷與仁慈，所以對愛滋病患當然也不會例外。

一二、請問大師上班族每天面對許多壓力，要如何消除壓力？

答：我們每個人，每天都背負很多的壓力，身體上有老邁疾病的壓力，心理上有貪、瞋、煩惱的壓力。說到壓力，不但自己製造壓力，社會也會帶給我們很多壓力，諸如工作上的壓力、課業上的壓力、朋友往來的壓力、家庭責任的壓力等等。說起來人真的很了不起，生在這個世間上，負擔多少的壓力，有的人還能活得很逍遙、很自在，這是很偉大，很不容易的。

人生的價值、意義，就是堅強，就是與壓力奮鬥；把壓力、障礙、煩惱打敗，基本上就像修行。什麼叫修行？就是與煩惱作戰，把煩惱打敗，那麼我就能活得自在逍遙。各位也是一樣，要與你們的工作、責任奮鬥，讓自己做個出類拔萃的人，讓自己過得很舒服、很歡喜、很安然。其實不管在家、出家，都是為了活出生命的意義，只是生命的意義要怎樣來創造？就看我們如何來消除壓力。

假如你問我怎樣消除壓力？我說：「自我訓練，自我充實，自我增強抵抗壓力的本領；本領高強，壓力自然就會減少。」比方說：我在社會上做事，你看我不順眼，你不喜歡我，你欺負我，你打擊我，這也是一種壓力，但是我可以想方法改變這種壓力。例如：你罵我混蛋！你質問我在這裡幹什麼？你叫我站到旁邊去！我如果跟你對罵、跟你打架，不一定能勝過你，我可能會用另外的方法。我說：「是的！我混蛋！我很對不起你，我會聽從你的指教，站到旁邊去！」可能你熾盛的氣燄立刻就會收斂一些，甚至你會同情我。你說我是示弱嗎？不是！這是我用很大的修養，用很高的智慧，用很強的本能來超越你！

你我同在一家醫院上班，你升了主任，升為主治醫師，升做院長，怎麼輪不到我呢？我不平，當然壓力就會加重，我就會活得很辛苦。不過我轉念一想：「慚愧！我的技術、我的人緣都不及他！他比我好，他是我的同事，他升級了，這是好事，我應該祝福他。」如此一想，多麼歡喜呀！假如我的本領高，他確實不如我，他是逢迎、拍馬屁得來的，我也不必心生不平，還是要想：「他的緣分比我好，我的因緣，我的公關，或者我不及他會講好話，我某一部分可能還是不如他。」如果你這樣一想，可能就不會繃得那麼緊，就能找到一個台階下，何必自尋苦惱呢？我們每個人應該都是為了快樂而到人間來的，所以不要自找苦惱，要自我找尋快樂！

至於如何找尋快樂？就是沒有壓力，把壓力、垃圾、重負都丟到一邊去，心上的壓力愈輕，人生就會活得更美好，人生的意義自然也就愈大！

Buddha
FG
50

心裡的壓力愈輕，人生就會活得更美好，人生的意義自然也就愈大！

佛教對「臨終關懷」的看法

時間：二〇〇一年六月十五日下午二時至四時
地點：成功大學
記錄：滿義法師
對象：成功大學師生二百多人

有生必定有死，生死是最自然不過的事。但凡人皆好生惡死，新生的喜悅常常令人忘記死亡的哀慟；而面對死亡時又往往過度沉溺在自己的悲傷之中，以致忽略了要去關懷臨終者的身心狀況。因此，如何使病人在臨終時獲得良好的身心照顧與關懷，這是死亡的尊嚴，也是「生命教育」的重要課題。

根據佛經記載，人在臨終的一刻，關係著未來能否順利往生，是上升下墮的關鍵時刻，至為重要。但是，一般人遇到家中有人臨命終時，全家人莫不手忙腳亂，驚慌失措，茫然不知如何是好；病人本身更是害怕、恐懼，根本談不上什麼臨終關懷。頂多只在病人病重時，隨順他想吃什麼就買給他吃，想要什麼就儘量滿足他；但是到了這個時候，病人往往是什麼也吃不下、什麼也不想要了。

到近年來由於醫學及人文思想發達，儘管先進的醫療技術已能延緩許多過去所謂的「絕症」，大大延長了人類的壽命，卻也因此讓許多人面對「老、病」之痛的時間增長。尤其現代的醫學即使再發達，仍然有它的終極限度，最後還是免不了「死亡」的結果。於是現代人終於意識到，對生命的關懷應該從出生到死亡，從身體到心靈，因此有「安寧病房」的興起，並且將「臨終關懷」當成一項生命的課題來研究、討論與推廣。

現在社會上有很多醫院都設有安寧病房，對臨終者提供最後的服務。其實佛教很早就有臨終關懷的機構，是設在印度祇園精舍的「無常院」，目的在使病患能興起往生西方極樂世界之想，這是根據彌陀淨土法門的思想而來。中國的禪林更設有「安樂堂」或「涅槃堂」、「喜樂塔院」、「安養中心」等，內設堂主，職司看護病僧的工作；現在的寺院則設有「如意寮」或「安寧病房」，專為病患服務。可以說，佛教是最早提出「臨終關懷」的創始者。

佛教從古到今，對於人生的生、老、病、死，一直是從教義上指導人們正確認識生命的本質、生命的實相、生命的意義、生命的輪迴；希望從認識生死，進而坦然面對生死。另外，在實務應用方面，佛教除了有內容詳實的醫學經典，有醫術造詣精深的醫僧，佛教徒更辦有各種醫療服務的慈善事業，為現實人生提供實質的幫助，達到從生到死、從身到心的究竟積極之關懷，這些都足供今日從事「臨終關懷」者之參考。

佛教對「臨終關懷」到底有些什麼見解與做法？二〇〇一年六月十五日，星雲大師應邀到成大醫學院講演，除了發表對「器官捐贈」的看法，並針對「臨終關懷」問題，與二百多名師生進行座談。以下是當天的座談紀錄。

一、生死問題，古今皆然，但是「臨終關懷」何以直到今天才成為當代的社會問題？到底「臨終關懷」的意義是什麼？請大師開示。

答：「臨終關懷」（HOSPICE），這是一門新時代的新興學科，是結合醫學、宗教、法律、倫理、哲學、道德等各領域的現代生死學。其主要目的在使臨終者面對人生最後階段時，藉由良好的醫療照顧及宗教信仰的力量引導，能認識死亡並接受死亡，心中不生憂怖苦惱，進而安然面對死亡；同時也給予家屬精神上的支持與鼓勵，協助度過此一生離死別的時刻。

「臨終關懷」一般又稱「安寧療護」、「安寧照顧」、「緩和醫療」等，所照顧的對象以罹患癌症等重病，經醫師診斷確定無法治癒而瀕臨死亡的臨終患者為主。病患可以住進醫院的「安寧病房」，也可以在家中由醫護人員「居家照護」；不管是居家照護或住進「安寧病房」，並不意味著等死，一樣能受到完整的醫療服務。只是所做的醫療並不一定以延長壽命或苟延殘喘為目標，「臨終關懷」所強調的是「四全照顧」，也就是：

第一、全人的照顧：全面照顧到病人的身心狀況，而非只針對他的病況或某一器官來醫療。

第二、全家的照顧：幫助家人及親友學習照顧技巧，並協助家人一起面對親屬即將離去的悲傷。甚至病人往生後，家屬的心靈輔導，也是安寧療護的工作範圍。

第三、全程的照顧：除了陪伴病人到生命的最後一刻，乃至病人往生後，輔導家屬度過低潮期也是臨終關懷的範圍。

第四、全隊的照顧：結合醫師、護理師、藥師、營養師、物理治療師、心理師、法師、牧師、神父、修女、義工等成員，提供最完整的身心療護。

值得一提的是，人在臨終時，特別關心死後的去處，因此佛教的淨土思想、三世輪迴、生命不死、因果業報等道理，此時都成為病人與家屬最佳的心靈救護。

尤其在過去一般人的觀念裡，總認為「儘量延長患者的生命」，這是醫生唯一的使命；其實死亡也是生命的一部分，不管醫學再怎麼發達，人終究還是免不了一死。所以面對罹患重症、瀕臨死亡的病人，如何透過醫療和信仰，幫助病患解除身心的病痛，在人生最後的階段能夠活出「有品質的生命」，這才是臨終關懷的最大目標。

「臨終關懷」起源於英國的西西里・桑德斯女士（Dame Cicely Saunders），她在一九六七年於倫敦創辦了全世界第一家對癌症末期病人有特殊服務方案的聖克里斯多福安寧醫院（St. Christopher's Hospice），之後得到英國女王的大力資助，成為教育示範中心，接著分布到全英國。八年以後，聖克里斯多福安寧醫院的一組人員到美國，幫助美國建立了第一個有安寧療護的醫療機構。一九九〇年二月，台北馬偕醫院淡水分院成立了全台灣第一家「安寧病房」；同年十二月成立「安寧照顧基金會」，成為全世界第十八個有安寧照顧組織的國家。

目前在國外，由於人口老齡化、人們對有尊嚴的死亡之關注，以及各種機構在臨終方面費用的增加，使得臨終關懷的發展極為迅速。反觀在台灣，一直到近年來由於現代人罹患癌症的人數愈來愈多，而多數癌症患者到了後期都會出現劇烈的疼痛，所以需要住進安寧病房接受緩和療護，這時「臨終關懷」才普遍受到大眾的重視。

根據台北馬偕醫院安寧緩和醫療教育示範中心主任賴允亮引述一項統計說：「台灣地區癌病死亡之人數自民國七十一年（一九八二）起即占死亡人口第一位，爾後癌病死亡人數節節上升，例如一九八六年一萬六千五百五十八人，一九九一年一萬九千六百二十八人，一九九三年二萬二千三百二十三人，一九九四年二萬三千二百四十人至一九九五年二萬五千八百四十一人，一九九六年二萬七千九百六十一人至一九九七年二萬九千零一十一人，其中大多數的人皆應接受安寧療護。」

根據賴主任的估計，若以每十萬人就有一百至一百八十人罹患癌症來看，每年至少有一萬零五百至一萬八千九百人需接受臨終關懷的安寧療護。而台北榮總呼吸治療科主治醫師郭正典則認為，台灣每年有十一萬病人需要臨終照顧。

其次，國內對臨終關懷意識興起的另一個原因是，隨著社會結構變遷，現代家庭已由過去三代同堂、五代共住的大家庭，轉型為人口簡單的小家庭；居家環境也由寬敞的三合院、四合院，轉為坪數不大的公寓大樓。所以現代人生時固然「居不易」，死了停靈也是一大問題；甚至不僅在大樓的住家不好死，留在醫院也不能安心，因為醫院的病房費用昂貴。即使有錢人住得起醫院，多數人也不歡喜孤零零地死在機器與管線圍繞的加護病房中，因此「安寧病房」便隨著時代的需求應運而生了。

再者，現代人由於從大家族轉型為小家庭，大家平日分居各處，親情愈來愈淡泊。所以當一個人面臨生死關頭的時候，應該鼓勵子女對至親家人給予一些臨終的關懷與照顧，如過去的病榻守夜、侍奉湯藥，以恪盡人子之道，這是值得提倡的好事。

總之一句，臨終關懷是對生命的尊重，是對舊情的懷念，是對恩義的回報。現代醫學發達，雖然有助於延長人類的壽命，但是老人問題、社會老化等現象，都讓舉世倍感壓力，所以對於臨終關懷的辦法紛紛出爐。例如，預約淨土、生前契約、儲蓄養

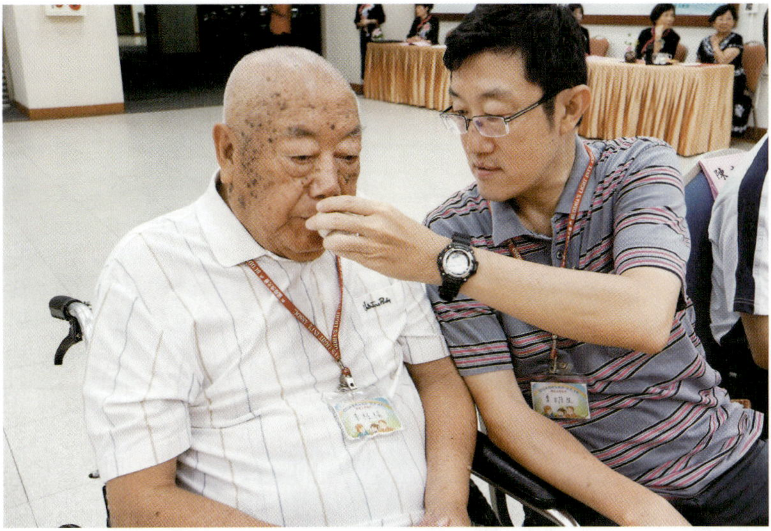
老年人最需要的是「精神安慰」和「生活照顧」

老、預立遺囑等，使得社會一下子延伸出許多新興行業來，安寧照顧也是其中之一。

其實，生命不是臨終的時候才需要關懷，生的時候就要給予照顧；甚至臨終關懷也不是只對臨命終病人所做的醫療照護，而是對廣大社會大眾施以一種廣義的死亡教育，讓人正視生死問題，而不是一味地逃避不談。因為有生必然有死，臨終一刻是每一個人必然要面臨的；既然人人都或早或遲要步入不同性質的臨終期，就應該早做準備，尤其是精神與生理上的準備。

即使說「臨終關懷」是針對即將死亡的病人所做的關懷，也不應該只是在安葬遺體、處理完後就算結束，而應該對其精神事業，及其後代子孫繼續給予應有的幫助，讓其「死得安心」、「死得瞑目」。所以「臨終關懷」不在於關懷生命活得多長，也不只是關懷死時的情況或死後的安葬問題，應該關心的是死後的去處，死後的安心，這才是臨終關懷的真正意義所在。

二、剛才大師說，生命不是臨終時才需要關懷，生的時候就要給予照顧，尤其現代社會因醫藥、科技發達，人的壽命延長，高齡化的社會帶來的「老人問題」，已然成為舉世共通的問題。請問大師，如何才能幫助老人安度晚年的生活呢？

答：談到老人關懷，不但「社會老齡化」是現在舉世共通的問題，「獨居老人」更是極待解決的社會問題。現在有很多老人不僅生前乏人照顧，有的人甚至死後多日才被鄰居發現，真是老境淒涼，情何以堪！

老人最怕孤獨，不能單獨生活，就如小孩子不能讓他單獨留在家裡。現在所好者，社會上有托兒所，也有托老所。尤其現在有許多外籍勞工，菲傭、越傭、印傭等，他們除了幫忙開發中國家建設外，也做了許多老人的侍者。

但是，老人縱然有兒女請來的外籍僕傭照顧，心靈上還是很孤獨，沒有依靠，缺乏安全感，所以老年人最需要的是「精神安慰」和「生活照顧」，其次才是「經濟幫助」。中國社會過去講究晨昏定省，承歡膝下，能對老人噓寒問暖，隨時表達關懷，還是很重要。

中國過去一向以「禮儀之邦」自居，中國人是個非常重視倫理孝道的民族，但是曾幾何時，現代人的孝親思想已大不如前，所謂「人心不古」，尤其「久病床前無孝子」，多年前我曾因開刀住進榮總醫院，在醫院短短幾天，看到「病房百態」，感觸很多。

例如，在兒童病房裡，父母每天都在一旁照顧，而老人病房裡卻難覓子女的身影。也有一些子女難得到醫院探望父母，手上卻帶著錄音機，他不問病情，只問：「要給多少遺產？房子要給誰？財產怎麼分？」等遺言錄音完成，掉頭就走了。有的病人則是送到醫院時，兒媳一大堆跟著來，過世時，卻一個也沒到。真是「只有慈心爹娘，沒有慈心兒女」。

所以，老人如何安養天年？自己也要有所準備，凡事應該在有生之年就早作安排、交待，尤其對於財產的處理，最好生前就能預立遺囑，有的捐給國家社會，有的捐助公益團體，有的分給兒女。只要自己心甘情願，早一點處理，免得最後兒女因為互爭財產而兄弟鬩牆，甚至自己也無法入土為安，像多年前的一位水果大王不就是這樣嗎？

「老」，是生命循環的自然現象，人老的時候，因盛色、氣力、諸根、壽命等境界衰退，而令人感到苦惱。但是所謂「家有一老，如有一寶」，老人的經驗、智慧，都是無價的財寶，應該傳承給下一代，所以社會應該重視老人的智慧與經驗。

在佛經裡有一個「棄老國」的故事。話說在棄老國裡，有一條荒謬的規定，凡是老人都必須驅逐到遠方拋棄，不可以養在家中。因為國王認為老人是多餘的，既不能做事又浪費米糧，所以在這個國家裡，舉目所見都是身強力壯的年輕人，卻看不到任何一個老人。

有一位大臣很孝順，眼看父親年老，如果依國家規定，應該驅離出境，但是他不忍心把老父親流放山林，就瞞著親友鄰居，偷偷地挖了一個地窖，把父親藏在裡面奉養。

後來這個國家的作為觸怒了天神，天神想要施以懲罰，就以四個問題來為難國王。結果舉國上下無人能解答問題，眼看即將受到天降災難時，所幸靠著這個老人的智慧而拯救了全國。所以後來國王下令，全國不得棄養老人，要尊敬、孝順、奉養老人；如果有不孝父母、不敬師長的人，都要治以大罪。從此棄老國因為有老人智慧的傳授，變得愈來愈富強安定。

年老的人，最大、最寶貴的特長，就是他們的人生經驗豐富，這些經驗常常就是處世的智慧，這些智慧也是國家社會最珍貴的寶藏！所以老人們應該展現生命的智慧，自己要懂得如何安度晚年，這是很重要的。

老人如何才能老而不懼？我有一個「養老十法」提供給大家參考：

㈠早起十念法：一早起床，心中稱念佛菩薩聖號，讓信仰成為心中的寄託和希望。

㈡晚睡一炷香：晚上睡前靜坐十或二十分鐘，令心平靜。

㈢飯前五觀想：吃飯時心懷感恩，保持歡喜愉快的心情，多食清淡食品，不要增加腸胃的負擔。

㈣生活要放下：思惟一生的功名、情感、得失，如過眼雲煙般不實在，而逐漸放下執著。

㈤老死不可怕：死如更衣，如搬家，如睡眠，色身雖壞了，但真心佛性不滅，只要積極培福，增長慧命，必有光明的未來。

能坦蕩。

㈥**心中常懺悔**：人非聖賢，孰能無過？人到老年，多少會反省一生中的過錯，而深感懊悔和遺憾；若能真心懺悔，就像清水洗滌過一樣，人格便能昇華，心中也能坦蕩。

㈦**布施能喜捨**：人到年老，總覺得身邊要有錢才有安全感，或者預留財產給子孫；事實上，「萬般帶不去，唯有業隨身」，若遇不孝子孫爭奪財產，情更難堪。何妨將身外之財用來廣施十方，厚植福德，來生得生善處，也能庇蔭子孫。

㈧**發心肯服務**：退休後，生活空間更廣，時間更多，可發心投入義工行列，為人服務，以擴展生活領域，更可與人廣結善緣。

㈨**幽默常歡笑**：人云「一笑解千愁」，時常保持開朗歡喜的心情，不但有益於身心的和諧與平衡，更能為人間增添歡喜。

㈩**健康要運動**：「飯後千步走，活到九十九」，運動可以活絡筋骨，讓身心活動起來。

老人最重要的，要會安排生活，平時要會念佛、看書，身體好的人可以到處旅遊，最少要歡喜與人談話、蒔花植草等，培養多方面的興趣，自能安度晚年。

老人尤其要保持心情的愉快，對未來要充滿希望，若能早晚念佛，從信仰中獲

老人要保持心情愉快，對未來要充滿希望。

得心靈的寄託，當面對死亡時，能夠心不貪戀、意不顛倒，無有掛礙、無有恐怖；能因信仰而度脫苦厄，這是最好安度老年生活的方法。

過去我曾提出「四等防老」的方法：

㈠經濟方面：多方開源節流，為自己儲備養老金。

㈡健康方面：常運動、生活作息規律、注意營養的攝取等。

㈢信仰方面：擁有正知正見的信仰，不僅在心靈上有所皈依，精神上有所寄託，同時還能廣結善緣，結識許多同道好友。

㈣興趣方面：妥善安排休閒活動及興趣的培養，拓展生活圈。

另外還有「四等養老」的方法：

㈠第一等養老：要修好緣來養老。

㈡第二等養老：要靠智慧來養老。

㈢第三等養老：積聚金錢來養老。

㈣第四等養老：依靠子孫來養老。

老人固然是要靠智慧，靠自己結好緣來養老最好，但兒女孝養父母，也是天經地義的事。不過蓮池大師在《緇門崇行錄》裡提到，孝順有三等：「生養死葬」，只是小孝；「榮親耀祖」，是乃中孝；「導親脫苦」，才是大孝。在佛教的《本事經》及《孝子經》也一致說道：「能開化其親，才是真實報父母恩。」《根本說一切有部毗奈耶》也說：「若父母無信心者，令住正信；若無戒者，令持禁戒；若性慳者，令行惠施；無智慧者，令起智慧。子能如是於父母處，勸喻策勵，令安住者，方曰報恩。」所以我們關懷老人，孝順要從這三點同時進行，給予甘旨奉養，給他心情愉快，給他念佛信仰，讓他對未來有得救的希望，這才是對老人真正的關懷。

三、人在生病時身心特別脆弱，這時往往比較容易對宗教產生信仰。請問大師，如何幫助病人藉助信仰來安定身心？甚至如何探病才是如法？

答：人，只要有生死問題，就需要佛教，尤其有病的人，更容易接受信仰。多年前，香港有一位有名的書畫收藏家高嶺梅先生，在他八十一歲高齡的時候因病住院。期間他透過家人電話聯絡，希望我能到香港為他主持皈依三寶儀式。然而當時因為我的行程已經排滿，一時之間無法抽空前往，於是我採取權宜之計，以越洋電話為高老先生在病床上作了一次皈依。

高老先生雖然一直到人生最後才想要皈依佛教，時間上是稍嫌遲了一點，但也可見人生到了最後，都很希望知道自己未來的去處。另外，鑽研大乘佛法，對華嚴哲學多所貢獻的一代文哲方東美教授，到了晚年也選擇皈依承天寺的廣欽老和尚。由此可知，人的智慧再高，最後還是需要尋求佛法的信仰。

信仰是人生終極的追求，沒有信仰，生命就沒有依歸。中日甲午戰後，日本外相陸奧宗光代表日方到中國來訂立馬關條約。正要出發時，女兒不幸染病在身，他囑咐家人，沒有重大的事故就不必通信。正當和約簽訂到緊要關頭時，家書來了，說女兒病況嚴重，希望見父親最後一面。

首相伊藤博文安慰他：「你放心回去好了，這裡的一切我來負責處理。」陸奧宗光於是披星戴月趕回家裡，奄奄一息的女兒見到盼望已久的父親回來，很高興地說：「父親！我就要和你永別了，但是我有一個問題一直梗在心中，等著您回來替我解答。」「什麼問題，你說好了。」「我現在就要死了，我死了以後要到哪裡去呢？」身為政治家的陸奧宗光，雖然博學多聞，但是對於女兒臨終前的問題，竟然不知如何回答？不過他畢竟才智過人，就安慰女兒說：「死後去哪裡，我是不知道。不過我經常看你母親在念佛，我想佛陀會帶你到一個很好的地方去。」他的女兒聽到此話，帶著安詳的笑容離開了人間。陸奧宗光因為沒有辦法解答女兒的疑團，於是開始研究佛教，終於選擇了佛教的信仰，並且出家當了和尚。

這段故事說明，陸奧宗光的女兒懂得以信仰為生命的皈依，即使面臨死亡也很安詳，毫不畏懼。一個人出門在外，天色黑了，不知將要住宿何處？這種無家可歸，徘徊在十字街口的痛苦，是難以忍受的。信仰如同我們的家；家，使我們的生命有所依靠。

以信仰為生命的皈依，即使面臨死亡也很安樂，毫不畏懼。

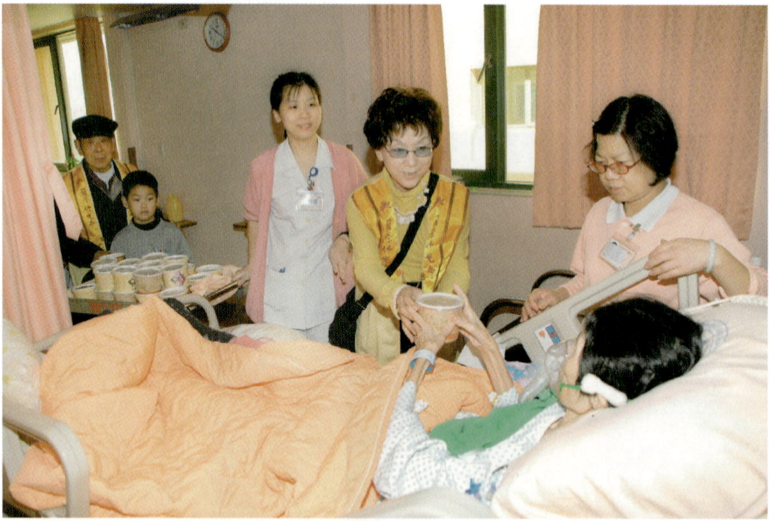

探病時，真誠關懷並啟發病人對佛教生起信心。

至於說如何探病才是如法？佛教講「探病第一福田」，探病也是一門學問，首先，探病的時間要適當，不能太早、太晚，停留的時間也不宜太長。和病人談話的音量要適中，內容更應謹慎、得當，例如不宜談論刺激病人心情的人、事、物等，以免病人情緒反應過度；不與病人爭執或辯論；不應教訓病人，應說充滿希望的語言，給予病人鼓勵。病人焦躁不安時，可隨機說法，使其心靈得到安慰，或者耐煩傾聽病人的心聲，紓解其心中的悲苦。偶爾可以閱讀報章雜誌、文章或趣事給病人聽，以排遣其病中的寂寞。

此外，進入病房時，表情應自然，切忌憂傷哭泣，以免影響病人及其家屬的心情。最重要的，要心懷慈悲，真誠關懷，並應啟發病人對佛教生起信心，讓他知道這期生命的結束，不是死亡，而是往生；能把往生的信念帶給他，鼓舞他對未來的希望，讓他明白世緣已了時，要能心不貪戀、意不顛倒，千萬不要回憶、留戀、掛礙、執著，能隨著一句佛號安詳往生，才能解脫自在。

總之，探病時切忌說一些恐怖、消極的話，以免增添病人的不安。

四、生老病死既是人生必經的過程，我們如何才能坦然面對「人生之最後」？尤其當自己至親的家人病危時，應該如何沉著面對呢？請大師開示。

答：人生之最後，中國人有一句話叫「節哀順變」。但是家中一旦有個親人往生，整個家族還是會籠罩在一片哀傷、悲戚的氣氛中。尤其愈是親密、感情愈好的親人往生，愈會感受到「愛別離」之苦。

經典中有一段記載：波斯匿王在祖母去世後，極度哀傷的請佛陀說法，佛陀告訴他，世間有四件事甚可怖畏——

㈠有生就會老。

㈡病了就容顏枯槁。

㈢死後神識會離體。

㈣死後就要永別親人。

世間凡事都靠因緣而存在，緣聚則生，緣滅則散，即使親如父子母女，一旦緣盡，終要分離，所以人要把握有緣時，好好相攜相助。尤其當父母健在時，就應該好好孝順，千萬不要等到「樹欲靜而風不止，子欲養而親不待」時，徒留遺憾。

死，雖然是令人感傷的事，但生老病死是人生必經的過程，病了要死，死並不可怕，反而是病時的痛苦、病時的掛念、病時的煩惱，都比病還要可怕。所以當一個人生病時，醫藥固然可以減少病痛，但如果世緣已了，兒女其實也不必在他垂死的生命中，再透過醫療儀器給予勉強的搶救。因為人生在世，有生必然有死，生死是人人都免不了的問題；如何讓病者身心安樂，無苦而終，才是最實際的一種做法。

因此，病人一旦進入彌留之際，家人應該沉著冷靜、堅強勇敢的面對，最好在病人病危時為他說法。有鑑於此，我除了手擬〈為老人祈願文〉、〈為絕症患者祈願文〉、〈探病祈願文〉之外，也作了一篇〈臨終祈願文〉，由親人代病者誦讀，好讓親人與病者都能夠安然面對：

慈悲偉大的佛陀！
我病了，
病得很久，病得很重，
我請人代我向佛陀您祈求：
在我生命的最後一刻，
我自知世緣將盡，
我不再牽掛親友，
我不再執著身心，
我也不再追悔過去，
我也不再妄求未來。
當我流動的呼吸緩緩地減慢，
當我跳躍的脈動漸漸地轉弱，
當我眼耳和鼻舌停止作用，
當我身體的器官不再運行，
我像遠處歸來的遊子，

乘著金色的蓮華，
回到光明極樂的淨土。
慈悲偉大的佛陀！
我要將我所有的骨髓血肉，
還給天，付於地，
隨著大自然的運轉，
化作薰風和養分，
年年月月滋長萬物。
我要將我所有的全部心意，
施於眾，施於人，
奉獻給佛法僧的周遭，
化作一瓣香花，
時時處處地供養十方。
讓憎恨我的人，
得到我的祝福；

讓愛護我的人，
分享我的寧靜；
讓欣賞我的人，
散播我的善行；
讓想念我的人，
延續我的願心。
慈悲偉大的佛陀！
我終於了然：
生命如堅韌的種籽，
花落果成，生滅不息。
因此，親友悲傷的淚水，
不再是愛結纏縛。
慈悲偉大的佛陀！
我終於可以聽到：
生命如涓涓的流水，

現生精進修持，作為來生的福德資糧。

法音清流，綿綿不斷。
於是，展望未來的前途，
不再是茫然空無。
我終於洞然明白：
此時此刻，
我只是短暫的告別。
在諸佛菩薩和諸上善人的接引之下，
未來的生命，
希望我有乘願再來的機緣。
慈悲偉大的佛陀！
塵緣已了，世緣已盡。
在我生命的最後一刻，
如遊子回家的歡喜，
如囚犯釋放的自由，
如落葉歸根的自然，

如空山圓月的明淨。
慈悲偉大的佛陀！
請您接受我至誠的祈願，
請您接受我至誠的祈願。

佛門對於「死」，有一套情理兼顧的處理方法：

㈠在病重時，可登門探病，與病者及家屬談論佛法，安撫身心，甚至可誦經祈福，作懺消罪。若因此康復，則前往道賀，並且觀機逗教，舉事證理。

㈡在臨終乃至往生時，為其助念，使之安然離去。

㈢往生後七七日內，乃至出殯送葬，家屬可為亡者誦大乘經典，增添功德以為往生資糧。

總之，生老病死是人生必經的過程，生了要死，死了要生，生死是圓形的。死亡不是消滅，也不是長眠，更不是灰飛煙滅，無知無覺，而是走出這扇門進入另一扇門，從這個環境轉換到另一個環境。經由死亡的通道，人可以提升到更光明的精神世界裡，因此佛經對死亡的觀念，有很多積極性的譬喻，例如：死如出獄、死如再生、死如畢業、死如搬家、死如換衣、死如新陳代謝等。

此外，淨土宗稱死亡為「往生」，既是往生，就如同出外旅遊，或是搬家喬遷，如此死亡不也是可喜的事嗎？所以，死亡不足懼，死亡只是一個階段的轉換，是一個生命託付另一個身體的開始。

再說，人生的意義不在於壽命的久長，色身雖然有老死，真實的生命是不死的，就如薪火一樣，賡續不已。雖然世間萬象有生住異滅，生命也有生死輪迴，儘管天上人間，去來不定，但是我們的真心佛性是永遠不變的。因此，人生重要的是，要珍惜每一期的生命，要為自己的生命留下歷史、留下功德。而家屬在緬懷親人之餘，應將他的懿德嘉行承續下去，把他的慈悲遺愛人間，這才是對家人真正的懷念。

五、現在醫學發達，透過「器官移植」已讓許多垂死的生命得以繼續存活。但是相對的，「器官捐贈」的思想卻一直無法普遍推行於全民。請問大師，如何打破中國人向有的「全屍」觀念，讓大家正視捐贈器官的神聖性？

答：器官移植是近代醫學科技的一大成就，器官移植讓許多生命垂危的人得以延續軀體的生命，也讓捐贈者的慈悲精神得以傳世。但是因器官移植所引發的諸多爭議，也是目前社會大眾一致關心、探討的話題。

關於「器官移植」，我國的《人體器官移植條例》早於一九八七年六月十九日就經總統公布施行，隨後於一九九三年修正部分條文，其中第六條規定，醫師從屍體摘取器官時，必須是在：

㈠經死者生前以書面或遺囑同意。

㈡經死者最近親屬以書面同意。

㈢死者生前為捐贈之意思表示，經醫師二人以上之書面證明者。

以上三者，必須符合其中任何一項，才能進行「器官捐贈」。

談到器官捐贈，其實身體不是「我」的，身體乃四大假合而有，就如旅店般供我們今生暫時居住而已。所以我個人認為，當一個人的生命走到盡頭，與其讓身體被蟲蛀、腐爛，不如將有用器官加以移植，讓別人的生命能夠繼續延續。

在一篇名為〈如果你要懷念我〉的文章說得很好：「總有一天，我會躺在醫院的白色被單下；總有一個時候，醫生會認定我的腦功能已經停止。那表示，我的生命已經結束。那時候，請千萬不要稱呼那是死亡之床，而請稱之為生命之床。因為我要將我的身體拿出來幫助別人，延續並讓他們有更豐盛的生命……」

捐贈器官含有生命延續、內財布施、資源再生、同體共生等意義。試想：當你捐出一個眼角膜，就能把光明帶給別人；當你捐出一個心臟，就能給他人生命的動力；當你捐贈骨髓，就是把生命之流，注入他人的生命之中，所以真正的生命是不死的！身體雖有老病朽壞的時候，但生命如薪火相傳，是永恆無限的。透過器官捐贈，帶給別人生機，也是自我生命的延續。

然而儘管現代醫學發達，透過「器官移植」可以讓許多垂死的生命得以繼續存活。但是由於器官取出要在宣布腦死到器官壞死的短短時間內進行，而國人一向保有全屍及死後八小時不能動的老舊觀念，因此「器官捐贈」的思想一直無法普及國人，造成台灣的器官市場一直呈現供需失衡的現象，有許多人需要移植心臟、肝臟、腎臟等，卻苦等不到有心人捐贈，造成許多的遺憾。

反觀全世界器官捐贈率最高的西班牙加泰隆尼亞，當地的人認為：今天我把器官捐贈出來給需要的人，有一天當我的親友需要移植器官時，同樣也會有人願意捐贈。他們這種心態，可以說真正符合「同體共生」的思想，值得國人學習。

為了建立「器官捐贈」的新觀念，「中華民國器官捐贈中心」特別成立「宣導教育中心」，透過公益廣告、文宣製作、街頭宣導、公共電視、郵票發行及推動「器官捐贈週」等活動，希望能落實全民器官捐贈的觀念。

了解生命的意義，解脫死亡的恐懼，這就是了脫生死。

其實，一個人活在世間，難免都有缺陷，何必要求死後一定要「全屍」呢？再者，一個人只要有願，有心把自己的身體布施出來利益別人，就不怕因器官摘除而因痛生瞋，造成無法安詳往生極樂淨土的顧忌，所以對於死後八小時不能移動身體，甚至不能捐贈器官的這種觀念，早已不合時宜，現代人的思想應該隨著時代而進步，應該正確地認識生死。

我們如何看待生死呢？其實生死如植物的開花結果，春天播種，秋天收成，這就是生死；「早上出去，晚上回家」、「晚上睡覺，早晨起來」，這都是生死。人不是到了死後才是死，還有精神上、思想上，每天不都有幾百次的「千生萬死」嗎？我們的心，每天都在十法界來回無數次，這不都是生死嗎？甚至人體的細胞，每七天新陳代謝一次，這不都是生死嗎？現在的人眼睛壞了，可以換一個；皮膚壞了，也可以移植；腎臟壞了，還可以再換一個。所以，生死就是好好壞壞，生生死死。過去一位禪師看到人家喜獲麟兒時說：「你們家多一個死人。」這不是在觸他的霉頭，而是在陳述生命的實相。

生死只是有一個「隔陰之迷」，就是換了一個身體就不知道了。就如去年收成的黃豆，今春種下去，今秋又再收成，這一顆黃豆不知它是去年的黃豆。從前世到今生，從此生到來世，只是形軀不同，實際上彼此並非沒有關聯。

禪宗講要看破生死，佛門講要了脫生死；了解生命的意義，解脫死亡的恐懼，這就是了脫生死。所以關於器官移植，當一個人老了、死了，器官於己無用，但卻能延續別人的生命，這是多麼美好的事，何樂而不為呢？我自己早在三十年前就已認簽器官捐贈同意書，我也希望大家一起響應這項莊嚴神聖的活動，希望社會愈來愈進步，大家共同締造同體共生的美好世界。

六、目前社會上吹起一股購買「生前契約」，或是「預立遺囑」的風潮，由自己在生前就把後事安排好，以便臨終時能心無牽掛地往生。請問大師，對此有何看法？

答：人生在世，有很多事都不是自己所能預知或掌控的，尤其「生死無常」。但是，人固然無法掌控生死，卻能為自己的身後事預作安排。現在流行的「生前契約」，就是因應現代人希望為自己的後事預作安排而興起的新興行業。

所謂「生前契約」，即活著的時候，由自己或家人預先與殯葬業者簽訂契約，於生前購買好死亡時的喪葬儀式，為將來的死亡預作準備，也就是替自己的身後事買好人生最後的一張保單。

「生前契約」這種業務在國外早已行之多年，只是過去國人大都忌諱談「死」，所以直到近幾年來才在國內普為大眾所接受。自從推出以後，市場反應熱絡，極具商機。這種風氣的流行，可以說是現代人觀念上的一大突破，顯示大家已不再禁忌談論死亡的話題。

目前國內生前契約的銷售型態大致可分為三類：

㈠保險公司將本身的業務與生前契約的特色結合在一起，推出具有生前契約性質的壽險保單，或是與保戶約定把一部分的保險金以信託的方式，來支付殯葬費用，以提高各公司在市場上的競爭力，以增加保單的附加價值。

㈡保險公司與生前契約公司合作，將消費者的身後事委外交由生前契約公司來辦理。

㈢一般的殯葬業者藉由業務員直接銷售的管道販賣生前契約。

「生前契約」其實是「生涯規劃」的延伸，所謂「生死事大」，「生」的時候如何活得自在、活得充實、活得有意義，固然重要；「死」時能安心、放下，了無牽掛地走，也應該早作安排，預先規劃，所以「生前契約」就像一張「安全卡」一樣，可以求得心安，未嘗不好。

問題是，世間上任何一種商業行為，難免有利益衝突，有了利益衝突，就會有紛爭。因此儘管業者標榜生前契約有諸多好處，例如：

㈠以低價分期，負擔小。

㈡有價契約可以轉讓他人使用，亦可視為可望增值的有價證券。

㈢可預約自己想要的宗教儀式，保障人生的最後一道尊嚴。

㈣一通電話，由專業人士接手，省去親友不知所措的窘境。

㈤死後不必讓家人為了一筆不可預算的費用，而造成家人的經濟負擔等等。

但是，「生前契約」牽涉很廣，其中還有法律問題。例如，如何兼顧亡者的意願、家屬的習慣、信仰、傳統習俗及業者的利益；執行時以誰的意見為主？乃至簽約後能否解約退款？這種種問題經常造成紛爭不斷。甚至不少不肖業者藉此吸金、捲款潛逃，衍生諸多的社會問題。所以，生前契約雖然有其時代性與需要性，但最好是由宗教人士來辦理，不要用商業的行為來處理。

另外，現代人有的對自己的子孫有特別的信念，或者因為信仰不同，所以預立遺囑，對自己的身後事，包括財產的分配、喪葬的處理方式等，自己早作安排、交待，以免日後造成子孫的紛爭，這本來是很看得開、很灑脫、很豁達、很有遠見的好事。但是，不管預立遺囑，或是訂定「生前契約」，還是會造成諸多的紛爭，並非必然就很圓滿。

例如，你預立遺囑，也許你的財產太多，兒孫還是要紛爭；你訂定契約，如果業者不講信用，或是雙方對所約定的內容認知不同，尤其從簽定契約到業者履行契約的時間，可能長達數十年，這中間隨著社會的變遷，必然存在著很多難以掌握的變數，實非一紙契約所能完全保障。

再說，人生的意義不在於死後有人埋葬、送終就是圓滿，人生應該要為社會留下貢獻，為自己留下歷史，為親人留下懷念。人雖然有生老病死，但是真正的生命是永恆不死的。過去中國人有「養兒防老」的觀念，有的人自己沒有生養，也總要想辦法去認個乾兒子、收養個義女，以期老來有人孝養、送終。

但是常言道，「久病床前無孝子」，有的不肖子孫不但不懂得回饋奉養，甚至希望父母早一點死亡，以便早日分得遺產。所以老人不能太有錢，最好是有德、有智、有緣，這是養老的最好方式與身後的最佳保障。

老年人隨著年歲的增長而得到的學識與經驗，這是年輕人所不及的，老來如能摒除外緣，多寫幾部好書，把自己的人生閱歷、學識經驗，乃至技能訣竅等傳授給後學，甚至告訴後輩怎樣做好人、如何做好事，並以豐富的做人處事經驗點化人心，自然能贏得大眾的肯定，何愁老來成為孤獨老人呢？

懂得靠智慧來養老以外，還要懂得結緣。人與人之間，是靠緣分在維持關係，因此人際關係其實就是因緣法。俗語說：「有緣千里來相會，無緣對面不相識。」世間上最寶貴的就是廣結善緣。平時懂得護持佛教事業，老來乃至往生後，寺院自然會回報你；平時能夠投入公益事業、加入義工行列，主動關心貧弱孤苦，以愛心、歡喜心培養好的人際關係，老來自然不必煩惱沒有朋友，不必擔心被社會人群所遺棄。

所以，一個人最好的保障是結緣，死後讓因緣來幫助你。平時我們要找人幫忙很困難，但是只要自己生前多結緣，因緣就會主動來找你。因為自己生前有結緣，死後與你有緣的人自然會來與你結緣，這是最好、最能解決問題的方法。反之，不肯結緣，即使留下再多的遺產給子孫，可能到最後連送葬、念佛的人都沒有，所以廣結善緣是人生最美好的事。

總之，生，要生得歡歡喜喜；死，也要死得歡歡喜喜。不管做什麼事，能皆大歡喜，就是最美好、最圓滿的事。因此，與其透過生前契約來規劃身後事，不如廣結善緣最為圓滿。

七、根據佛經所載，人因業力不同而有善終、壽盡、橫死、夭亡等死法，甚至佛教也說「死如烏龜脫殼」，請問大師，死亡真的很可怕嗎？

答：死亡是歷來人們最忌諱談論的問題，但是時代進步，現在「生死學」已經成為熱門的話題，並視為人生必修的一門功課。例如佛光山在民國八十五年（一九九六）創辦的南華大學即首開風氣，率先設立「生死學研究所」，隨即引起熱烈討論，歷屆報考十分踴躍，包括教育界、醫護界、宗教界、社工人員等，競爭之激烈，不下於熱門的理工系所。

南華大學生死學研究所的設立，可以說寫下了國內教育史上劃時代的一頁。該所隸屬於人文學院，院長慧開法師親自開講過「宗教傳統與生死探索」、「生死學基本問題討論」、「生死學英文名著選讀」、「生死學概論」等課程。他的學術專長及研究專題為「宗教哲學」、「宗教生死學」、「生死學概論」、「生死學基本問題討論」等，帶動大家對生死學的重視。

生死學的研究，早在一九七四年七月紐約時報（New York Times）報導，當時美國已經有一六五所大學校院，開設了以「Death and Dying」（死亡與臨終）為主題的通識教育課程。有些學校更將其納入通識教育的核心課程，開課的歷史已達二十年以上。

其實，生死一直是人生最密切的課題。人間最大的問題，一是「生」的問題，二是「死」的問題。生要居處，死要去處；有的人為生辛苦，有的人為死掛念。佛學就是生死學，例如觀世音菩薩「救苦救難」，就是解決生的問題；阿彌陀佛「接引往生」，就是解決死的問題。只是因為人有「隔陰之迷」，換了一個身體就不知道前生後世，因此自古以來對生死茫然無知，成為天下最難解決的問題。

談到生死，經典裡將死亡分成四大種類：壽盡而死、福盡而死、意外而死、自如而死。

「壽盡而死」就是自然死，當一個人體能衰竭，例如腎衰竭、心臟衰竭等，身體的器官失去功能，就如老舊的車子不能快跑，又如破損的桌椅不能使用，這時就是油盡燈乾、壽終正寢的時候了。

「意外而死」係指遭受意外災禍而死亡，一般稱為「橫死」。根據《藥師琉璃光如來本願功德經》說，橫死有九種：1. 得病無醫，2. 王法誅戮，3. 非人奪精氣，

4.火焚，5.水溺，6.惡獸啖，7.墮崖，8.毒藥咒咀，9.飢渴所困。

所謂「橫死」，例如山崩土埋、葬身魚腹、被虎狼所噬、空難等；看起來不忍，但隨著業報現前，剎那之間很快就斷氣了，沒有拖延，也算善終。反之，有的人在醫院裡纏綿病榻，插管維生，難道就是好死嗎？所以對於橫死、善終，應該從另一個角度來看。

人都希望求得好生，更要求得好死；佛陀的十號之一「善逝」，說明「好死」也是人生莫大的福報。其實，瞬間死亡並不可怕，有時間感受死亡，或因恐懼而死才可怕。立即死亡，無痛無苦，沒有恐懼害怕，就是善終。

至於說死是否如烏龜脫殼？如在醫院裡電擊搶救即是；如果含笑而逝就不是。基本上，人之生也，必定會死；人之死後，還會再生。生生死死，死死生生，如環形的鐘錶，如圓形的器皿，沒有開始，也沒有結束。生死只是一個循環而已，如種瓜得瓜，種豆得豆。種也不是開始，收也不是結束；開始中有結束，結束中有開始。所以死亡並不可怕。

當然，死亡有所謂「好死」，也有「歹死」，有的人如睡覺般，一覺不醒。甚至過去的禪師，有的田園荷鋤而亡；有的自我祭拜而終；有的吹簫奏笛，泛舟而逝；有的東門西門，向親友告假而去。所謂「來為眾生來，去為眾生去」，來來去去，根本就不用掛懷。正如衣服破舊了，要換一套新衣；房屋損壞了，要換一間新屋。連老舊的汽車都要淘汰更新，何況人的身體老邁了，怎能不重換一個身體呢？

法國文藝復興時代的代表人物拉伯雷（Francois Rabelais）說：「笑劇已經演完，是該謝幕的時候了！」他對於死亡表現得瀟灑自在，毫無依戀。哲人盧梭（Jean-Jacques Rousseau）臨終時安慰夫人：「可別傷心！你看，那邊明亮的天空，就是我的去處！」真是自在人生的示範。

美國的物資生活豐富，他們對死亡並不覺得可怕；反而是中國人苦難不斷，政治迫害、戰爭頻仍，但中國人怕死，希求長生不老。這倒是一個很有趣的現象。

其實，凡事自然最好，死亡也是。死亡不足畏懼，只是死亡以後就像移民一樣，好比你到了另外的國家，你有生存的資本嗎？只要你有功德法財，換一個國土，又何必害怕不能生活呢？

八、中國人對於喪葬習俗有很多的忌諱和迷信，請問大師，親人往生後，如何處理其後事才是如法呢？

答：所謂「生死事大」，中國人自古以來就把生死看成是人生的兩件大事，並且強調「生，事之以禮；死，葬之以禮」。「養生」是孝的表現，「送死」更是大孝，因而對死亡講究的是厚葬。在孔子時代，人從死亡到安葬，須經五十幾種儀式，正如德國哲學家費爾巴哈（Ludwig Andreas von Feuerbach, 1804-1872）說：「中國人是最為死者操心的民族。」所以身後事總有很多的繁文縟節，甚至還有很多不合時宜的風俗、迷信和忌諱。例如，一般人的觀念裡，總認為人死必然為鬼，為了怕親人在黃泉路上沒有路費，所以有燒「腳尾錢」，也就是燒冥紙的習俗。

關於燒冥紙的習俗，西洋人習慣到亡者靈前獻花，表達生者的追念；中國人燒些冥紙來表達心意，本無可厚非，不過像現在已經從燒紙錢進而燒紙房子、車子、家電用品，甚至燒一群佣人給亡者，這就值得商榷了。因為你燒洋房別墅給亡者，如果沒有土地，你要他把房子建在哪裡呢？你燒車子，如果亡者是因為車禍而往生的，難道要他再出一次車禍嗎？何況佛經說，人往生之處有六道，如果是上升佛道、天道，那是一個極樂、富貴的世界，哪裡還需要用到紙錢？如果是投生人道，出生在哪一國也不知道，到底是要燒台幣還是美金呢？如果投生地獄、餓鬼、畜生，將受無邊的痛苦，紙錢對他而言也無濟於事，所以不如為亡者印經、布施、做

為亡者修福，利益殊勝。

善事，將功德回向給亡者，對亡者來說才有實質的利益。

其次，中國人一向重視「壽終正寢」，認為在外車禍死亡的人遺體不能返回家中，否則就不吉利。其實過去農業社會裡，人們多半一生守在自己的家園；但現代工商社會，許多人外出謀生，橫死在外地的人愈來愈多。一個人死在外鄉已經很可憐了，為什麼不讓他回家？如果能換個觀點想：「他一個人死在外面好可憐，要趕快讓他回到家裡，他會感到比較溫暖、安心。」那就沒有什麼忌諱了。

另外，家裡有人去世了，兒女為他送葬，捧個牌位，還要打一把傘。其實這個風俗是有典故的：過去滿清時代，有些明朝遺民不喜歡做滿清臣民，發願「腳不踏滿清之地，頭不頂滿清之天」，所以身死之後，要兒孫為他打傘，不願頂滿清之天。但現在是什麼時代了？還要打這把傘嗎？

再者，中國人重視倫理，從倫理裡也衍生出不少習俗來，例如人死後，孝眷為表哀思，幾天內不可以刮鬍子、不可以更衣、兒女要從門外跪著爬進屋裡等等，這些方法都沒有順乎自然。乃至生肖犯沖、生辰犯沖、八字犯沖的人不能送葬，甚至丈夫死了，妻子不能送上山頭，否則就表示想要再嫁，將被視為不貞。

在傳統的中國農村社會裡，還可見到一種現象，一家有了喪事，親友鄰居紛紛獻策，乃至一些三姑六婆，這個人說這種習俗，那個人說那種規定，搞得孝子賢孫不知如何才好！

我的父親在日軍侵華時在返家途中失去音訊，後來猜測應該是遇難了，他的死亡我是不知道，不過在我九十五歲老母親往生時，我不許任何人替我主張，因為往生的是我的母親，別人不必七嘴八舌的亂出主意，所以我相信我的母親一定是很安然而去的。

談到中國民間的喪葬禮儀，確實有很多不合時宜的觀念、作法，都應該加以淨化、改良。例如：看風水、擇日、死後八小時以內不能入殮、出殯時安排電子音樂、花車、遊街、哭墓等，不但浪費，而且有失莊嚴。

那麼現代的喪葬禮儀應該如何辦理才合宜呢？就是要用合情、合理、合法的方法。例如，依照內政部印行的喪葬禮儀辦法，或自己所信仰的正信宗教，如佛教叢林裡有關喪葬禮儀的一些主張與作法等。

佛教對喪葬禮儀的看法，首先強調的是要建立正知正見。例如，生、老、病、死是人生必經的過程，但卻很少人能坦然面對死亡，因此常常忽略了「臨終」這重要的一刻。臨終是「升」、「沉」最重要的關頭，它是決定「往生」最寶貴而且具有決定性的一刻，眷屬若在此時大聲哭泣，引起病人悲痛的情緒，累他墮落，失卻往生善道的機會，那是無益而有害的。因此，若遇家裡有人過世，不宜哀嚎大哭、搖晃、塞手錢、拜腳尾飯等，尤其切忌殺生祭拜，如《地藏經》說：「臨終之日，慎勿殺害，及造惡緣……何以故？爾所殺害乃至拜祭，無纖毫之力利益亡人，但結罪緣，轉增深重。」又說：「若能更為身死之後，七七日內，廣造眾善。能使是諸眾生永離惡趣，得生人天，受勝妙樂，現在眷屬，利益無量。」

是故四十九日內為亡者修福，利益最為殊勝。尤其當病人病危時，最好能禮請法師或道友前來助念，親人亦應在旁一起助念，幫助他往生極樂淨土。亦可請病人所敬重且善說法要的有德長者前來安慰開導，勸病人一心念佛，求生佛國淨土。

此外，有關喪葬禮儀，尤應注意下列幾點：

㈠不要虛榮：現在的人遇到喪葬事宜，大家競以虛榮心處理，要做得比人家好，互比虛榮心。其實，應當要尊重死者心願才是最重要的。

㈡不要鋪張：國人對於喪葬事情，往往講究你有多少樂隊，我有多少花車。其實不一定要這樣，喪葬是個人家庭的事，何必勞師動眾呢？莊嚴、哀傷、肅穆勝於吹吹打打。

㈢不要迷信：治喪無非求死者安，生者孝，一盡哀心悼念而已，不必刻意造作。

總之，生、死是人生的二件大事，依佛法的觀點來看，生不足喜，死亦不足悲，唯有以莊嚴的心情幫助亡者順利往生善道，這比任何隆重的儀式都要來得重要。

九、佛教把死說成是「往生」，又說生命是三世輪迴，請問大師，我們怎樣知道

有前生與來世呢？

答：世間萬象都離不開輪迴的道理，舉凡宇宙星球的運轉，春夏秋冬的更替，晝夜六時的推移，善惡六道的輪迴，身體的生老病死，以及過去、現在、未來三世的流轉等，宛如車輪迴轉的現象，都證明「輪迴」的道理。

自古以來，輪迴之說就存在於人類社會中：古印度的婆羅門文化《梨俱吠陀》一書中，已暗示人死後有靈魂之歸趣；後來的《梵書》、《奧義書》、《薄伽梵歌》中，記載著純熟的輪迴思想。在西方，古希臘羅馬的哲人們對靈魂之說做積極的研究，其中畢達哥拉斯和柏拉圖提出人死後的靈魂依照生前所作善惡，轉生為人或其他生物。

及至今日，每個宗教都承認輪迴的存在，其中道教主張長生不老；耶穌教、天主教認為人生的目標在於進入天堂和上帝同在，獲得永生；一般民間信仰也渴求人生不死；佛教認為人生最究極的目的，在於證入無生涅槃的境界。所謂無生的境界，就是超越輪迴，不受生死之苦的境界。在佛教看來，長生、永生、不死，仍然在痛苦的輪迴之中，唯有無生，才能從生命的煎熬痛苦之中超拔出來，才是究竟常樂的清淨生命。

現在有許多人相信輪迴的存在，研究輪迴的原理，也有一些人積極地尋找自己的前生，或者正受著業力輪迴之苦而不得其解。

佛教對「輪迴」有一番透澈的解析，揭示生命輪迴的奧祕，曉諭世人生命意義的真諦及離苦得樂之道。佛陀證悟後，出廣長舌，教化眾生，對「輪迴」也提出許多看法，如《心地觀經》云：「有情輪迴生六道，猶如車輪無始終。」《大智度論》云：「業力故輪轉，生死海中迴。」

佛教認為生命輪迴的主體是「阿賴耶識」，而輪迴趣向的決定是「業力」。阿賴耶識是生命受生的根本識，既不是靈魂，也不是精神實體。生命接觸種種境緣後，產生種種的善惡行為，這些行為後果的種子又回薰於阿賴耶識，儲存於阿賴耶識，當肉體死亡時，阿賴耶識最後離去，而在生命體投胎轉世時，最先投生。因此阿賴耶識是輪迴的主體根本。眾生每日身、口、意所造作的行為，有的是善業，有的是惡業，這些業因業緣形成兩股力量，彷彿拔河比賽，如果善業的力量大，就把眾生牽引至天、人、阿修羅等三善道去受生。如果惡業力大，眾生就墮入地獄、餓鬼、畜生等三惡道去受苦，因此，「業力」是生命輪迴的決定因素。

六道輪迴的實例，古今中外比比皆是。佛陀常常隨緣向弟子講述自己多劫修行的事蹟，《六度集經》、《本生經》、《菩薩本行經》等，都是佛陀的本生譚。英國有一位老人亞瑟・福樓多，從小就常憶起前世在二千多年前約旦古城佩特拉的情景，他後來更協助考古學家找到許多新資料。在中國，輪迴轉世的記載自古以來更是不勝枚舉。在近代史上也有一些發人深省的輪迴事蹟。例如，一九八七年十二月十三日，在上海發生了一場空前的大車禍，兩列火車迎面相撞，造成二百多個青年死亡。根據報導，這場車禍其實是可以避免的，但是不應該發生的事卻發生了，而當天距離一九三七年十二月十三日侵華日軍在中國南京製造慘絕人寰的大屠殺事件正好屆滿五十周年，所以有人說，那些死亡的青年可能就是南京大屠殺時的軍人所投胎轉世來受報的。這個事件讓世人更加相信，人確有前世今生，一切都離不開因果。

在台灣，一九四七年發生的二二八事件，至今還有一些人心中一直充滿了仇恨，一直想要報復，他們何嘗不是二二八的犧牲者轉世而來的呢？甚至在佛教的密宗也有「活佛轉世」之說。活佛轉世既然形成風俗，也不是無端的，也是有一些可信度。乃至近代西方心理醫師利用催眠術喚起病者的前世記憶，震撼全球，生命輪迴的事實已不容置疑。

生命如種子，是不會斷絕、是不死的。因此，相信「三世輪迴」，讓我們知道，人不能只重現世，更要重視未來，並且要廣結善緣，培植未來的福德因緣，如此未來才會更美好。

一〇、請問大師，佛教講「十法界」，法界之中真有天堂地獄嗎？天堂地獄到底在哪裡呢？

答：在廣大浩瀚的宇宙之中，一般人的思想、意識所及，除了今生所依存的世界之外，其次就是天堂與地獄。因為在一般人的觀念裡，認為人死後不是上升天堂，便是墮入地獄，天堂與地獄介乎人道的上下，一個代表享樂，一個代表受苦，這就是一般人對天堂與地獄的認識。

「天堂地獄在哪裡？」在我弘法的歲月裡，經常被人問到這個問題，我通常都會回答說：天堂地獄在哪裡？可以分三個層次來說：

第一、天堂在天堂的地方，地獄在地獄的地方。

佛教將宇宙分為十種法界，即佛、菩薩、聲聞、緣覺、天、人、阿修羅、畜生、餓鬼、地獄等。其中，「天」即指天堂，有三界二十八天之分，地獄則有十八種地獄。所以，天堂在天堂的地方，地獄在地獄的地方。

第二、天堂地獄就在人間。

世間上，有的人生活富裕，住在花園洋房裡，出入有汽車代步，就像生活在「天堂」裡。有的人生活困苦，局促在陋屋小室，無錢無力的苦惱就像在「煉獄」裡；飽受飢餓凍餒，就如處在餓鬼界；遭逢炮火焚燒，就像生活在「鬼域」般。

第三、天堂地獄就在一念之間。

其實，真正的天堂地獄是在我們的心裡。許多人習慣與人計較、比較，心中充滿猜疑憤恨，整天貪瞋愚痴，或被煩惱憂傷繫縛，就像生活在地獄。反之，如能以一顆明淨的心，開闊胸懷，包容一切，時時保持心情愉快、滿足、歡喜、安樂，這就是生活在天堂裡。我們每個人在一天當中，時而天堂，時而地獄，來回不知多少次，因此，我認為天堂地獄就在「一念之間」。

各種宗教都認為有天堂地獄的存在，佛教雖然也肯定有天堂與地獄存在的事實。然而，以佛法來講，人死後不一定就上升天堂或墮入地獄，天堂與地獄只是十法界中的其中二界，上升天堂有上升天堂的條件因緣，墮入地獄有墮入地獄的業力道理，二者各有其不可混淆錯亂的因緣果報。

甚至有人說，基督教的天堂就是佛教的淨土，其實兩者並不相同，其差異之處大致有四點：

㈠淨土裡面都是平等的，沒有貧富貴賤的差別。
㈡淨土裡面還需要修行增上，才能花開見佛，不是往生淨土就能完成。
㈢往生淨土就是上升佛國，但是佛國不是天堂，在天堂福報享盡，就會墮落。
㈣淨土是清淨無欲的，天堂還是有欲的汙染。

所以，淨土與天堂是不同的。

天堂地獄在哪裡？就在我們生活的人間裡。在人間每天都可以看到地獄的慘烈狀況。譬如到菜市場、餐廳飯店走一遭，但見雞鴨豬羊等，倒懸提掛，切剁宰割、活剝生烤，這不就是倒懸地獄、刀山地獄、火燒地獄嗎？到醫院手術室、病房等，也處處可聞哀號聲，可見地獄慘狀。反之，現代的社會，人人豐衣足食，吃穿是錦衣玉食，住的是高樓大廈，不但地毯鋪地，而且有冷暖氣設備，出門有轎車代步，甚至搭乘飛機輪船，一日千里；聯絡事情，有電話可以馬上溝通遠在天邊的對方；觀賞電視傳真報導，剎那間可以看到千山萬水以外的狀況；電腦、遙控的使用，可以隨心所欲，運用自如。我們享受著這麼多的福德因緣，過著極其平靜幸福的生活，這不就是天堂嗎？所以天堂也可以在人間實現。

天堂地獄在哪裡？就在我們的心裡。天台家說我們的心「一念三千」，唯識家則說一切萬法「唯心所變」。我們的心瞬息變化，捉摸不定，忽而諸佛聖賢的心，忽而三途惡道的心，一天之間，在十法界中上下浮沉，去來無數次。所以成佛希賢端在一心，墮落輪迴也繫乎一念。

《華嚴經》說：「心如工畫師，能畫諸世間。」我們的心像一個畫師，可以畫出美麗的事物，也可以畫成兇惡的野獸。《維摩詰經》也

心如工畫師，能畫諸世間。

說：「隨其心淨則佛土淨。」我們如果能夠時時保持一顆明淨的心來對待世間的一切，這個世界便是天堂，便是淨土。因此，天堂地獄不在他方遠處，就在我們當下的一念。

「天堂地獄在一念之間」，如果我們懂得其中的深義，就會了解：人生不要光顧心外的生活，最重要的是必須要建設心內的「天堂」，如果心內的「天堂」沒有建好，把憂悲苦惱的「地獄」留在心裡，就會帶給你苦不堪言的人生。所以吾人在世間上生活，

對於臨終者，應給予開示或引導念佛，令其安心往生極樂淨土。

就算身處「天堂」，如果不能認識它的美好，天堂也會轉變成為「地獄」；如果懂得以佛法來處理困境，轉化厄運，那「地獄」也可以成為「天堂」。

佛經裡告訴我們，如果沒有福報，就算在天堂裡也會「五衰相現」；如果有慈悲願力，「地獄」也會成為「天堂」，像地藏王菩薩發出「地獄不空，誓不成佛」的宏願，累劫以來在「地獄」裡辛勤度眾，但我們認為地藏王菩薩永遠是在「天堂」裡生活，因為他心中的「地獄」早就已經空了；佛陀雖然降誕在娑婆世界，我們也不認為佛陀生在五濁惡世，因為佛陀是在淨土法性的境界裡生活。還有觀世音菩薩抱持悲心尋聲救苦，所以熾烈的火焰也化為朵朵清涼的蓮華；富樓那尊者抱定堅決的意志到邊地去度化惡民，所以在別人眼裡如「地獄」般的邊地，在他眼裡卻如「天堂」道場般的自在。

俗語有謂「境隨心轉」，一切都是唯識所變、唯心所現。《大乘起信論》的「一心開二門」；「心真如門」即佛性，「心生滅門」即凡夫。是佛還是凡夫，都存於一心；心中有天堂的聖者，心中也有地獄的魔鬼。我們立身世間，若能以佛心待人，則世界也會跟著我們轉成佛界；我們若以魔鬼的心處世，世間也會成為魔界。佛魔存乎一心，你要做佛呢？還是做魔呢？可不慎哉！

一一、目前社會上有不少醫療機構或慈善團體，都針對臨終關懷而設立「安寧病房」。可否請大師介紹有哪些地方可以提供這種服務？以及護理人員應該注意哪些事項？

答：隨著「臨終關懷」的意識普遍被推展，目前台灣設有臨終關懷的醫療機構，計有蓮花臨終關懷基金會、安寧照顧基金會等。此外，不少醫院都設有安寧病房，如：台大醫院、馬偕醫院、耕莘醫院、榮民總醫院、彰化基督教醫院、慈濟醫院等，組織更為龐大，結合了醫師、護理師、營養師、藥師、物理治療師等成員，藉各種方式減輕、緩和病人身體的痛苦；並有社工人員、宗教人士的加入，令患者消除恐懼死亡的心理，更由於宗教的力量，能使臨終者得到安慰和引導。

「臨終關懷」主要目的是幫助病人有尊嚴的走完人生最後的旅程，因此在護理的時候應注意以下的事項：

㈠**認識臨終病人的心理變化**。臨終者所面臨的情緒變化各有不同，家人、義工、慈善人士、宗教師等，都應該要了解，而給予適當的協助。例如：

1. 恐懼：要設法使臨終者心生喜悅，無諸恐懼顛倒。

2.憤怒：要安慰臨終者，使情緒平靜，萬緣放下，不生愛憎。
3.罪惡：讓臨終者不要有罪惡感，教他念佛可以消除罪障。
4.不捨：勸導他對世間的親人、財物不生貪戀之心。
5.擔心：讓病患放心，不必掛念閒雜人事。
6.無助：讓他知道很多親人朋友做他的精神支柱。
7.自暴：鼓勵他堅定信心，念佛必生極樂國土。
8.孤獨：不要讓病患感到病床上的孤獨。
9.沮喪：病患即將離世時，若有沮喪、無奈，應給予適當的安慰。
10.無知：告訴他將到清淨安樂幸福的國土，讓他知道未來有無限的希望。

㈡**正視臨終病人的需求**。從事臨終關懷者，應為每一位病人製作懇談資料表，以了解其個別的需求與願望，或從觀察而得知其所求。例如：

1.希望明白病情。
2.希望獲得別人的寬恕。
3.希望可以了解、寬恕他人。
4.希望獲得別人的關懷。

5.期待與親友見面。

6.期待對生命的了解。

7.宗教信仰的渴求。

8.後事的安排。

㈢給予臨終病人的協助。從事臨終關懷者，應有高度的慈悲、耐心，以及具備各種能力、常識，協助病人無憾的走完人生，為人生畫下完美的句點。例如：

1.以關心的態度專心傾聽他訴說。

2.讓他所愛的人適時給予關懷，並陪伴身旁。

3.尊重病患者的宗教信仰。

4.講說懺悔得救的故事及道理。

5.安排法師或宗教人士與其談話，或為其開示說法。

6.儘可能滿足他心裡的希望。

7.共同討論他心中的願望。

8.告知醫師，減輕病者肉體痛苦，保持神識清明。

9.幫助病患及其家屬維持正常生活型態，以及預備後事。

10.保持病人心理的平和。

11.為他助念，使之提起正念，安然離去。

人的一生，有兩個問題，一是「生」，二是「死」。生時，有父母養育、老師教導；長大則結婚、生子、創業、功名富貴……年老則要照顧，生病則要看護；死時的殯葬、告別式、火化、安葬……為人子孫者要跑好幾個地方，才能完成這人生最後一件事。

佛光山有鑑於此，為了圓滿解決人生最後的問題，特於民國七十二年（一九八三）興建完成萬壽園，並做有系列的整體規劃，三樓至六樓為奉安靈骨與牌位之用的「萬壽塔」；一樓「功德堂」主要供殯葬奠禮用，共有「九品廳」、「蓮華廳」、「圓滿廳」、「福壽廳」等四間大小奠悼廳做為停靈、憑弔告別祭奠之用，另有東西兩個客堂，可供信徒洽詢及亡者家屬休息。

二樓「如意居」則專為病危者及看護的家屬居住用，內有廚房、浴廁、醫務室等設備，同時可供六位患者使用，分別是「如意居」、「有德居」、「菩提居」、「般若居」、「福慧居」、「和悅居」等。臨終者的家屬可以陪著一起住進來，全心全意的照顧臨終病人。如果病人痊癒可以回家，一旦往生，彌留時，有法師為其助念。接著後事的辦理，從入殮、告別式、火化、進塔，都由佛光山一貫作業，圓滿後事。

有鑑於一般的喪事，從生病往生到安葬，家屬都疲於奔命，佛光山對一個人生的完成，從生到死，提供了一系列的服務，且每天早晚除課誦外，並在春秋兩季舉行超薦佛事，不僅生亡兩利，也淨化了喪禮奢靡的風氣。

佛光山對人一生的完成，除了本著「以慈善福利社會」，在慈善事業方面辦有育幼院、佛光精舍、佛光診所、萬壽園、友愛服務、冬令賑濟等養老育幼、老病死生之照顧外。另外並從文化、教育、社教、活動等多管齊下，希望透過佛法的教化，對世道人心的淨化、社會風氣的改善、人文思想的提升、精神生活的充實、慈悲智慧的開展，都能有所助益。

然而社會上有一些不明就裡的人，他們無視於佛光山對佛教發展以及社會教化所作的貢獻，經常批評佛光山商業化，指佛光山很有錢。其實，佛光山不是很有錢，而是很會用錢，今年的錢用出去了，明年乃至後年的錢也用出去了。在「日日難過日日過」的生活下，我們將每一份淨財都用在培養人才、弘法利生的佛教事業上。佛光山不以矯情的眼光視金錢為罪惡，也不濫用金錢、積聚金錢而使金錢成為罪惡的淵源，我們的信念是要藉著佛教的力量，把苦難的娑婆世界建設成富樂的人間淨土，讓每一個人的一生都能在佛光淨土完成，而不是等到臨終時才想到佛教、想到未來的歸宿。

二二、古人有「賣身葬父」的悲苦，現代社會雖然經濟繁榮，仍有一些窮人「死不起」，例如買不起墓地、付不起喪葬費用等。甚至在「死人與活人爭地」的情況下，有時即使有錢，也是「一地難求」。因此現代人提倡火葬、水葬、樹葬、灑葬，甚至天葬等，請問大師對於改良喪葬儀式有何意見？

答：人死要「入土為安」，這是中國人根深柢固的想法，因此一般人遇到親人往生，莫不急著找墓地，有的人甚至生前早已預備妥當，造成土地使用效率減低。尤其一些有錢人動輒建很大的墓園，形成死人與活人爭地。現代人口爆炸，「無殼蝸牛」的居住問題尚待解決，「死人與活人爭地」的問題值得重視。

此外，中國人喜歡看風水，為了葬個好墓地，以期後代子孫能夠發財富貴，乃至成為帝王將相，於是雜亂無章的墓園就成為中國特有的景觀，不但有礙觀瞻，而且造成山坡地不當使用，形成嚴重的環保問題；相較於歐美的「公墓公園化」，實有值得借鏡之處，也更突顯出中國式的喪葬儀式實有積極改良的必要。

所幸現代環保意識興起，政府正在積極推動樹葬、灑葬、海葬等自然、環保喪葬的概念，將由台北市政府率先開放木柵富德公墓二百坪面積做為樹葬、灑葬的試辦區，以及台北縣的新店公墓、屏東縣林邊鄉公墓也將啟用樹葬、灑葬區，同時政府為了鼓勵「潔葬」，更將擴大補助地方政府相關計畫，這些都是值得讚許的好事。

其實在佛教裡，從印度開始就主張火葬，後來西藏的藏傳佛教則採用天葬。火葬比天葬、海葬、樹葬、土葬都好，當初佛陀涅槃後，也自以三昧真火荼毗。目前火葬的觀念已漸被一般人所接受，尤其一般佛弟子在火葬後，將骨灰奉安在寺院的納骨塔，這實在是人生最圓滿的歸宿。

佛教的納骨塔不同於一般世俗的靈骨塔，它除了實質解決現實的問題外，更蘊含著深刻的信仰意義。因此，佛光山的慈善事業中，除了開辦有育幼院、養老院、雲水醫院外，並設萬壽堂，供信徒安放靈骨，周全的照顧信徒的生老病死，讓人的一生都能在佛法裡獲得圓滿的照顧。

不過現在社會上也有一些人專門從事販賣靈骨塔的行業，公然與宗教爭；甚至殯葬業者搶死人的情形亦時有所聞，真是有失禮儀的原則！其實「寶塔」本來就屬於宗教所專有，未來希望政府能立法規範，讓寶塔回歸信仰，不要淪為商業買賣。

死是人生必經的過程，死也是很感傷、很煩惱的事。當一個人老病之後，先是醫療照顧，當醫藥罔效的時候，就要預備後事。現在有很多人可以說「死不起」，因為現代人大多住在公寓高樓上，左近各有居家，一家有人往生，不但哭鬧會影響鄰居，死後也不知如何出葬，所以現在的殯儀館、葬儀社、太平間、骨灰塔、各種喪葬行業就應運而生。再者，根據內政部統計，台灣平均喪葬費用大約在三十萬到四十萬之間，而大約有百分之四十的家庭一時都無法拿出這筆費用。

現代人不但「死不起」，還有養不起、住不起、讀不起、娶不起、玩不起等。其實，人只要懂得簡樸，什麼事都做得起；奢侈浪費，就什麼也做不起。所以佛教贊成火葬，因為土葬造成死人與活人爭地，而且太過執著。至於水葬、樹葬、海葬、空葬，也太過無情，總是不忍，所以火葬最好，不但乾淨、節省，連棺木都不一定要用上好的材質，也不用太大，而且省時，只要殯葬業者車子送到火葬場，二小時即可完成，火葬費用又便宜。一般貧戶還可以向政府申請費用減免，乃至民間也有不少慈善機構有施棺之善舉，義務幫助貧困，解決死亡大事。如佛光山為了讓困苦的人能死有所安，特別提供萬壽園公墓二千個龕位給貧困無依者安置遺骨之用。

此外，有下列情形之一者，使用高雄市殯儀館、火葬場、公墓、靈骨塔之各項設施，得申請減免費用：

㈠設籍或駐防高雄市之現役軍人陣亡、病故、貧困眷屬、公教人員因公殉職或其他對國家民族有特殊貢獻者。

㈡高雄市列冊有案之第一、二、三類低收入戶及仁愛之家公費家民。

㈢高雄市未列入低收入戶，但生活窘困經查明屬實者。

㈣因天然災害或其他不可抗力之原因致死亡者。

㈤檢察官因辦案之考慮暫不殮葬，經主管機關核准減免者。

火葬雖然好處很多，但不少人還是堅持要土葬，總覺得人死後，再用火燒化，實在不忍心。可是，不用火化，讓先人的屍骸深埋土裡腐爛發臭，任由蟲蟻啃囓，難道就忍心嗎？土葬要撿骨，從土裡挖出來的骨骸，再良善的孝子賢孫都覺得腐臭，不敢接近；火化後的骨灰，即使擺在床頭跟人一起睡覺，也沒有什麼不好。這個世間上，再怎麼髒的東西，用水去漂洗，用火燒成灰，都可以潔淨。家中供的佛像，誦的經書，破舊了，可以用火燒化，表示尊敬；同樣的，腐朽死亡的身軀火化以後，成為更清潔的灰骸，豈不更好？

其實，不管任何一種葬法，如莊子說，埋葬地下給蛆蟲啃蝕，在原野給飛禽啄食，在海中給魚蝦飽腹，不都是一樣嗎？所以，不管什麼葬法，只要不勞動別人、不浪費，就是最好。因為簡樸並不代表不隆重，所以不管土葬、火葬、樹葬、海葬、空葬等，一切的一切，無非都是為了解決人生最後的大事，能夠找出最經濟實惠的方法，我想這才是最重要的。

佛教對「宇宙人生」的看法

時間：二〇〇六年三月五日
　　　晚間七時至九時三十分
地點：美國西來大學
記錄：滿義法師　英文翻譯：妙光法師
對象：西來大學校長、副校長、教務長，
　　　以及遠距教學學位在世界各地
　　　幾十個地區的學員近千人。

佛教常講：佛法是宇宙人生的真理。何謂「宇宙人生」？佛教對宇宙人生又有什麼看法呢？

二〇〇六年三月五日，星雲大師在西來大學主持的第五天遠距教學，主題就是「佛教對宇宙人生的看法」。大師從「緣起」的觀點來探討有關「宇宙人生」的各項問題，內容包括：宇宙的組成、人生的意義，以及如何面對宇宙世間的無常變化、如何體證宇宙的奧妙等。

大師表示：「緣起法」是佛陀在金剛座上、菩提樹下悟出的真理；「緣起」說明宇宙萬有都不能單獨存在，彼此是互為因緣關係的存在。世間上舉凡人從出生到死亡，以及山河大地，甚至日常生活中的各項物品，都是「仗因依緣」而有。因為世間一切都是因緣所生法，所以是「無常」變動的，因此宇宙有成住壞空、人生有生老病死、時間有春夏秋冬、心念有生住異滅等變化，此乃世間實相，無法改變。

雖然「無常」是世間實相，無常總是讓人感到無奈，甚至心生畏懼，但是大師勉勵大眾：由於世間無常，因此無有一法能夠恆常不變；但是「無常」可以讓好的變壞，「無常」也可以讓壞的變好，例如貧困的人只要勤奮努力，總有致富的時候，所以「無常」很好，因為無常，人生才有無限的轉機。

座談當天適逢洛杉磯正在舉行「奧斯卡金像獎」頒獎典禮，大師一開場就打趣說：「今天能把各位從奧斯卡裡搶救到這裡來聽佛法，你們善根深厚。」大師的幽默，立刻引來大眾開懷的笑聲。以下是當天的座談紀實。

一、宇宙浩瀚無邊，如佛教的經典講「三千大千世界」，可見早在二千多年前佛陀已經知道「天外有天」，佛陀可以說是最早揭開宇宙奧祕的天文學家。現在想請問大師，宇宙是什麼？宇宙和人生有什麼關係？宇宙到底有多大？宇宙又是如何組成的呢？請大師開示。

答：一般佛教徒都知道，二千五百多年前釋迦牟尼佛在菩提樹下、金剛座上開悟成佛。佛陀開悟，悟的是什麼道理呢？一般人都說，佛陀悟的是宇宙人生的真理。那麼宇宙人生又是什麼？宇宙和人生有什麼關係呢？

所謂「宇宙」，以中國話來解釋，就是：上下四方的空間為「宇」，古往今來的時間為「宙」，也就是一切空間、一切時間組合起來，稱之為「宇宙」。

在佛教裡，宇宙和人生，統名為「世間」。世間就是時間和空間的合稱：過去、現在、未來等三世的時間，叫做「世」；東、西、南、北、上、下等十方的空間，叫做「間」。所以「世間」其實就是「宇宙」，「宇宙」又名「世間」。

在廣大的宇宙裡，森羅萬象，林林總總，不一而足，佛法將它們總括歸納為「有情世間」與「器世間」。亦即眾生所依靠的宇宙國土，叫做「器世間」；眾生由惑造業所感的有生死存亡的色身，叫做「有情世間」。

器世間不但提供一切有情眾生活動的空間、場所，並且供給平日賴以生存所需的事物。譬如山河大地、各種礦物以及水火風電等，乃至太陽所發出的光熱，

有情世間與器世間

都是我們生存所不可或缺的要件。

世間一切都是因緣所生法，任何一法的存在，都是「四大」因緣和合而有，四大就是地、水、火、風等四種元素。宇宙間，不管我們賴以生存的大環境，或是一切生命的存在，沒有一樣不是仰賴地、水、火、風等四大元素結合而成。譬如一朵花的綻放，要有肥沃的土壤，土壤屬於「地大」，另外還要有水分、日光、空氣，這些就是「水大」、「火大」、「風大」，如果缺少一大，花兒就不能盛開怒放了。

又例如由泥土燒成的杯子，泥土是屬於地大，泥土摻和水，加以火燒，故有水、火二大；再經由風吹成固體而為杯子，故有風大。

就以有情眾生的色身來講，也是假四大和合而成，例如人體的毛髮爪齒、皮肉筋骨是堅硬性的「地大」；唾涕膿血、痰淚大小便是潮濕性的「水大」；體溫熱度是溫暖性的「火大」；一呼一吸是流動性的「風大」。人之所以能生存，就是因為四大和合，如果身體有一大不調，就會呈現病相，所以宇宙萬有都是由四大和合而成。

宇宙和人生的內容十分浩瀚精微，道理極為玄妙深奧，不是用三言兩語就容易解釋明白。不過簡單的說，宇宙人生都是「因緣所生法」，也就是「緣起」而有，這就是當初佛陀所開悟的真理。

我們生存的大環境，或是一切生命的存在，無不仰賴地、水、火、風四大元素結合而成。

至於說宇宙到底有多大？根據現代科學家研究的結果證實，我們所生存的地球面積只有太陽的一百三十萬分之一，換句話說，太陽是地球的一百三十萬倍大，而在窭遼的虛空之中，一個銀河系就大約有兩千億個太陽，宇宙裡的銀河系又多達幾百萬個，如此一想，可知宇宙的浩瀚深廣，真是無可比擬。

但是如果從很小的微塵方面來說，現代物理學把物質分解成最小的單位，叫做原子、電子、中子，而微塵比中子更細微。平常我們看牛毛是很細小的物質，可是牛毛的尖端用高倍度的顯微鏡放大來看，還可以發現更多更小的成分，這種比一般觀念還要細微了幾萬倍的情形，就是微塵。

在佛教裡，大的空間叫佛剎、虛空，小的叫微塵，名稱雖然不同，卻都稱為「三千大千世界」。一個「三千大千世界」為一佛的化境，稱為一個佛土，而宇宙中有無數無量的三千大千世界存在其中，佛經稱為「十方恆沙世界」、「十方微塵世界」。所以，如果要問宇宙到底有多大？只能說宇宙至大無外，至小無內，宇宙是無量無邊，無垠無涯的。

由於宇宙世間提供我們生存的條件，與我們的生活息息相關，所以我們理應關心我們的宇宙世界，誠如理學家陸象山說：「宇宙的事，乃我們自己份內的事；我們自己份內的事，也就是宇宙份內的事。」

只是，以凡夫眾生淺薄的知識，實在無法了解廣大無邊的世界，因為宇宙之大，即使利用最快速的光，也無法繞遍整個宇宙。因此，我們與其向心外的世界探討，不如「返求於心」，向自己的心內追求。如王陽明先生說：「宇宙是我的心，我的心就是宇宙。」古德也說：「若人識得心，大地無寸土。」又說：「心外無一法。」乃至唯識家的「三界唯心，萬法唯識」。這些都是告訴我們，世界只是我們心中的一朵雲彩罷了，如果我們能將宇宙納於胸中，對宇宙萬物便可以了然於心，因為法界之寬，其實也只是在當下的一念而已。

二、人類為了在天地間生存，自古以來就與大自然搏鬥；對於未可知的宇宙，中國人向來有「敬天畏神」的觀念。請問大師，渺小的人類應該如何與大自然相處呢？

答：佛教講「眾生皆有佛性」，意思是說，每個人都有成佛的性能；既然人都有成佛的可能，為什麼要妄自菲薄，為何要把自己看得很渺小呢？所以我認為每個人都應該活出生命的尊嚴，須知我們與佛無異；凡夫和佛只是迷悟不同，所謂「迷即眾生，悟即佛」，佛是已覺悟的眾生，眾生是未覺悟的佛，佛性人人本具，個個不無。因此我經常在主持皈依三寶典禮時，勉勵大家要承認「我是佛」，只要我們有「我是佛」的認知與承擔，就能頂天立地，就能與佛同在。

不過，人雖然不可以看輕自己，但也不能驕矜自傲，人在宇宙間生存，要懂得謙卑，要和宇宙自然和平相處，建立「同體共生」的關係。因為世間萬物都離不開「緣起」，生命要靠彼此相互依存的因緣關係才能存在。例如，在現實生活裡，我們吃一頓飯，要靠農夫耕種、商人販賣、典座烹煮；穿一件衣服，從纔絲、織布、裁縫、成衣，是歷經別人多少的辛苦所成；我們居住的房屋，有賴農夫植林、工匠砍伐、建築師設計、工人營造等因緣和合，才能讓我們遮風避雨。可以說，我們日常的食衣住行乃至育樂等，都是由十方眾生的因緣共同成就，所以我們應該心懷感恩。

此外，大自然的鳥叫蟲鳴、鳶飛魚躍，使我們置身在多采多姿的世界中。乃至我們的生活裡離不開陽光、空氣、水等自然的資源，所以自然與人的生活息息相關。自然不但孕育了生命，自然本身其實也有生命，因為「生命」的定義不在於一息尚存，而在於是否具有「用」的價值。山河大地等能夠為人所用，於人有用就有生命，所以自然界的鳥叫蟲鳴、飛瀑流泉、萬紫千紅、綠葉婆娑，觸目所及都是欣欣向榮的景象，都有活潑潑的生命。甚至如果我們用心領悟，所謂「溪聲盡是廣長舌，山色無非清淨身」，宇宙中的森羅萬象哪一樣不是從自己的生命中自然流出？所以我們要尊重自然，愛護自然，珍惜自然，人類可以利用自然，但不能剝奪自然，否則大自然也會向人類反撲。

中國有句話說：「天作孽猶可違，自作孽不可活。」因此談到如何與大自然和諧相處，首先應該從愛護大自然做起，也就是要重視環保。佛經裡有一位睒子菩

大海如腎臟，保持清潔，可以發揮新陳代謝的功能。

薩，他每走一步路都怕把大地踏痛，每說一句話都怕把大地吵醒，每丟一個東西都怕把大地汙染。因為大地普載我們、生養我們、成長我們，我們就應該愛護它，不可以糟蹋它。

總而言之，我們生存在地球上，就應該愛護地球，地球上的河流、大海、森林、高山、動物等，其實也如同人體的組織一樣，例如：河流如血脈，川流不息，可以順利運送養分；大海如腎臟，保持潔淨，可以發揮新陳代謝的功能；森林如心肺，減少砍伐，可以做良好的空氣調節；高山如骨骼，減少挖掘破壞，可以保持地球水土的均衡；動物如細胞，不去捕獵殺戮，可以維護生態的平衡。大地的資源能夠維護長久，後代的子子孫孫才能在地球上安居樂業；也唯有珍惜大自然的資源，人類才能在地球上永續生存。

三、宇宙像一個變化莫測的巨人，當我們面對宇宙的變動，如地震、山洪爆發、颶風等天災時，該如何應變呢？請大師開示。

答：「緣起性空」是自然界的理則，大地山河、宇宙萬有，都是因緣和合的存在；沒有因緣，就沒有一切，因此自然界一切事物和現象的生起及變化，都有相對的互存關係和條件，都會隨著組成因緣的變異而生滅不已。也就是說，世間萬法沒有永恆固定不變的自體，所以說是「性空」；因為本性是空，所以會隨著緣起緣滅而變化「無常」。

「無常」是世間的實相，如《金剛經》說：「一切有為法，如夢幻泡影，如露亦如電，應作如是觀。」《大智度論》也說：「咄世間無常，如水月芭蕉，功德滿三界，無常風所壞。」世間上不但富貴榮華像是三更大夢，就是我們珍惜的身體，頂多也只能活上幾十年、百年餘。世間、身體乃至心理都在活動，都在變化，都在不停的遷流，所以「滄海桑田、桑田滄海」，一切都像空中的浮雲、水上的泡影、

大自然的力量雖為人類帶來災害，但同時也在其他方面增加許多養分。

鏡裡的空花、水中的明月，沒有一樣具有永恆性、實在性。

世間既是無常的，「國土危脆」當然更不用說了。就拿台灣及日本的地震來說，每一次大地震，財產的損失，生命的死亡，都難以數計。乃至印尼的海嘯、火山爆發，甚至美國的颶風等大自然的災害，都對人類的生存造成極大的衝擊。

不過，世間上的禍福、好壞，乃至幸與不幸，都不是絕對的，例如大自然的力量，如地震、海嘯、火山爆發、颶風和冰川、雷電等，雖然為人類帶來災害，但同時也在其他方面增加許多養分。就以閃電來說，在美國每年因雷擊喪生的人數比其他任何自然災害為多，平均每年四百人死

亡，一千人受傷，財物損失約三千七百萬美元，這還不包括因雷電而引起森林大火的損失在內。

可是另一方面，如果沒有閃電，植物就無法吸收空氣中的氮。地球大氣中大約百分之八十是氮，氮是植物的主要食糧，每方哩地面的上空存有這種養分約二千二百噸。但是氣態的氮不能溶解於水，對於植物毫無用處，必須經過某種變化後，植物才能吸收。閃電正好能觸發這種氮元素的化學變化，使氣體狀態的氮，變為植物可吸收的氮，據推算，全球每年由閃電轉化的氮肥，就有二十億噸。再如我們

體悟自他不二、物我一如的境界，則能「情與無情，同圓種智」。

呼吸的空氣，是綠色植物將陽光、二氧化碳和水轉化所釋放出來的氧氣，供給人類的需要。彼此之間，可說關係密切。

這雖然只是自然界中的一個例子，但也能充分說明世界上任何東西都是相依相待，相互關係的生存。因此，我們平時要愛護大自然，與自然和平相處；但是當宇宙因為無常變動而引發一些災難時，除了事先做好各種防範措施，讓災害降到最低，再有就是以一顆平常心來面對。

一般說來，人之所以會產生種種的痛苦，都是由於與自然界的人、事、物、境處於對立，不能調和所致。如果我們能以佛法的「因緣觀」、「無常觀」、「空觀」來面對世間一切生滅變化，藉由大自然的「無情說法」而認識自家的本來面目；甚至由認識自己真實永恆的生命，進而體悟自他不二、凡聖一如、物我一體、心境合一的境界，則大自然的花草樹木、山川景物，都能「情與無情，同圓種智」，都能與我共成佛道，是則「我見青山多嫵媚，料青山見我亦如是」，此等光風霽月，何其放曠！

四、有人說，人體就是一個「小宇宙」，中國文化更追求「天人合一」的人生境界，請問大師，我們如何才能體證宇宙的奧妙呢？

答：談到宇宙的奧妙，平常生活裡，只要經常想一想「為什麼」，奧妙就出來了。例如，為什麼要吃飯？肚子餓啊！肚子為什麼會餓？餓了為什麼要吃飯？吃了飯為什麼肚子就會飽？總之，只要連續提出二、三個「為什麼」，就知道所以然了。

中日甲午戰爭後，日本外相陸奧宗光代表日方到中國訂立《馬關條約》。當他要出發時，不幸女兒染病在身，他囑咐家人，沒有重大的事故，不必通信。正當和約簽訂到緊要關頭時，家書來了，說女兒病況嚴重，希望見父親最後一面。首相伊藤博文安慰他說：「你放心回去好了，這裡的一切由我來負責處理。」

陸奧宗光披星戴月的趕回家裡，奄奄一息的女兒見到盼望已久的父親回來，很高興的說：「父親！我就要和你永別了，但是我有一個問題一直梗在心中，等著您回來替我解答。」

「什麼問題，你說好了。」

「我要死了，我死了以後要到哪兒去呢？」

身為政治家的陸奧宗光，雖然博學多聞，但是對於女兒臨終前的問題，竟然不知如何回答。不過他畢竟才智過人，於是安慰女兒說：「死後去哪裡，我不知道。但是我經常看你母親在念佛，我想佛陀會帶你到一個很好的地方去。」

女兒聽到此話，帶著安詳的笑容離開了人間。陸奧宗光因為沒有辦法解答女兒的疑團，於是開始研究佛教，終於選擇了佛教的信仰，並且出家當了和尚。

信仰是人生終極的追求，沒有信仰，生命就沒有依歸。佛法不但能解答生命的疑惑，還能幫助我們探究宇宙的奧祕。自古以來，人們不斷在探索宇宙存在的奧祕，從遠古的神話到太陽系、銀河系的漸次發現；現在由於科技日新月異，更使人類了解到宇宙的時空、有情、物質都是浩瀚無盡，這一切都遠遠超出人類所能了解的範圍。

但是儘管如此，關於宇宙的奧妙，其實早在二千六百年前，佛陀對於廣大的時空已經有精闢的見解，這在佛經裡隨處可以找到明證。甚至由於內容深廣，後世佛弟子分別從各種不同角度探討，因此佛教的「宇宙論」內容豐富，學派林立，然而一切都不出「緣起法」的範疇，這也正是佛陀所證悟的宇宙人生的真理。

佛陀所證悟的「緣起」道理，說明「諸法因緣生，諸法因緣滅」，世間萬物，情與無情，都在因緣和合下生滅變化，因此宇宙的產生、消長是緣起的，如同圓環，無始無終，並無所謂宇宙的起源與創造之說。

至於宇宙的緣起，儘管各宗各派各有主張，如：業感緣起、賴耶緣起、真如緣起、法界緣起等，但是這些理論無不繫於心的造作，所謂「心生則種種法生，心滅則種種法滅」、「若無一切心，何用一切法」，一心能生萬法，所以「心包太虛，量周沙界」，三千大千世界都是心識所現。

人的心力之大、心念之迅速，無可比擬，心的世界較物質世界更為無邊無際，所謂「一念三千」，心念一動，三界六道、宇宙之間，任意遨遊。如《正法念處經》說：「心能造作一切業，由心故有一切果。」又說：「心為一切巧畫師，能於三界起眾行。」由此可知，我們的「心」是一個微妙不可思議的宇宙世界，眾生流轉六道，或是成佛作祖，取證聖境，都是由心的作為而定。

了解了「心」的功用之大以後，我們實在不必在心外追尋，只要此心覺悟，不妄自造作，則山河大地、樹木花草，盡納於胸中，當下一念即是法界，娑婆世界轉瞬而成淨土，宇宙萬象、心識的起滅，無不豁朗明了，這就是「悟」。

追求開悟證果是一般人學佛的最高目標！悟的那一刻，整個迷妄的世界都粉碎了，呈現在我們眼前的是另一個世界、另一種風光；悟的時候，久遠過去的事情會重新浮現在眼前；悟的時候，遙遠以前的人和事，也都會慢慢向我們集中而來。悟的境界很難言說，所謂「如人飲水，冷暖自知」，悟的那一刻，忽然沒有了時間，也沒有了空間，一切都是當然如是，本來如是，所以修道者追求「悟」，是一種無上的體會。

我們平常看世間、看人生，都只是在浮面上打轉，不能深透到裡面，所謂「知其然，不知其所以然」。悟了以後，不但看東西不再是光看表面；悟了以後，宇宙的奧妙自然了然於胸，一切不言而明。

五、請問大師，宇宙有成住壞空，當世界處於空劫時，眾生到底住在何處呢？成住壞空既然是無法改變的真理，人類又該如何面對宇宙的生滅變化呢？請大師為我們開示。

答：禪宗有一則故事，說到大隋法真禪師，有一次學僧問他一個問題：「劫火洞然，這箇壞也不壞？」禪師答：「壞。」又問：「如此則隨他去也？」禪師漫不經心的回答：「隨他去。」然學僧不解其義，於是為了求得心中的落實，腳踏一雙芒鞋，踩遍大地山川，到處參學訪道，以解心中的疑惑，因而留下了「一句隨他語，千山走衲僧」的美談。

所謂「劫火洞然」，就是說世界從成立到毀滅的過程，可分為成、住、壞、空四個時期，稱為「四劫」。當「成劫」之期，有情業力增上，於空間生起微細的風，次第生成風輪、水輪、金輪，慢慢又形成山河、大地、生物等，因此成劫是指器世間與眾生世間成立的時期。

成劫之後進入「住劫」，此為器世間與眾生世間安穩、持續的時期。此一時期，每一中劫有增劫和減劫。每逢減劫時，便有刀兵、疾疫、饑饉等三種災害產生。

住劫以後就到「壞劫」，也就是火、水、風三災毀壞世界的時期。此期眾生世間首先破壞，稱為「趣壞」；之後器世間也隨之破壞，稱為「界壞」。也就是在此劫之初，地獄的有情命終之後，不復更生，此後，其餘傍生、鬼趣及人、天等的眾生也漸次壞滅，有情破壞後，世界出現七個太陽，燃燒成災，如此經過七次的火災，把色界初禪天以下的器世界燒壞，此時稱為火災劫，約需十二億八千萬年的時間。其中三億四百萬年之間，有情的生物先壞；然後一千六百萬年之間，自然界再滅壞。

火災劫過後，次起水災，將第二禪天漂蕩殆盡，稱為水災劫，大約需要一億二千八百萬年。如此經過七次的水災，最後產生風災，將第三禪天以下全部吹落，稱為風劫，需要六十四大劫，十億二千四百萬年的時間。

壞劫之後世界進入「空劫」，此期世界已壞滅，只有色界的第四禪天尚存，其他則全入於長期的空虛中，等待世界又成，又是一個成住壞空的大劫。宇宙就在「成、住、壞、空」的過程中，反覆生滅，每一週期大約要十二億八千萬年。

所謂「趙州八十猶行腳，只為心頭未悄然」，面對宇宙毀滅，人生究竟何去何從？確實是一個重要的問題，必須自己去探究、去了解。

在佛教的宇宙觀認為，有情世間依眾生果報優劣及苦樂差別，可分為欲界、色

宇宙就在「成、住、壞、空」中反覆生滅。

界、無色界三個層次，稱為「三界」。「欲界」六天的眾生，男女群居，以五欲維繫生命，由其善惡欲念流轉，而有「六道」受生的果報。「色界」眾生已經遠離情欲，居於欲界之上，無男女之別，無情愛之念，皆由習「定」而化生，依禪定的深淺粗妙分為四級，共十八天。再往上的「無色界天」有四天，此界沒有物質，唯以心識住於深妙的禪定，乃純粹的精神世界。

凡此「三界」、「二十八天」，一旦世界進入上述提及的「壞劫」之期，欲界悉皆壞盡，色界中則有「火燒初禪、水淹二禪、風吹三禪」等三災，唯有第四禪不為「大三災」所壞。所以

《法華經・譬喻品》說：「三界無安，猶如火宅，眾苦充滿，甚可怖畏，常有生老病死憂患。」

既然世間苦空無常，面對宇宙的生滅，人命的生死存亡，到底如何才能逃脫毀滅和死亡呢？最重要的，應該要有信仰！因為「世事由來多缺陷」，唯有「學道求真」才能「免無常」。

在佛教有真俗二諦，也就是有世間法和出世間法之別。世間法是有為、有漏，是苦空無常的，世間法裡沒有一樣恆常不變的東西，所以不值得追求；唯有超越世間法，才能找到出世間「常樂我淨」的涅槃世界，這才是我人最終的歸宿。

學佛的最大利益，就是認識宇宙人生的真理，諸如世界是怎麼形成的？人生的真相是什麼？生從何處來？死往何處去？當我們對這一切有了真切的認識之後，就會知道，雖然世界有成住壞空，人生有生老病死，但並非成住壞空、生老病死就什麼都沒有。成住壞空是循環的，生老病死也不是一死了之；壞空後仍有成住，死後還會復生。甚至在苦空無常的世間法之外，還有一個常樂我淨的真實世界存在；一旦我們找到了永恆不死的真如佛性，自然就能夠超越生死毀滅的界限，也就不會再受世間的眾苦交煎了。

六、古老的中國人相信「人定勝天」，不知道大師是否認同這句話？

答：人是萬物之靈，也是萬能的動物，人不但有一雙萬能的巧手，人的雙腳能走遍天下，眼睛能眼觀四面，耳朵能耳聽八方，尤其人的頭腦和心靈更能上天入地。所以不是如基督教所說，只有上帝才是萬能的，其實每一個人都是萬能的！

人有無限的能量，例如能早能晚、能冷能熱、能飽能餓、能大能小、能前能後、能多能少、能有能無、能貧能富、能榮能辱、能忙能閒，尤其人能成佛，所以人要好自珍惜，不要妄自菲薄。不過，人雖然有無限的潛能，但對於「人定勝天」之說，我覺得人不一定要勝過天，人不但要和人和平相處，人與天也要和平共存。

一般人都希望自己比別人偉大，但是一旦有了勝負之心，就如賭博有輸贏，輸了，自己難過；贏了，別人痛苦。就如《法句經》說：「勝則生怨，負則自鄙；去勝負心，無爭自安。」人我之間有了勝負輸贏，爭執也就層出不窮；如果我們能真心尊重別人的偉大，能誠心擁護、成就別人，自然能化戾氣為祥和。所以，人不一定要「勝天」，而要「感動天地」；人和人之間也不必勝過別人，而要能「以德服人」。做人爭強好勝，未必成功；待人處世能夠「只從柔處不從剛」，反而能獲得別人的尊重與愛戴。

現在社會上很重視「柔性管理」，因為世間上剛硬的東西不一定堅固有力，有時柔軟的東西反而有意想不到的穿透力。例如，滴水可以穿石、溫火可以融冰；乃至人體上堅硬的牙齒易斷，但柔軟的舌頭不死就不爛。可見「剛」雖然不是絕對的不好，為人「剛直」有時也有其必要，但剛而銳的東西容易斲喪，所以佛教講「從來硬弩弦先斷，每見剛刀口易傷」，柔性反而能夠持久。

溫和柔軟的力量和忍耐的力量一樣，都是其大無比，所以佛教指導人坐禪，目的就是要培養柔軟心，心地柔軟的人才容易跟人融和相處，心性慈悲柔和的人，往往能制伏頑強於無形。

佛教指導人坐禪，目的就是要培養柔軟心，心性慈悲柔和的人，往往能制伏頑強於無形。

因此，人與人、人與天地之間，能夠和平共存、相互尊重最好；就像夫妻之間，彼此相愛尊重、相敬如賓，感情必能維持長久。所以做人不要太過剛強好勝，能夠發揮人性柔和、善良的一面，過著柔性的人生，我想這是未來社會最需要提倡的。

七、請問大師，佛教講的「末法時期」，與基督教的「世界末日」，有什麼差異嗎？

答：在佛教裡有這麼一則故事。釋迦牟尼佛住世的時候，曾經親自上忉利天宮為母親說法，三個月沒有回到人間。當時的優填王及大臣、弟子們，非常思念佛陀，就請目犍連尊者利用神通力，帶了一個會雕像的人到天上去瞻仰佛陀的樣子，然後回到人間，用檀香木雕一尊像，這就是佛像的開始。當三個月後，佛陀從天宮回到人間，雕刻的檀香木佛像竟然會走動，向前迎接真的佛陀，佛陀對著這尊雕像說：「以後末法時代，就要靠你為人天做福田了。」

所謂「末法時代」、「末法時期」，就是佛陀入滅後，依照佛陀教法弘傳的情形，分為正法、像法、末法三個時期。

第一期「正法」時期，是指佛陀滅度後一千年期間，佛弟子對佛陀的教誡還能「依教奉行」，所以能夠保存佛陀教法的精神風貌，不遭扭曲，因此稱為「正法」時期。這個時期的眾生，根基猛利，不但有正法可以依循，而且又肯精進修行，所以證悟得道的人很多。

之後的一千年，因為距離佛陀滅度時期愈久，大眾孺慕渴仰的心情愈淡，對佛陀的教法也開始有了不同的觀念和認識，因此產生相似於正法的教法，此為「像法」時期。這個時期的眾生不如正法時期的眾生善根深厚，因此縱有教法，證果得道者少。

佛陀滅度二千年後，佛法開始進入「末法」時期。此時期由於眾生知見不正、正邪不分、頑強難化、附佛外道橫行，因此雖然有教法垂世，但信仰者少，當然更別說修行

神通第一的目犍連尊者

證果了，所以是「法弱魔強」，是佛法衰頹的時代。

根據佛經的說法，正法、像法時期各約一千年，末法時期則有一萬年的時間。現在距佛陀涅槃已經兩千多年了，生此「末法時代」的人們，因為不能親自瞻禮到佛陀的金容，而有「佛在世時我沉淪，佛滅度後我出生；懺悔此身多業障，不見如來金色身」的感慨。

但是儘管「生不逢佛世」是學佛的八難之一，所幸佛陀入滅後還有教法流傳後世，眾生一樣有機會得聞佛法，一樣可以依法修行，所以根本不必掛念現在是不是「末法時期」。

至於基督教所謂的「世界末日」，根據聖經的記載，乃緣於耶穌預言「聖殿被毀」；聖殿被毀對猶太人而言，就如同世界末日來臨一般，是極其嚴重的事。後來一些人則把「世界末日」理解為「世界毀滅」，因此每當有人預言何時是世界末日，總會引起一陣的惶恐與不安。

例如，一個名為「耶和華見證人」的基督教非傳統新興教派，自一九一四年到一九七五年，曾經四次預言世界末日，但結果一次也沒有實現。所以，不管「末法時代」或「世界末日」，其實都是我們自己創造的，只要我們信仰堅定，就不必擔憂「末法」或「末日」來臨。就如同發生地震，儘管房子震倒了，甚至山河大地都為之摧毀了，但是只要我們的信心不倒，一切都可以重來。因為我們的生命是死不了的，就如基督教說「信上帝得永生」，其實生命是依因托緣、相續不斷的，所以不管有沒有信仰，生命都是永生不死的；生命既然不死，又何來「末日」之有？

八、請問大師，宇宙間真有外太空，真的有外星人嗎？

答：過去科技不發達，一般人所認知的世界，往往僅限於我們所生存的地球，例如平常所謂的環遊世界，不過是繞地球一周；所謂世界大戰，也不過是地球上大規模的國際戰爭而已。然而，現在的天文學家已經證實，地球只是太陽系九個行星之一，而太陽是天河中千萬個星辰中的一個，整個宇宙當中如太陽系的星系又有無量無數千萬億之多，可見太陽系以外尚有其他太陽系，銀河系以外尚有其他銀河系，宇宙的廣大無垠，實在超出以往人類的想像太多。

所以可以肯定的是，世界以外還有其他世界，所謂「天外有天」，這種宏觀遠見，其實在幾千年前佛經已經有明確的記載，例如有「佛教百科全書」之稱的《經律異相》，就詳細記載著無數天界的生活活動，不但可以印證現代天文學家的研究，更可以提供未來天文學探究的方向。

佛經裡還記載著這麼一段有趣的故事：釋迦牟尼佛在講經的時候，出廣長舌相，聲音震動無量世界，傳送極遠。弟子當中神通第一的目犍連尊者不相信，懷疑佛陀的音聲不可能傳到那麼遙遠的地方，便想一探究竟，於是利用神通飛到十億佛土以外的佛國。在那麼遠的佛國裡，世自在王如來正在說法。就在這時候，有一聽眾忽然從身上抓到一樣東西，驚叫道：「我身上怎麼會有一條小毛蟲呢？」世自在王如來說：「那不是小毛蟲，那是從娑婆世界來的釋迦牟尼佛的弟子目犍連。」世自在王如來於是對目犍連開示道：「諸佛的威德不是聲聞弟子所可以比擬的，也不是用神通所能探測的。」從此以後，目犍連就非常相信虛空中確實有無量世界，也確實有無量諸佛。

從這個故事看來，阿彌陀佛不就是外星人嗎？乃至十方無量諸佛菩薩，不都是外太空的人嗎？因此是否真有外星人？外太空是否有生命的存在？在佛教「此有故彼有」的理則下，我們這裡有，那裡也應該會有。

現在美國已把太空人送上了月球，科學家也已證實別的星球上確有生命存在的跡象，未來也許有一天真的證實有外太空人的存在，到了那個時候，地球上的人類對他們而言，就是外太空的人，因為所謂「外太空」，只是一種相對的說法，甚至是一個假名。真正說來，我們的「法身自性」是「橫遍十方，豎窮三際」，是大而無外、小而無內，是無處不遍、無所不在的。因此未來希望人間能有多一些人像過去鄭和下西洋，像哥倫布發現新大陸一樣，引領人類發現更多的新世界，尤其更重要的是，拓展自己內心的世界。

每個人在世間生存，都有自己的生活空間，包括心外的空間與心內的空間。心外的空間是指我們生存的外在環境，譬如我們居住的房舍、活動的場所，甚至於宇宙自然界等，都是我們心外的空間。其中尤以「家」是我們最直接、最密切的生活空間，當一個人經過了白天的辛苦工作，到了晚上，總希望回到溫暖的家，以養息疲憊的身心；即使一隻小鳥，飛過千山萬水，也要回到窩巢裡棲止。

不論「家」也好，「窩」也好，這就是生活的「空間」。根據歷史記載，古今有不少的戰爭，都是起因於爭奪土地，也就是「空間」的爭奪。然而不論是過去的君王諸侯或將相百官，他們的權勢威力再大，所能到達的空間仍然是有限的；儘管現在的科學文明已經發展至太空時代，美國人已率先把人類送上月球，但是在這個宇宙虛空之中，除了月球之外，還有其他多如恆河沙數的星球，人類還不曾見聞過，更遑論登陸了。所以，一個人除了有心外的空間，更要有心內的空間，心內的空間就是心胸的開闊。

在佛法裡說，我們的真心本性是不生不死，是永恆如一，所以佛教的時空觀認為，時間是豎窮三際，貫通過去、現在、未來三世，是無始無終的；空間則是橫遍十方，橫亙此方世界、他方世界、十方世界，是無量無邊、無窮無盡的，這就是我們心內的空間。一個人如果能夠把握心內的空間，就能同時獲得心外的空間，因為法界之大，其實無非存乎我們的一心之中。因此，只要我們能「心包太虛」，就沒有時空的隔閡，就能與宇宙融為一體，如此自然沒有自他之別，更無裡外之分了。

一花一世界，一葉一如來。

九、佛教講「一花一世界，一葉一如來」，可否請大師針對佛教這種獨特的宇宙觀，再做一些開示？

答：「一花一世界，一葉一如來」，這是說明華嚴宗的「一真法界」，是個「一即一切，一切即一」的圓融無礙法界。

在一般人的認知裡，一切源於一，一並不代表一切；因為「一」只有一個，「一切」代表很多個。但是，在佛教裡，認為一即是多，多即是一；一個不算少，萬億也不算多。例如一朵花、一粒微塵、一顆沙石、一個世界、一個宇宙虛空，都稱為「一」，孰大孰小？孰多孰少？一般人總以為一朵花、一粒沙石、一個微塵很小，一個虛空才是大。其實不是，我們說一朵花，從種籽種在土壤到萌芽成長，需要雨水的灌溉、肥料的培育、陽光的照耀，還要有風來傳播花粉，要有空氣來沃養成長等。可以說，這一朵花是集合了全宇宙萬有的力量，才成為這一朵花；一朵花即等於一個虛空，跟虛空一樣大。所以佛教講「微塵不算小，虛空也不算大」；甚至有「須彌納芥子，芥子藏須彌」之說。

話說在一座寺院裡，掛了一幅對聯，對聯上寫著「須彌藏芥子，芥子納須彌」。有位讀書人看了對聯，覺得文理不通，就質問道：「須彌山那麼大，藏一粒芥子當然是沒有問題，可是小小的芥菜子裡如何能容納得了那麼大的須彌山呢？這未免太言過其實了吧！」

寺院的知客師反問道：「你是讀書人，想必聽過『讀破萬卷書，下筆如有神』這兩句話吧！現在就請你把一本書放進肚子裡！」

「一本書怎麼能放進肚子裡呢？」

「萬卷書都能讀進去，為什麼一本書放不進去呢？」

書生聞言大悟，原來空間的大小是可以相容的。

其次，佛教講「萬法歸一」，萬法泛指宇宙之間的森羅萬象。萬法既歸於一，那麼，「一」又歸於何處呢？一歸萬法。「一」是體，「萬法」是相，「一」與「萬法」就是本體與現象的互存互證。所以，一就是多，「一」與「多」不是兩個分別的概念，而是同源同流的迴環。一個宇宙有三千世界十億國土，十億國土三千世界也只是一個宇宙，所以說「一多不異」、「一多不二」。

佛教除了主張「一即一切，一切即一」之外，也講到「剎那不算短，劫波不算長」。剎那是佛教計算時間最短的單位，以現在的時間計算，大約等於七十五分之一秒，所謂「少壯一彈指，六十三剎那」，在零點零幾秒這麼短的一剎那，為什麼說不短呢？主要是因為在一剎那之間，我們也有可能證悟永恆。所謂永恆無邊，是沒有時空分別間隔的。

此外，所謂「千江有水千江月，萬里無雲萬里天」，天上的月亮只有一個，可是映照在水中，不管江、湖、河、海，乃至臉盆、茶杯裡面，都會有月亮。又如電視節目，雖然只是一個人在電視裡表演，全國幾百萬台的電視機，統統都可以收看，這不就是「一即一切」嗎？所以，時間、空間在「一」裡面，都是非常統一、非常調和的。如果我們能夠認識「一即一切，一切即一」，能夠了解「無二之性，即是實性」，就能體會世間一切都是因緣所生法，你我都是互為關係的存在，我和你沒有太大的距離，沒有太多的分別，所謂天下都是有緣人，那麼相敬相親又何必曾相識呢？

一〇、我們知道，宇宙人生都有一定的平衡和規律，當失去了平衡就會出現災難和病變。現在隨著科學的發達，往往會破壞這種自然的平衡，請問大師，佛教如何看待科學呢？

答：二十世紀末，由於科學的發展，諸如電腦的發明、基因的發現，一下對人類社會帶來了革命性的影響，甚至更早之前電燈、電話、飛機的發明，都發揮了突破性的變革。

然而，科學的一日千里，雖然帶來醫療科技等各方面的進步，為人類謀福，但相對的也帶來災難，例如火藥的發明為世界帶來毀滅性的破壞，乃至改變了大自然的循環定律，破壞了人類社會的和諧發展等，這都是不爭的事實。

不過世間法就是那麼奇妙，所謂「一物剋一物」、「一法對治一法」，科學發展雖然破壞了世界的平衡，但是人類總是有辦法提出對治、改善之道。就等於過去中國大陸所講的「上有政策、下有對策」。例如現在電腦網際網路的發明，使得資訊互通迅速，但有人卻專門製造病毒破壞電腦，甚至電腦駭客千方百計要入侵電腦，但是不管任何病毒、任何手法的破壞，最終都有破解之道，甚至可以用「防火牆」杜絕，防範未然。由此可見宇宙人生的問題都是環型，是循環不斷的。

另外，世間法是相互對待的，並沒有絕對的好壞。例如三、四十年前，台灣的電視只有三台無線電視台，那時候看電視覺得很有樂趣；現在有線電視台一下子增加了幾十台，常常是這台不好看，換另一台；那一台也不高興看，再轉第三台，

十方恆河沙世界

結果一台一台的不斷轉換，到最後近百台都沒有一台好看，乾脆不看算了。過去的報紙只有兩、三張，早上花個半小時、一小時就可以看完，每天看報紙是一件很輕鬆愉快的事；現在增加到一、二十張，看到後來覺得好累，甚至因為太多，根本不想看。所以，少未必不好，多也不見得一定好，因為「物極必反」。

科學儘管再怎麼發達，還是有它的極限，仍有一些問題值得思考，例如：人類利用科技可以登陸極樂世界嗎？器官移植可以更換五臟六腑，但是頭腦可以移植嗎？思想可以移植嗎？醫學可以改變基因，但可以改變人類的厄運嗎？現代科技可以複製牛、羊等動物，但人的業力可以複製嗎？

雖然科學與佛教同是在探討宇宙和人類的關係，科學的原意為「知識」，是一門利用儀器與學理，專對自然界與人類社會進行研究與探討的學問。然而科學的知識是從感官而來，是變幻無常的，今日的定律也許會被明日的發現所推翻，並非永遠不變；佛教的教理，卻是佛陀以至高無上的般若智慧所證悟發現的自然法則，這個「法」是宇宙本有，歷久彌新的真理，具有普遍性、永恆性。

所以，從佛教的立場來看科學，佛教其實是指引科學的明燈，在佛教的教理中，蘊含許多有關精神與物質世界的深邃思想概念，可以提供科學研究發展的構思與方向；另一方面，科學愈發達，則愈能印證佛法的合理性與真實性。因此佛學的提倡不僅與科學沒有牴觸，反而在科學的方法與效用上，提供更精確的檢證。

例如，佛經記載「佛觀一缽水，八萬四千蟲」，如今透過科學儀器，證實此說非虛。佛經上常說，十方恆河沙世界、三千大千世界，乃至說虛空無量、法界無盡、國土眾生無量無邊。佛經所說的虛空、法界、無量無邊，今日天文學家已經證實：宇宙中充滿了無量無數的銀河系、太陽系、星雲團、天河、星球等。佛教天文學不僅開拓了人類的思想領域，尤其證明佛法並不違背科學，甚至超越科學，因為基本上，佛教不僅教義合乎科學的辯證，而且佛經的組織合乎科學的方法，佛法的修行更合乎科學的精神。

總之，儘管現代科學的進步日新月異，甚至把人類送上月球，但是能登陸月球，卻無法登入人心；儘管現代的醫學科技進步，可以替人換腎換心，但是物質的心臟可以更換，我人的真心本性卻絲毫無法更替。近代西方科學已經察覺到「精神」與「物質」的不可分離，也相信世間萬象（物質）的內涵，還有很多是目前科學未能解開的謎題，是未來科學研究努力的目標，但是這些努力仍然是在佛教所說的「緣起性空」的法則下進行。如果這些科學的成就偏重「物質」的研究發展，只會造成人類心靈的空虛與失控。佛教強調行解並重，並不單是著重在知識的累積，而是在精神意識的豁達與智慧的開展。佛教深知「精神是物質的內涵，物質是精神的作用」，因此，佛教能防治「科學主義」的弊病，是不容置疑的事實。

一一、請問大師，當我們了解了宇宙人生的種種狀況後，應該如何規劃這一期的生命？我們要如何才能圓滿人生呢？請大師開示。

學佛修行就是讓我們心光顯現

答：每個人都應該要有人生規劃，孔子：「十有五而志於學，三十而立，四十而不惑，五十而知天命，六十而耳順，七十而從心所欲，不踰矩。」這就是孔子的生涯規劃。

我也曾經把自己的一生，以每十年為一個時期，規劃出「成長、學習、參學、文學、歷史、哲學、倫理、佛學」等人生八個時期，並且最後把一切都回歸到「佛法」裡，因為在佛法的「一真法界」裡，生命才能圓滿。

談到佛法，佛教並不是不重視知識理論的宗教，佛教是知識再加德行的宗教。在社會上，一般人認為學問技能是為了適應生存所需，但是有學問有技能的人不一定生活得愉快，即使是通達世間的科學、哲學、文學，但對於宇宙人生仍然是枝末的了知，不能徹底明白。

因為世間的知識是有漏學，佛法才是無漏學；世間的知識利害參半，像剛才所說的科學，就是一方面造福人類，一方面也在危害人類。佛教雖然也很重視知識，但佛教的知識是絕對有益而無害的。佛教的知識是般若的智慧，般若的智慧是去除自私而從內心獲證的知識，不像世間知識從外在的現象上去了解。

學佛的目的，就是為了開發內在的般若智慧，去除無明愚痴。從佛法看，不能了知生死就是愚痴。愚痴也不是完全沒有知識，我們從愚痴的「痴」字上可以看出，「痴」字本來是知識的「知」，在知字上面有「病」字頭，意喻知識有了毛病就是愚痴。

愚痴是心性的暗昧，沒有通達事理的智慧，也就是「無明」。因為愚痴，所以起惑造業，輪迴生死，受著無窮的痛苦，不能解脫，不能認識自己。但如果從「佛性本具」的觀點來看，每個人都具足成佛的性能與智慧，當初佛陀成道時就曾發出宣言：「奇哉！奇哉！大地眾生皆有如來智慧德相，只因妄想執著而不能證得。」意思是說，人人都有佛性，都可成佛，只因煩惱、無明覆蓋，不能見到自己的真如自性，就如明珠蒙塵、烏雲蔽日，因此有憂悲苦惱，有生死煩惱，有人我是非，有好壞善惡，有種種的不如意、不滿足等，這些都是人生的缺陷。

學佛修行就是要拂拭心中的塵垢，讓我們的心光顯現，真如現前，獲得一個圓滿自在、不生不死、沒有人我對待、沒有時空限制的解脫境界，這是學佛修行最終的目標。而要達到這個目標，就必須「勤修戒定慧，息滅貪瞋痴」，只有三毒息，三慧朗，才能獲得身心自在、歡喜安樂的解脫境界，這就是真如現前、大圓滿的世界，也就是證悟的世界。因此，人生要如何求得圓滿？唯有學佛才能充實人生、認識人生、證悟人生，只有學佛才能圓滿自己、完成自己。

一二、我們知道佛光山一直在弘揚人間佛教，希望能建設人間淨土，請問大師，要如何建設人間淨土？大師理想中的人間淨土又是一個怎麼樣的淨土呢？

答：在佛教裡，淨土的種類很多，包括彌勒淨土、彌陀淨土、藥師淨土、華藏淨土、維摩淨土等。各種淨土雖然各有其殊勝之處，然而華藏淨土是以佛果的境界來看待一切，所以很難被一般眾生所理解；藥師淨土雖好，但現代科技文明一日千里，許多已開發國家已經達到藥師琉璃淨土衣食豐足、住行無缺、醫藥發達、生活無憂的境地；極樂淨土因為須要念佛念到一心不亂，才能決定往生，似嫌太難；彌勒兜率淨土雖然比較簡易，但將來仍須下生人間；唯心淨土主張「三界唯心，萬法唯識」，行者容易認為泛談；維摩淨土雖是不二法門的人間淨土，但是若不深究，則容易被誤導為在家佛教……。

因此，人間佛教所要成就的淨土，就是融攝各種淨土的精華，而又能落實在人間的「佛光淨土」。

所謂「佛光淨土」，其實就是一個「佛化的世界」，在佛光淨土中，每一個人都皈依三寶，受持五戒，明因識果，廣結善緣。佛光淨土是一個「善美的世界」，在佛光淨土裡，大家所看到的都是美麗的事物，所聽到的都是悅耳的聲音，口中所說的都是良言美語，手中所做的事情都是善行義舉。佛光淨土是一個「安樂的世界」，在佛光淨土裡，人與人之間沒有嫉妒，只有尊重；沒有憎恨，只有祥和；沒有貪欲，只有喜捨；沒有傷害，只有成就。佛光淨土是一個「喜悅的世界」，在佛光淨土裡，人人都翱遊在和煦的春風中，家家共沐在佛法的慈光裡，時時都是良辰美日，處處都是般若天地。

佛光淨土也是一個「五乘共法」的淨土，五乘就是：人、天、聲聞、緣覺、菩薩。在中國有儒、釋、道三教，在西方則有天主教、耶穌教。儒家講修齊治平，可綱維人倫，等於佛教的「人乘」思想；天主教、耶穌教主張生天，等於佛教的「天乘」思想；道家講返璞歸真、清淨無為、任性逍遙，等於佛教的「聲聞、緣覺」乘思想；人間佛教重視當下的淨土，致力於解決人間各種問題，所謂「以出世思想，作入世事業」，屬於菩薩乘的思想；主張「人成即佛成」，也就是以聲聞、緣覺出世的思想做人天乘入世的事業，進而實踐菩薩道的慧業。

在佛教的五乘中，人天乘的佛教重於入世，聲聞緣覺乘的佛教重於出世。而佛光淨土是具有人天乘入世的精神和聲聞緣覺乘出世的思想。佛光淨土是以菩薩為目標，自利利他，自度度人，自覺覺人。因此，五乘佛法的調和，就是佛光淨土的思想。

至於佛光淨土的建設，主要是透過人間佛教的弘揚，把佛法落實在人間，融入到生活裡，深植在每一個人的心田中，讓人人心中有佛，則眼睛所看的都是佛的世界，耳中所聽的都是佛的聲音，口中所說的都是佛的語言，心中所想的都是佛的恩德；當身心獲得淨化，當下就是佛光淨土現前，就能過著解脫自在的佛化生活。

所以，人間佛教所希望建設的佛光淨土，是一個富而好禮的人間淨土，是一個普世和諧的人間淨土，是一個法喜安樂的人間淨土，是一個佛光普照的人間淨土；在佛光淨土裡，呈現的是慈悲喜捨的社會，是常樂我淨的世界。人間淨土的建設，需要傳承、接棒，所以未來希望大家一起努力，把淨土建設在人間。

佛光淨土，就是一個佛化的世界。

國家圖書館出版品預行編目(CIP)資料

人間佛教當代問題探討 : 生死關懷 / 星雲大師著. -- 初版. --
高雄市 : 佛光文化事業有限公司, 2025.01
400面 ; 14.8X21公分. -- (文選叢書 ; 5122)
ISBN 978-957-457-821-4(精裝)

1.CST: 佛教 2.CST: 文集

220.7 113017460

人間佛教當代問題探討——生死關懷

星雲大師 著

總 編 輯／滿觀法師
責任編輯／王美智
美術編輯／鄭媄嬬
圖片提供／佛光山、天下遠見、文府國小、
豐原慈濟宮、龍陶藝術工作坊等

出 版 者／佛光文化事業有限公司
出版日期／2025年1月初版一刷
印 刷／中茂分色製版印刷事業股份有限公司
經 銷／紅螞蟻圖書有限公司
(02)2795-3656

流 通 處／佛光山文化發行部
高雄市大樹區興田路149號
(07)656-1921#6664~6666
佛光山文教廣場
高雄市大樹區興田路153號
(07)656-1921#6102
佛陀紀念館四給塔
高雄市大樹區統嶺路1號
(07)656-1921#4140~4141
佛光山海內外別分院

創 辦 人／星雲大師
發 行 人／心培和尚
社 長／滿觀法師

法律顧問／毛英富律師、舒建中律師
登 記 證／行政院新聞局版台省業字第862號

定價／420元
ISBN／978-957-457-821-4(精裝)
書系／文選叢書
書號／5122

劃撥帳號／18889448
戶 名／佛光文化事業有限公司
服務專線／
編輯部(07)656-1921#1163~1169
發行部(07)656-1921#6664~6666

佛光文化悅讀網／
http://www.fgs.com.tw
佛光文化Facebook／
http://www.facebook.com/fgsfgce

※有著作權，請勿翻印，歡迎請購
※本書若有缺頁、破損、裝訂錯誤，
請寄回佛光山文化發行部更換